Ansgar Wucherpfennig
Sexualität bei Paulus

Ansgar Wucherpfennig

Sexualität bei Paulus

HERDER

FREIBURG · BASEL · WIEN

MIX
Papier aus verantwortungsvollen Quellen
FSC® C083411

www.herder.de

Umschlaggestaltung: Verlag Herder
Umschlagmotiv: Hochzeitsszene und Schwur der Liebe,
ital. Keramikmalerei, Antikenmuseum, Rom
Satz: SatzWeise, Bad Wünnenberg
Herstellung: CPI books GmbH, Leck

Printed in Germany
ISBN Print 978-3-451-38689-3
ISBN E-Book (PDF) 978-3-451-83689-3

Inhalt

Vorwort

Zum Thema dieses Buches bin ich weniger durch wissenschaftliche Beweggründe gekommen als durch die pastorale Praxis. 2015 hat die Frankfurter Stadtkirche auf längeres Insistieren homosexueller Christinnen und Christen hin die Seelsorgeinitiative „Den Menschen sehen – Seelsorge für homosexuelle Frauen und Männer, für deren Angehörige, für deren Seelsorgerinnen und Seelsorger" begründet, bei der ich seitdem mitgearbeitet habe. Aus den Begegnungen mit gleichgeschlechtlich Liebenden und vielen Fragen und Anregungen von Seelsorgerinnen und Seelsorgern habe ich immer dringender die Notwendigkeit gesehen, mich auch wissenschaftlich mit dem tiefen Graben zwischen sexualethischen Aussagen bei Paulus und heutigem Empfinden auseinanderzusetzen, denn in lehramtlichen Äußerungen der katholischen Kirche werden die paulinischen Aussagen zur Begründung ihrer Ablehnung homosexueller Handlungen angeführt.

Seit längerer Zeit bewegt mich die Diskrepanz zwischen scharf pointierten Aussagen über Sexualität und Geschlechter-Rollen bei Paulus zu Wert-Intuitionen und reflektierten Wert-Urteilen, wie sie heute verbreitet sind. Dabei bin ich davon ausgegangen, dass das Thema Sexualität für Paulus zwar eher ein Nebenkrater in seinen Briefen ist, dass Sexualität und sein Rollenverständnis als Mann aber auch bei ihm zum Magma seiner Lebenskräfte gehören. „Alles in allem scheinen die wenigen und eher gelegentlichen Aussagen des Paulus nicht dafür geeignet zu sein, eine reflektierte Sexualethik nachzuzeichnen", hat Friedrich Wilhelm Horn zusammengefasst (Nicht wie die Heiden, 288). Dennoch bin ich immer wieder unangenehm über diese wenigen Aussagen gestolpert. Sie führen bis heute dazu, dass sie Menschen die Lektüre von Paulus Briefen schwermachen.

Im Zuge einer öffentlichen Auseinandersetzung im Jahr 2018 über Aussagen von mir zu Homosexualität und zum kirchlichen Weiheamt habe ich vom Jesuitenorden dann auch den Auftrag erhalten, darüber zu forschen und zu veröffentlichen. Aus diesem Auftrag ist die Idee für das vorliegende Buch entstanden. Es soll Paulus in fairer und wissenschaftlich verantworteter Weise mit dem katholischen Lehramt und mit aktuellen Sichtweisen zur Sexualität ins Gespräch bringen. Insofern dieses Gespräch wissenschaftlich ist, ist es in der neutestamentlichen Exegese auch ökumenisch. Die konfessions- und bekenntnisverbindende Arbeit an der Bibel lässt sich den Monographien und Beiträgen in den Fußnoten entnehmen, auf die ich in meiner Untersuchung zurückgegriffen habe. Nicht erkennbar sind darin die vielen ökumenischen Gespräche, die meinen Horizont bei der Arbeit an dem Buch geweitet haben.

Bei meiner Arbeit haben sich drei Einsichten eingestellt oder vertieft, denen ich dann auch im vorliegenden Buch gefolgt bin: (1) Homosexualität gehört in das weitere Thema Sexualität hinein. (2) Der Erfahrungsbereich der Sexualität ist eng mit den Fragen nach einer zeitgemäßen Geschlechtersolidarität verbunden. (3) Paulus' Aussagen zu Sexualität bleiben vielfach fremd. Ein Gespräch darüber eröffnet sich aber von dem Impuls seiner Sendung her: Nach dem Vorbild der biblischen Propheten sieht er sich berufen, auch den anderen Völkern unter der Herrschaft Roms Israels Gott zu verkünden, der sich im Exodus geoffenbart hat.

Mein Verständnis von Paulus' Aussagen über Sexualität, Körperlichkeit, Begehren und Geschlechterrollen ist in zwei Vorlesungsreihen an der Frankfurter Hochschule Sankt Georgen und im Theologischen Studienjahr in Jerusalem eingegangen. Mit Rückmeldungen, Anregungen und Fragen haben die Studierenden zu meinem eigenen Verständnis beigetragen. Dominik Becker sei hier stellvertretend für andere Studierende genannt. Als studentische Hilfskraft hat er die Entstehung des Buches begleitet und das Schriftstellen- und das Literaturverzeichnis erstellt.

Ausdrücklich möchte ich dem Limburger Bischof Dr. Georg Bätzing und dem Provinzial P. Johannes Siebner SJ, der am 16. Juli 2020 mit 58 Jahren heimgegangen ist, für ihre wertschätzende Verbundenheit und Unterstützung in den Wochen der öffentlichen Auseinandersetzung 2018 danken und P. Jan Roser SJ, der das Buch-Projekt nach der überraschenden schweren Erkrankung von P. Siebner weiter begleitet hat.

Prof. Dr. Hans-Ulrich Weidemann und P. Klaus Mertes SJ danke ich für Hinweise, Fragen und Gedanken nach ihrer Lektüre des Manuskripts, Christine Findeis-Dorn für die sprachliche und stilistische Korrektur des Manuskripts und für ihr einfühlsames Mitdenken. Herrn Dr. Stephan Weber danke ich für seine Begleitung des Buchprojekts vonseiten des Herder-Verlags, mit der er auch in der Pandemie-Krise das Erscheinen möglich gemacht hat.

Widmen möchte ich dieses Buch der Frankfurter Stadtkirche und den Christinnen und Christen, die mir dort in den vergangenen Jahren bei meiner Arbeit als Wissenschaftler und Seelsorger verbunden gewesen sind.

Ansgar Wucherpfennig SJ, Frankfurt im Juli 2020

Einführung: Solidarität und Sexualität in der Freiheit Christi

Paulus' asketische Erscheinung

Über Paulus Aussehen wissen wir so gut wie nichts. Es mag deshalb seltsam klingen, dass ich meine Untersuchungen zur Sexualität bei Paulus mit dieser Feststellung beginne. Leichter wäre es mit der Botschaft zu beginnen, von der Martin Hengel und Anna-Maria Schwemer meinten, sie hätte nach seiner Berufung vor Damaskus am Anfang von Paulus' Verkündigung gestanden (Gal 3,26–28): „Denn ihr alle, die ihr auf Christus getauft wurdet, habt Christus als Gewand angezogen. Da ist nicht mehr Jude noch Grieche, nicht mehr Sklave noch Freier, nicht mehr Mann und Frau, denn alle seid ihr einer in Christus Jesus."[1] Unmittelbar nach seiner Berufung sei Paulus mit dieser Botschaft nach Arabien in die dortigen Synagogen gezogen, wo er sich an die ersten „Nichtjuden" außerhalb seines Mutterlandes gewandt hat. Diese erste Verkündigung des Paulus ist einer der Urimpulse für eine christliche Theologie aus ihren jüdischen Wurzeln. Sie hat unmittelbare Relevanz für Ethik und Ekklesiologie bis heute, nicht nur für Sexualität und Geschlechterrollen. Aber so einfach ist es leider nicht, denn mit den Wurzeln sind religiöse, ethnische und kulturelle Fasern verwachsen, von denen sich die Botschaft in Gal 3,26–28 nicht leicht abheben lässt.

Mit den Untersuchungen in diesem Buch will ich aber versuchen, den Freiheitsimpuls der in der ersten paulinischen Tauftheologie im Galaterbrief liegt, frei zu legen, und dafür bietet die äußere Gestalt des Paulus eine erste Spur. Denn die körperliche Gestalt hat für die Umwelt des Paulus eine große Bedeutung gehabt. Die öffentliche Bildpropaganda in der römischen Kaiserzeit

---

[1] M. Hengel, A. M. Schwemer, Paulus zwischen Damaskus und Antiochien. Die unbekannten Jahre des Apostels, WUNT 108, Tübingen 2000, 174–184. 177.

propagierte bestimmte Vorstellungen von Mann- und Frau-Sein. Statuen des Kaisers Augustus, von Politikern und Feldherren auf öffentlichen Plätzen beeinflussten die gesellschaftlichen Bilder von Männlichkeit. Büsten von Patrizierinnen, Skulpturen von unterworfenen Nationen als bejammernswerte Frauenfiguren und Liebesbeziehungen auf Vasenmalereien oder Fresken prägten Rollenmuster in Beziehungen und Sexualität.[2]

Über Paulus' Aussehen wissen wir aber nur wenig. Narben hat er wohl getragen von den Peitschenhieben und Steinigungen (2 Kor 11,24 f.)[3], vermutlich nennt er diese in Gal 6,17 seine „Malzeichen".[4] Welche Ausstrahlung er hatte, hat er gelegentlich reflektiert, etwa in den Briefen an die Gemeinden in Korinth. Dies hat auch sein Verständnis berührt, ein Mann zu sein. Er will nicht mit männlicher Stärke imponieren (2 Kor 4,7). Den Christusglaubenden in Korinth schreibt er, er habe sich entschieden, dort nicht mit Weisheit und Rhetorik zu beeindrucken (1 Kor 2,1 ff.). Es scheint, dass er sich bei seinem Auftreten nicht nach dem Muster gerichtet hat, nach dem Männer damals gewöhnlich gesellschaftliche Veranstaltungen beeindruckt haben. Nach den damaligen Vorstellungen konkurrierten Männer untereinander, indem sie ihr Publikum durch Redekunst und beeindruckendes Auftreten zu gewinnen versuchten. Paulus scheint dem gerade nicht entsprechen zu wollen. In seiner körperlichen Erscheinung

---

[2] Vgl. M. Mayordomo-Marín, Konstruktionen von Männlichkeit in der Antike und in der paulinischen Korintherkorrespondenz, in: EvTh 68 (2008), 99–115, außerdem die verschiedenen Beiträge in: T. K. Hubbard (Hg.), A Companion to Greek and Roman Sexualities, Blackwell Companions to the Ancient World 100, Malden, MA; Oxford; Chichester 2014; K.-W. Weeber, Alltag im Alten Rom. Ein Lexikon, Düsseldorf, Zürich 1998; Zanker P., Augustus und die Macht der Bilder, Leipzig 1987 (als älteres, mehrfach wieder aufgelegtes Standardwerk).

[3] Vgl. differenziert dazu T. Schmeller, Der zweite Brief an die Korinther, EKK VIII/2, Neukirchen-Vluyn, Ostfildern 2015, 256 f.

[4] Den Hinweis verdanke ich Hans-Ulrich Weidemann. So bereits Fr. Sieffert, Der Brief an die Galater, KEK, Göttingen 1899, 364: „Was aber P. (…) meint, sind (…) die Narben und sonstigen Spuren der Wunden und Misshandlungen, welche er um seines apostolischen Wirkens willen erhalten hatte." Vgl. P. von der Osten-Sacken, Der Brief an die Galater, THKzNT, Bd. 9, Stuttgart 2019, 316.

wurde er als „Schwächling" angesehen (2 Kor 10,10), und er scheint sich damit zurecht gefunden zu haben, anders als es dem Bild von Männern und ihrer Sexualität in seiner römisch-hellenistischen Umgebung entsprach.

Es gibt Versuche, Paulus' Aussehen zu rekonstruieren. Ein jüngerer Versuch stammt von dem Theologen und Lyriker Christian Lehnert:

> Ein hagerer Mann, unscheinbar und ohne besondere Ausstrahlung. Es ist jemand, bei dem man sich nicht erinnern kann, ob er im Raum gewesen ist oder nicht, wenn die Versammlung darin mehr als zehn Menschen umfaßte. Ein Winkelhocker, ein Wandmensch. Die Stirn nervös, man ahnt eine ungute Gründlichkeit. Er kann nicht stillhalten. Unter der Haut liegt eine kaum kontrollierte Spannung.[5]

So stellt sich Christian Lehnert Paulus' Aussehen und Auftreten vor. Mit einer solchen Erscheinung scheint er sexuellen Themen nicht besonders zugeneigt gewesen zu sein. Wenn Paulus so war, hat er sich brennend für die Fragen seiner jüdischen Religion und das Hereinbrechen des Transzendenten in das Leben der Menschen interessiert, aber über seine sexuelle Ausstrahlung hat er wohl kaum nachgedacht. Allerdings ist Christian Lehnerts Paulusporträt erst knapp 2000 Jahre später seinem schriftstellerischen Einfühlen in die Briefe des Paulus entsprungen.

Es gibt aber auch ältere Beschreibungen von Paulus' Aussehen. Die älteste findet sich in den Akten des Paulus und der Thekla, etwa 100 Jahre nach seinem Tod. Dort heißt es:

> Ein Mann, klein von Gestalt, mit kahlem Kopf und krummen Beinen in edler Haltung mit zusammengewachsenen Augenbrauen und ein klein wenig hervortretender Nase, voller Freundlichkeit, bald erschien er wie ein Mensch, bald hatte er eines Engels Angesicht. (Taten des Paulus und der Thekla 3)[6]

---

[5] C. Lehnert, Korinthische Brocken. Ein Essay über Paulus, Berlin 2013, 8.

[6] Übersetzung auch im folgenden Zitat nach S. Schneemelcher, Taten des Paulus und der Thekla, in: Ders., Neutestamentliche Apokryphen, 6. Auflage, Band II: Apostolisches, Apokalypsen und Verwandtes, Tübingen 1997, 216–224.

Auch diese Zeilen sind wohl nicht viel mehr als eine Phantasie, die sich aus der Lektüre seiner Briefe ergeben hat, ähnlich wie das Bild, das Christian Lehnert entworfen hat. Hier scheint Paulus dynamischer: Trotz seines ausstrahlungsarmen körperlichen Auftretens wird er „voller Freundlichkeit“ charakterisiert.

Aber auch die Thekla-Akten zeigen: Sein Aussehen, klein, kahl, krummbeinig, ist fast ein Anti-Programm zur kaiserzeitlich propagierten Männlichkeit. Den Thekla-Akten zufolge soll sein Gesicht zwischen seinem eigenen und dem eines Engels gewechselt haben. Eine ähnliche Erfahrung berichtet die Apostelgeschichte von den Juden, die Stephanus zugehört haben (Apg 6,15). Auch sie hatten bei seinem Einblick den Eindruck, in das Gesicht eines Engels zu schauen. Das biblische Vorbild dafür ist das leuchtende Angesicht des Mose, wenn er vom Sinai herabsteigt und dem Volk die Gesetzestafeln bringt (Ex 34,29).[7] Paulus hatte also eine Ausstrahlung. Sie lag aber wohl in seiner religiösen Erfahrung und nicht innerhalb der gesellschaftlichen Standards von Virilität.

Historisch schon etwas zuverlässiger und näher an Paulus als die beiden Beschreibungen von Paulus' Aussehen sind alte Zusammenfassungen seiner Verkündigung. Die Thekla-Akten haben etwa in der Mitte des 2. Jahrhunderts eine Predigt wiedergegeben, die Paulus auf einer Missionsreise in einer Hauskirche hält. Diese Predigt ist streng asketisch:

> Selig sind die reinen Herzens, denn sie werden Gott schauen.
> Selig sind, die das Fleisch rein bewahren, denn sie werden ein Tempel Gottes werden.
> Selig sind die Enthaltsamen, denn Gott wird zu ihnen reden.
> Selig sind, die dieser Welt entsagen, denn sie werden Gott wohlgefallen.
> Selig sind, die Frauen haben, als hätten sie sie nicht, denn sie werden Gott beerben.
> Selig sind, die Gottesfurcht haben, denn sie werden Engel Gottes werden. (Taten des Paulus und der Thekla 5)

---

[7] D. Marguerat, Les Actes des Apôtres (1–12), Commentaire du Nouveau Testament Va, Genève 2007, 223.

So lauten die Seligpreisungen, mit denen Paulus seine missionarische Verkündigung gemäß den Thekla-Akten beginnt.[8] Aber auch diese Predigt ist fiktiv. Die unbekannte Verfasserin oder der unbekannte Verfasser ahmt Paulus so nach, wie sie oder er ihn sich vorgestellt hat. Es ist einer der frühen Belege, in denen Paulus Verkündigung mit einer strengen sexuellen Askese verbunden ist. Dazu greifen die Seligpreisungen der Thekla-Akten auch Zitate aus seinen Briefen auf. Die Thekla-Akten lassen sich aus Frauenperspektive allerdings auch anders lesen: Thekla und andere Frauen sind ein Beispiel antiken Widerstands von Frauen gegen christliche Ansätze zur Androkratie.[9] Sexuelle Enthaltsamkeit war eine Möglichkeit für Frauen, sich der Verfügbarkeit und Unterwerfung gegenüber den Männern zu entziehen, denen sie zugesprochen oder mit denen sie verheiratet waren. Diesen Weg wählt Thekla. Paulus' Missionspredigt inspiriert sie zu einer Freiheitsdynamik, mit der sie sich später sogar gegen Paulus selbst zur Wehr setzen muss.

Noch früher als die Theklaakten hat die Apostelgeschichte den Inhalt von Paulus' Predigt zusammengefasst: „Gerechtigkeit (περὶ δικαιοσύνης), Enthaltsamkeit (ἐγκρατείας) und bevorstehendes Gericht (τοῦ κρίματος τοῦ μέλλοντος)" (Apg 24,25).[10] Darüber hat Paulus nach der Apostelgeschichte mit dem römischen Statthalter Felix gesprochen. Die Apostelgeschichte ist etwa ein dreiviertel Jahrhundert früher entstanden als die Thekla-Akten, kurz nach den Paulusbriefen, etwa zwischen 80 und 90

[8] Von diesen Seligpreisungen existierten aufgrund unterschiedlicher Einflüsse aus den den asketischen christlichen Bewegungen verschiedene Textfassungen, vgl. J. W. Barrier, Asceticism in the *Acts of Paul and Thecla's* Beatitudes, in: H.-U. Weidemann (Hg.), Ascetism and Exegesis in Early Christianity. The Reception of New Testament Texts in Ancient Ascetic Discourses. With an Introduction by Elizabeth A. Clark, NTOA 101, Göttingen 2013, 163–185.

[9] Vgl. L. Schottroff, Lydias ungeduldige Schwestern. Feministische Sozialgeschichte des frühen Christentums, Gütersloh 1994, 158–164.

[10] D. Marguerat, Les Actes des Apôtres (13–28), 314. Gerechtigkeit und Gericht sind Hauptthemen biblischer Ethik, sie rahmen den Begriff ἐγκράτεια: Die „Selbstbeherrschung" („autodiscipline") nahm in der Ethik der Stoiker als Selbskontrolle für einen vernünftigen Umgang mit dem Verlangen einen großen Raum ein.

n. Chr. Neben Gerechtigkeit und dem kommenden Gericht Gottes hat Paulus bereits nach der Apostelgeschichte „Enthaltsamkeit" verkündet. Das griechische Wort dafür, ἐγκράτεια, hat sogar einer verbreiteten und viel gestaltigen Bewegung von Christen im zweiten Jahrhundert den Namen gegeben.[11] Die Enkratiten verzichteten auf Fleisch, Wein und Geschlechtsverkehr, sogar das Abendmahl feierten sie nicht mit Wein. Die Apostelgeschichte wird gelegentlich nahe mit Paulus in Verbindung gebracht. Da sie in den Berichten der Paulusreisen eine Reihe von Wir-Passagen enthält, hat man manchmal vermutet, ihr Verfasser Lukas sei ein Reisebegleiter des Paulus gewesen. Aber auch hier hat Lukas Paulus' Verkündigung in einer komprimierten Formel von drei Stichworten zusammengefasst, von Paulus selbst stammt diese Zusammenfassung seiner Predigt nicht.[12] Woher kam denn die Verknüpfung asketischer Vorstellungen mit der Verkündigung des Paulus?

Paulus hatte vor allem zwei Quellen für seine Verkündigung: (1) die jüdische Schriftauslegung und (2) die pagane Philosophie, in deren Umfeld er in Kleinasien aufgewachsen ist. (1) Paulus war Sohn einer jüdischen Familie aus Tarsus, möglicherweise waren er und seine Familie freigelassene Sklaven. Nach eigenen Angaben war er aus dem Stamm Benjamin und wurde nach dem jüdischen Gesetz am achten Tag beschnitten (Phil 3,5). Er war, wie er selbst sagt, „ein Hebräer von Hebräern". Nach seiner Auskunft in der Apostelgeschichte (22,3) wurde er in Jerusalem von Gamaliel als Schriftgelehrter ausgebildet, von einem der renommiertesten Schriftgelehrten der damaligen Zeit. Er schloss sich den Pharisäern an.

Die Pharisäer waren eine religiöse Laienbewegung. Sie haben die Vorstellungen von Heiligkeit demokratisiert und Forderungen der Reinheit, die sonst nur für Priester, den Tempel und die heili-

---

11 C. Markschies, Das antike Christentum. Frömmigkeit, Lebensformen, Institutionen. München 2012², 161. Zur vielfältigen Gestalt dieser Bewegung vgl. die Beiträge in H.-U. Weidemann, Ascetism and Exegesis.

12 Zur Rezeption der Paulusbriefe in der Apostelgeschichte: Marguerat D., Paul in Acts and Paul in His Letters, WUNT 310, Tübingen 2013, darin vor allem: „Paul after Paul: A (Hi)story of Reception", 1–21, und „The Image of Paul in Acts", 22–47.

ge Stadt Jerusalem galten, auch für Laien und weitere Orte und Räume erhoben. Als pharisäischer Schriftgelehrter hat Paulus die Bibel aller Wahrscheinlichkeit nach auf Hebräisch studiert, zitiert hat er sie jedoch in all seinen Briefen auf Griechisch. Er schreibt für jüdische und judenchristliche Adressaten in der griechischsprachigen Diaspora, welche die Septuaginta lasen, also die griechische Übersetzung des Alten Testaments. Im Lauf meiner Untersuchung wird sich zeigen, wie stark Paulus von dieser Septuaginta geprägt ist, vor allem auch in seinen Aussagen zur Sexualität.

Hans Ulrich Weidemann hat aus Paulus' jüdischer Herkunft und Bildung auch dessen Wertvorstellungen zur Sexualität erklärt, genauer gesagt, sieht er dessen „radikal jüdische(n) Sexualparänese" in seinem „Selbstverständnis als *Heidenapostel*"[13] begründet. Nach Römer 15,16 versteht Paulus seine Missionsarbeit als priesterlichen Dienst Gottes, mit dem er die „Heiden" als eine dem Gott Israels wohlgefällige Opfergabe darbringt. Als solche verlangen die Vorschriften der Tora, dass das Opfer „im Heiligen Geist geheiligt" (ἡγιασμένη ἐν πνεύματι ἁγίῳ) sei. Daraus folgt für Weidemann, dass die Berufung der „Heiden" von ihnen die Erfüllung der sexualethischen Forderungen des Heiligkeitsgesetzes im Buch Leviticus verlangt, mit denen sich Israel von den anderen Völkern als heiliges Gottesvolk unterscheidet. Bereits im Thessalonicherbrief sieht Paulus die Heiligkeit der Gemeinde aus Juden und Nichtjuden darin, dass sie sich von sexueller Unmoral fernhält (1 Thess 4,3). Wenn Paulus die Messiasglaubenden[14] in

[13] H.-U. Weidemann, Die Sexualität der Heiligen. Zur Frage von Universalität oder Partikularität der Moral in paulinischen Gemeinden, in: C. Breitsameter / S. Goertz (Hg.), Bibel und Moral. Ethische und exegetische Zugänge, (JMTh 2), Freiburg 2018 (85–122), 90; s. auch H.-U. Weidemann, Heilig an Leib und Geist. Sexualparänese und Anthropologie im Corpus Paulinum, JBTh 33 (2018) 107–141.

[14] Paulus verwendet durchweg das griechische Χριστός für Jesus als Messias, es ist bei ihm auch schon zum Teil des Namens Jesus Christus geworden. Dennoch werden sicherlich Teile seiner Gemeinden unter Χριστός noch den jüdischen Messiastitel und die entsprechenden eschatologischen Erwartungen an eine Messiasgestalt mithören, andere Teile wiederum werden diese weniger assoziieren. Eine christliche Identität in Abgrenzung zu einer jüdischen lässt sich bei Paulus m. E. noch nicht ausmachen. Deshalb

Korinth als „Gerufene und Heilige" anspricht, ist er sicherlich auch von pharisäischen Konzeptionen getragen: Die Berufung hat das Leben der Christusglaubenden grundlegend verändert. Ihre Heiligkeit hat ihr Vorbild in der Heiligkeit Israels (Lev 18–20). Die Gemeinde ist der Ort der Gegenwart Gottes (1 Kor 3,16). Sie ist eine Verkörperung[15] des auferstandenen Messias; in den Händen, Füßen und im körperlichen Leben all derer, die zu ihm gehören, lebt Christus weiter. Dieses paulinische Verständnis seiner Sendung beinhaltet aber auch eine emanzipatorische Dynamik.

(2) Vermutlich hat Paulus aus Tarsus schon von Kindheit an, aber dann auch später von seinen Reisen eine Kenntnis von den Grundgedanken der damaligen Modephilosophie gehabt, der Stoa und den Kynikern. Die Stoa hatte sich in ihrer populär verbreiteten Version aber auch anderes philosophisches Gedankengut aus der Antike anverwandelt, etwa von den Pythagoräen oder von Plato. Paulus war kein geschulter Philosoph, kannte aber philosophische Vorstellungen, soweit sie gesellschaftlich verbreitetes Allgemeingut waren. Teil seiner nichtjüdischen Lebenswelt waren aber selbstverständlich auch Religion, Kultur, Sport, Krieg und Theater.

Diese Lebenswelt bezeichnete er mit dem verbreiteten jüdischen Wort als die Welt der „Völker", der ἔθνη. Das griechische Wort für Völker ἔθνη wird gewöhnlich mit „Heiden" übersetzt, etwa in Römer 1,5 (nach der Einheitsübersetzung): „Durch ihn haben wir Gnade und Apostelamt empfangen, um unter allen Heiden Glaubensgehorsam aufzurichten um seines Namens willen." Dies entspricht einerseits der Sprachgewohnheit der Septuaginta: Die im 2. Jhdt. v. Chr. entstandene griechische Übersetzung der hebräischen Bibel gibt das hebräische Wort גּוֹיִם mit ἔθνη wieder, und גּוֹיִם bezeichnet in der hebräischen Bibel das ethnisch-religiöse Andere. Andere Nationen sind das von Gott nicht-er-

wechsele ich im Ausdruck zwischen „Messias", um die bleibende Verbindung mit dem Judentum kenntlich zu machen, und „Christus", um die Teile der paulinischen Missionsgemeinden sichtbar zu machen, die nicht ursprünglich jüdisch gebunden waren.

15 Vgl. C. Markschies, Gottes Körper: jüdische, christliche und pagane Gottesvorstellungen in der Antike, München 2016, 40.

wählte Fremde im Unterschied zum eigenen von Gott erwählten Volk. Die Übersetzung mit „Heiden" behält diese ethno-religiozentrische Bedeutung bei, sie hat sie in der Vergangenheit oft sogar bruchlos für einen christlichen Kontext übernommen: Das auserwählte Gottesvolk waren nach diesem Verständnis Christen, und Heiden waren das religiös Andere. Wegen ihrer abwertenden Bedeutung passt die Bezeichnung „Heiden" aber nicht zu Paulus' Sprachgebrauch. In seiner Berufung hat er den Auftrag erfahren, den Völkern des römischen Reiches die Botschaft zu verbreiten, dass der Gott Israels den Messias Jesus von den Toten auferweckt hat. Paulus denkt dabei über ethno-religiöse Identitätsfragen nicht genau nach. Die Menschen in seinen Gemeinden haben Teil an der herrschenden Kultur, Sprache und an den imperialen Kulten.

Kultur, Religion und Philosophie der Völker sind daher die zweite Quelle von Paulus' Verkündigung. Auch aus diesem Quellbereich lässt sich leicht vorstellen, dass Paulus von asketischen Vorstellungen geprägt worden ist. Das Stichwort ἐγκράτεια, das Paulus' Verkündigung nach der Apostelgeschichte zusammenfasst, hatte als „Selbstkontrolle" bei den Stoikern einen hohen Wert. Der Stoa war sie als Ideal in der Sexualität vertraut. So heißt es etwa bei Epiktet, einem freigelassenen Sklaven und Philosophen (etwas später als Paulus):

> Das dauernde Beschäftigen mit dem Körper (τὸ ἐνδριατρίβειν τοῖς περὶ τὸ σῶμα) ist ein Zeichen geistiger Armut; wie etwa viel Sport zu treiben, viel zu essen, viel zu trinken, viel seine Notdurft zu verrichten oder sich zu begatten. Statt dessen sollte man dies nur nebenbei (ἐν παρέργω) tun, und die Aufmerksamkeit sei ganz das Sich-Umwenden (ἐπιστροφή). (Handbüchlein der Moral, XLI)[16]

In die Überlegungen Epiktets sind vermutlich bestimmte damalige medizinische Einsichten über ein möglichst gesundes Leben eingeflossen. Manche davon sind ja auch heute noch verbreitet, in manchen Punkten allerdings vielleicht mit genau umgekehrten Wertungen, etwa, dass ein möglichst zwangloses Sexualleben zu

---

[16] ÜS AW, griechischer Text nach Epiktet, Encheiridion (Hg. H. Schenkl), Leipzig 1916, 31.

körperlicher und seelischer Gesundheit beitrage. Es ist gut möglich, dass auch Paulus mit medizinischen Vorstellungen über Sexualität vertraut war, aber es lässt sich nicht mehr genau sagen, wie diese aussahen. Zusammenfassend lässt sich aber festhalten: Sowohl Paulus' pharisäische Herkunft im Bereich der religiösen Vorstellungen wie seine philosophische Kenntnis kynisch-stoischer Konzepte könnte eine asketische Sexualethik begründet und motiviert haben.

Leitfaden und Gliederung

Ob Paulus tatsächlich so asketisch war, wie er bereits in seiner antiken Umwelt wahrgenommen wurde, wird sich im Laufe dieser Untersuchung noch unter verschiedenen Blickwinkeln zeigen. Eines der wichtigen Ziele der Askese (vom griechischen ἄσκησις = „Übung") im Umfeld des Neuen Testaments war, mit körperlichem und geistlichem Training den Umgang mit dem Begehren zu üben, das vielfach negativ als „Quelle aller Übel" (ἁπάντων πηγὴ τῶν κακῶν) gesehen wurde, so etwa von dem alexandrinisch jüdischem Zeitgenossen des Paulus, Philo.[17] Begehren ist für Paulus wie auch für das übrige Neue Testament nicht von vornherein ein moralisches Problem. Es kann ein natürliches Verlangen wie Hunger sein (Lk 15,16; 16,21); es kann aus der Sehnsucht kommen nach Freundschaft und Gemeinschaft (Lk 22,15; 1 Thess 2,17) oder nach dem Verbundensein mit Christus (Phil 1,23). Selbst wenn es sich auf Gegenstände bezieht, muss es nicht notwendigerweise negativ sein (vgl. Apg 20,33).[18] Paulus weiß aber auch darum, dass im Begehren ein Potenzial liegt, mit dem Menschen sich und anderen schweren Schaden zufügen können, und das nicht nur im Bereich der Sexualität. Askese bedeutete daher auch für ihn ein Management des Begehrens. Selbstkontrolle war aber für ihn eine Frucht des Geistes, den Gott den Glaubenden in der Taufe ge-

---

[17] Die zitierte Aussage in: Philo, Spec. Leg. IV 84., Les Œuvres de Philon D'Alxandrie, de specialibus legibus III et IV, Paris 1970.

[18] F. Büchsel, ἐπιθυμία, ἐπιθυμέω, ThWNT III (168–173), 168.

schenkt hat (Gal 4,23), also nicht allein eine Sache, die durch strenge eigene Disziplin schon zu erlangen wäre.[19] Der Körper der Glaubenden ist in der Taufe ein Tempel des Heiligen Geistes geworden. Wenn Frauen und Männer sich den Messiasgemeinden anschlossen, hatte das daher Konsequenzen für ihre Achtung voreinander und für einen verantwortungsbewussten Umgang mit Sexualität. In seiner Berufung als Gottes Gesandter zu den Völkern hat Paulus durch die Begegnung mit dem Messias Jesus eine Kraft zur Freiheit erfahren: die Freiheit des Geistes, d. h. Freimut der Rede (2 Kor 3,12), Freiheit im Umgang miteinander, von der Verurteilung (2 Kor 3,9), von ungerechten Herrschaftsstrukturen (2 Kor 3,9), Freiheit vom Tod und seinen Mächten (2 Kor 3,7). Diese Freiheitsbotschaft sollte er den Gemeinden für ein Zusammenleben in Gerechtigkeit weitergeben.

Paulus hat seine Vorstellungen zu Sexualität und Geschlechtlichkeit aber vor allem aus den bibilischen Schöpfungsüberlieferungen und dem Dekalog gewonnen, wie sich im Laufe der Untersuchung zeigen wird. Aus den Schöpfungsüberlieferungen hat er auch seine Botschaft gewonnen, dass in Christus über ethnische und religiöse Grenzen und Unterschiede zwischen den Geschlechtern hinweg eine solidarische Gemeinschaft entstehen kann (Gal 3,28). Das heißt nicht, dass nicht auch andere Schriftstellen für ihn einschlägig gewesen wären. Ein Teil von Paulus' heute schwer nachvollziehbaren Äußerungen zur Homosexualität[20], gründen etwa aus dem Heiligkeitsgesetz im Buch Leviticus.[21] Bedeutsam

---

[19] In 1 Kor 9,24–27 spricht Paulus von der Selbstkontrolle (vgl. ἐγκρατεύεται in 9,25). Die Metapher vom athletischen Kampf setzt dabei durchaus auch den eigenen Einsatz voraus, bis hin zum quälenden Kampf gegen eigene destruktive Kräfte (Hinweis von Hans-Ulrich Weidemann). Dabei geht es im Zusammenhang wohl auch um den Einsatz der gesamten Gemeinde für die Verkündigung des Evangeliums (9,23 ff.), nicht nur um die moralische Askese des Einzelnen.

[20] Zur einer heutigen Bewertung von Homosexualität vgl. die verschiedenen Beiträge in: S. Goertz (Hg.), „Wer bin ich, ihn zu verurteilen?" Homosexualität und katholische Kirche, Katholizismus im Umbruch 3, Freiburg 2015. Immer noch instruktiv ist der kurze frühe Beitrag von Klaus Wengst: Ders., „Paulus und die Homosexualität. Überlegungen zu Römer 1,26 f", ZevEth 31 (1987) 72–81.

[21] Vgl. zu der alttestamentlichen Bedeutung grundlegend: T. Hieke, Leviti-

ist für ihn die gesamte Tora, aber die Schöpfungsüberlieferungen waren für ihn gewissermaßen die Brille, durch die er menschliche Beziehungen zwischen Mann und Frau – und daher auch davon abweichende Beziehungen – wahrgenommen hat.

Nach Vorklärungen über den Begriff Sexualität, von dem ich in dieser Untersuchung ausgehe, soll deshalb ein erster Abschnitt zeigen, wie die Schöpfungsüberlieferungen in den ersten Kapiteln des Buches Genesis im jüdischen Umfeld des Paulus verstanden wurden.

Daraus ergeben sich Untersuchungen zu vier Abschnitten aus Paulus' Briefen, die Bezüge zu den Schöpfungsüberlieferungen und zum Dekalog thematisch entfalten: über die Körperlichkeit in 1 Kor 6,12–20 (Gen 2,24), über gleichgeschlechtliche Sexualität in Röm 1,26–27 (Bezug zu Gen 1,27?), über das Begehren in Röm 7,7–25 (Gen 2,15–17 und Ex 20,17/Dtn 5,21) und über Geschlechtsrollen von Frauen und Männern in 1 Kor 11,2–16 (Gen 2,18 und 22). In meinen Untersuchungen treten daher andere Textabschnitte, die gewöhnlich bei Paulus in diesem Zusammenhang behandelt werden, etwa aus 1 Kor 5–7[22] oder 1 Thess 4,1–8, etwas in den Hintergrund.[23] Sie gehen aber immer wieder an unterschiedlichen Stellen in die Untersuchung ein.

---

kus II, HThKAT, Freiburg 2014, 643–810 („Levitikus 18–20: Heiligkeit im Alltag"). Zur Beurteilung von Homosexualität im Buch Leviticus: Ders., Kennt und verurteilt das Alte Testament Homosexualität? in St. Goertz, Wer bin ich, (19–52) 34–41. Dazu auch: J. Börstinghaus, Homosexualität. Zur biblischen Hermeneutik einer biblischen Beurteilung homosexueller Praxis, in: P. Pilhofer, Neues aus der Welt der frühen Christen, BzWANT 195, Stuttgart 2011, (137–185) 139–144.

[22] Zu Römer 7: R. Zimmermann, Die Logik der Liebe. Die ‚implizite Ethik' der Paulusbriefe am Beispiel des 1. Korintherbriefs, BThS 162, Neukirchen-Vluyn 2016, 180–186.

[23] Zu einer anderen Zugangsweise über das Heiligkeitsgesetzt vgl. den Beitrag von H.-U. Weidemann, Sexualität der Heiligen. Einen guten Überblick über Paulus sexualethische Äußerungen gibt F. W. Horn, Nicht wie die Heiden! Sexualethische Tabuzonen und ihre Bewertungen durch Paulus, in: M. Konradt / E. Schläpfer (Hg.), Anthropologie und Ethik im Frühjudentum und im Neuen Testament – Wechselseitige Wahrnehmungen, WUNT 322, Tübingen 2014, 283–307. Die jüngste ausführliche, gut recherchierte und argumentierte Forschungsarbeit über Paulus' Haltung zu Sexualtät

Auf die Untersuchung der vier Textabschnitte möchte ich dann einem neuen Verständnis der Bedeutung von Paulus' Berufung für seine Vision des Zusammenlebens der Christus-Glaubenden nachgehen: Mit seiner Sendung hat er sich als Jude mit den anderen Völkern unter römischer Herrschaft verbunden und gegen die imperialen Machtstrukturen solidarisiert. Hier erst zeigt sich die emanzipatorische Kraft der Sendung des Apostels, die m. E. auch für ein christliches Leben heute relevant bleibt.

Am Schluss soll dann im Spiegel der zurückliegenden Untersuchungen ein Blick auf die lehramtlichen Positionen der katholischen Kirche zu den Themen von Sexualität und Geschlechtsrollen stehen, bei letzterem Thema vor allem ein Blick auf die lehramtlichen Positionen zu Fragen des Amtes.

In vielen Punkten berufe ich mich in den folgenden Untersuchungen zu Paulus auf die Arbeiten von William Loader, der mit seiner präzisen und umfangreichen Darstellung zur Sexualität im Neuen Testament und seinem Umfeld ein unschätzbar hilfreiches internationales Referenzwerk geschaffen hat.[24]

---

und Geschlechtsrollen im deutschsprachigen Raum ist die Dissertation von J. Körner, (Dies. Sexualität und Geschlecht bei Paulus), Die Spannung zwischen „Inklusivität" und „Exklusivität" des paulinischen Ehtos am Beispiel der Sexual- und Geschlechterrollenethik, WUNT II, 512, Tübingen 2020. Zu den oben genannten Texten: Ebd., 106–214. Eine Untersuchung, die stark philologisch orientiert ist, stammt von N. Baumert, Frau und Mann bei Paulus. Überwindung eines Mißverständnisses, Würzburg 1992. Zu Sexualität und Geschlechtsrollen bei Paulus außerdem: Francis Watson, Agape, Eros, Gender: Toward a Pauline Sexual Ethic, Cambridge 2000.

[24] W. Loader, Enoch, Levi and Jubiless on Sexuality. Attitudes towards Sexuality in the Early Enoch Literature, the Aramaic Levi Document, and the Book of Jubilees, 2007; The Dead Sea Scrolls on Sexuality. Attitudes towards Sexuality in Sectarian and Related Literature at Qumran, 2009; The Pseudepigrapha on Sexuality. Attitudes towards Sexuality in Apocalypses, Testaments, Legends, Wisdom, and Related Literature, 2011; Philo, Josephus and the Testament on Sexuality. Attitudes Towards Sexuality in the Writings of Philo and Josephus and in the Testaments of the Twelve Patriachs, 2011; The New Testament on Sexuality, 2012, alle erschienen in Grand Rapids, MI. Für die folgende Untersuchung grundlegend war: Ders., The Septuagint, Sexuality and the New Testament. Case Studies on the Impact of the LXX in Philo and the New Testament, Grand Rapids, MI, 2004. Eine komprimierte hilfreiche Zusammenfassung seiner Forschungsarbeit gibt er

Sexualität und ihre Bedeutungen

Sexualität ist ein Begriff[25], den Paulus und die anderen biblischen Schriften nicht kennen. Es ist legitim, mit einem modernen Begriff an Paulus heranzugehen, denn die Übersetzung paulinischer Aussagen in eine heutige Lebenswelt gehört zu einer wissenschaftlichen Arbeit mit biblischen Texten. Für heutige theologische Reflexion ist die Bibel nicht die einzige Quelle, die christliche Tradition, der Stand heutiger Wissenschaften und Erfahrungswerte sind weitere Quellen der Erkenntnis, die ebenso zu berücksichtigen sind.[26] Deshalb ist aber notwendig, dass ich mit einigen Vorklärungen über den Begriff Sexualität beginne, zur Verständigung, was ich darunter im Folgenden verstehen möchte.

1) Sexuelle Gefühle und Erfahrungen werden über die Sinnlichkeit vermittelt, d. h. die Sinneswahrnehmungen sind ihre Eintrittskanäle in das menschliche Erleben. „Sexual feeling is as much about the head, or as we more commonly say, the heart, as about the genitalia between our legs."[27] Sie beschäftigen den Kopf oder das Herz. Sexualität hat also auch etwas mit Denken zu tun und der Art und Weise, wie wir uns denkend selbst verstehen, als Mann oder als Frau oder als nicht leicht einem bestimmten Geschlecht zuzuordnen. Sexualität hat daher viele Bedeutungen und Dimensionen. Die US-amerikanische Ethikerin Margret Farley nennt die wichtigsten: „Begehren und Liebe, (...) Empfindungen, Gefühlsbewegungen, Aktitiväten, Beziehung. Als solche kann

in: Making Sense of Sex. Attitudes towards Sexuality in Early Jewish and Christian Literature, Grand Rapids, MI, 2013.

[25] Vgl. M. Farley, Verdammter Sex. Für eine neue christliche Sexualmoral, Titel der Orginalausgabe: Just love: A Framework for Christian Sexual Ethics, Darmstadt ²2014. Die deutsche Übersetzung des Titels ist grob irreführend, deshalb zitiere ich das sehr lesenswerte Buch im Folgenden unter dem englischen Originaltitel „Just love", beziehe mich aber auf die deutsche Übersetzung. Zum Folgenden: M. Farley, Just Love, 131–196. Von ihr (S. 131) habe ich auch die Überschrift oben übernommen. Zur Sexualität in biblischen Kontexten vgl. allgemein: I. Fischer, U. Poplutz, Sexualität, JBTh 33 (2018), Göttingen 2020.

[26] M. Farley, Just Love, 205–219.

[27] W. Loader, Making Sense of Sex. Attitudes towards Sexuality in Early Jewish and Christian Literature, Grand Rapids, MI 2013, 1.

Sexualität eine phyische, psychologische, emotionale, intellektuelle, spirituelle, persönliche und soziale Dimension haben."[28]

Sexualität und Identität, sexuelle Erfahrungen und Selbstbewusstsein hängen daher eng miteinander zusammen. Für manche Menschen ist Sexualität eine besonders glückbringende Erfahrung; sie verbinden Lust und Freude mit Sexualität. Für andere Menschen ist Sexualität erschreckend und angstbesetzt. Manche Menschen sind im Bereich der Sexualität tief verletzt worden und tragen Verwundungen – nicht selten auch körperlich –, die ihr Leben lang nicht mehr heilen können. Wie Sexualität auch erlebt wird, sie betrifft den ganzen Menschen: Sexualität ist nichts, was zum Leben von Menschen irgendwie dazukommt[29], sondern ist ein wesentlicher Teil von ihnen. Sexualität sagt etwas darüber, wie Menschen sich selbst verstehen und wer sie sind.

2) Daraus folgt unmittelbar ein zweiter Punkt: Sexualität ist mehr als Genitalität und Fortpflanzungstrieb: Ich verstehe Sexualität daher auch nicht isoliert über die Geschlechtsorgane und auch nicht über den Geschlechtstrieb, sondern in dem beschriebenen größeren Zusammenhang. Die katholische Ehemoral steht einem engeren Verständnis nahe. Der katholische Moraltheologe Eberhard Schockenhoff hat darin „den langen Schatten des Augustinus"[30] gesehen. Augustinus zeigt ein hohes Sensorium und eine schonungslose Offenheit in seinem Nachdenken über seine eigenen sexuellen Erfahrungen. Gleichzeitig sieht Augustinus in seinen Erfahrungen mit Genitalität und den mit ihr verbundenen Wünschen eine „tiefe Demütigung darin, dass sein Körper auch nach der Taufe von einer Macht beherrscht blieb, die sich der Bestimmung des eigentlichen Menschen in ihm widersetzte, dessen Würde und Berufung für ihn darin besteht, in der Sphäre des Geistigen gemäß den Grundsätzen der Vernunft zu leben"[31]. Die

---

[28] M. Farley, Just Love, 181.

[29] W. Loader, Making Sense of Sex, 1: „Sex is not an optional extra. It is part of what und who we are." Vgl. zum Folgenden auch seine Einführung, ebd., 1–3.

[30] E. Schockenhoff, Der lange Schatten des Augustinus – oder: Was heißt menschenwürdige Sexualität?, in: Communio 41 (2012) 197–212.

[31] Vgl. ebd. 198.

geistig-geistliche Dimension menschlichen Lebens wurde damit zur genital-triebhaften in eine schwer vereinbare Spannung gesetzt. Denn die genital-triebhafte Dimension wurde als durch die Vernunft nur schwer beherrschbar erlebt. Sexualität wurde zum „Einfallstor der Sünde"erklärt, die nur in der Ehe eine hinreichende Legimation erhält. Nicht selten wurde dies dann auch mit Paulus begründet, etwa mit seinen Formulierungen im Anschluss an den Satz καλὸν ἀνθρώπῳ γυναικὸς μὴ ἅπτεσθαι („es ist gut eine Frau nicht zu berühren") in 1 Kor 7,1–5, auch Augustinus hatte sich auf Paulus gestützt.

Dieses Verständnis hat sich bis in das 20. Jahrhundert hinein in den rechtlichen Bestimmungen der Ehe niedergeschlagen. In den Bestimmungen des katholischen Kirchenrechts nach dem Codex von 1917 waren die Zeugung von Nachkommenschaft und die Einhegung des Sexualtriebs die beiden Ziele einer Ehe: *„Matrimonii finis primarius est procreatio atque educatio prolis: secundarius mutuum adiutorium et remedium concupiscentiae."* hieß es im Canon 1013 §1 des alten Codex: „Erstrangiger Zweck der Ehe ist die Zeugung und Erziehung von Nachkommenschaft; zweitrangiger die gegenseitige Hilfe und die Heilung des Begehrens." Das enggeführte Verständnis von Sexualität und Ehe ist in der katholischen Kirche im Zweiten Vatikanischen Konzil aufgegeben worden. Die Konstitution *Gaudium et spes* hat einer Weitung der Sicht den Weg gewiesen (GS 50,1), indem sie „die echte Gestaltung der ehelichen Liebe und die ganze sich daraus ergebende Natur des Familienlebens" den übrigen Ehezielen gleichrangig gesetzt hat. Auch in ihren jüngst veröffentlichten Dokumenten zeigt das Lehramt der katholischen Kirche eine Offenheit für ein neues ganzheitlicheres Verstehen von Sexualität; deren Glückserfahrungen gehören zur Gott geschaffenen Natur des Menschen.[32]

Die Bestimmung von Sexualität über die Geschlechtsorgane und Fortpflanzung kann sich aber auch leicht aus der ursprünglichen Verwendung des Begriffs Sexualität ergeben. „Der Begriff ‚Sexualität' ist jung und taucht erstmals beim Botaniker August Henschel 1820 in seinem Buch ‚Von der Sexualität der Pflanzen' auf. Ursprünglich eingeengt auf die Fortpflanzung, wird er bald

---

[32] Vgl. Amoris laetitia 147–149.

ausgeweitet auf Mensch und Tier in dem nun in Gang kommenden ausufernden sexuellen ‚Diskurs'", so der Sexualforscher Eberhard Schorsch.[33] Von der biologischen Herkunft her legt sich nahe, dass die Fortpflanzungsorgane und der Fortpflanzungstrieb für den Begriff Sexualität konstitutiv sind.

Paulus kennt auch beides und spricht darüber in androzentrischer Sicht. Wenn er z. B. von Juden spricht, spricht er vom männlichen Geschlechtsorgan. Er kann seine eigenen männlichen jüdischen Glaubensgenossen verallgemeinernd περιτομή – „die Beschneidung" – nennen und meint damit das beschnittene Geschlechtsorgan des jüdischen Mannes (vgl. Röm 3,25–27; Gal 2,7; Eph 2,11). Mit dem rhetorischen Stilmittel des *pars pro toto* nennt er *einen Teil* des Körpers des Mannes, um den *ganzen* Mann zu bezeichnen. Hier genauer sogar: Ein charakteristisches körperliches Merkmal jüdischer Männer wird verwendet, um alle Juden, und zwar Frauen wie Männer, zu bezeichnen. Wenn Paulus von Menschen aus den Völkern spricht, nennt er sie ἀκροβυστία, und meint damit die bei heidnischen Männern nicht beschnittene Vorhaut. Es ist ebenfalls ein *pars pro toto*, genannt wird nur das charakteristische Körpermerkmal eines Mannes, und gemeint ist der Mann, oder genauer gesagt, alle nichtjüdischen Männer aus den Völkern, und auch hier sind bei Paulus Frauen offensichtlich mitgemeint. Das frühe Christentum ist entscheidend von Frauen jüdischer und nichtjüdischer Herkunft mitgetragen worden.[34] Der genannte Sprachgebrauch ist in der Bibel nur bei Paulus belegt. Er bleibt in seiner Sprache oft andro- und ethnozentrisch. Paulus' Berufung zu den unterdrückten Völkern des römischen Imperiums hat bei ihm sprachlich noch nicht die adäquaten Ausdrucksformen gefunden. Seine Sprache zeigt vielfach noch ein „gespaltenes Bewusstsein".[35]

Paulus spricht auch vom triebhaften Element des Geschlechtslebens. Wenn er von der Liebe unter Männern spricht, verwendet er in Röm 1,27 den Ausdruck ὄρέξις, dies meint den Appetit. In der stoischen Philosophie ist damit das natürliche

---

33 Wikipedia: https://de.wikipedia.org/wiki/Sexualität, Zugriff 02. 03. 2020.

34 Vgl. L. Schottroff, Lydias ungeduldige Schwestern, 29.

35 Ebd. 195.

Verlangen gemeint, das sich bei den Trieben von Nahrung und Fortpflanzung einstellt. Hier greift er ein patriarchales Rollenmuster seiner Umwelt auf: Der triebhaften Dynamik, die hier als natürlich unterstellt wird, entspricht, dass Männer im damaligen Geschlechtsleben eine dominante Rolle gegenüber Frauen einnehmen.

Paulus kennt also verschiedene Dimensionen, die heute von dem Begriff Sexualität angesprochen sind, aber noch keinen Oberbegriff, der genitale und triebhafte Elemente mitmeint, auch das oben skizzierte ganzheitliche Verständnis von Sexualität kann er daher nicht teilen.

3) Sexualität hat eine unbestreitbar körperliche Dimension. Die körperliche Gestalt wird heute einem biologischen Geschlecht zugeordnet. Nach der Geburt werden Menschen aufgrund bestimmter Merkmale ihrer körperlichen Gestalt als männlich oder weiblich bestimmt. Im Laufe seines Lebens entwickelt ein Mensch in den meisten Fällen seine persönliche Form von Frau- oder Mannsein weiter. In selteneren Fällen lassen sich Menschen Personen nicht in die binäre Codierung männlich oder weiblich einordnen, entweder stimmt die äußerliche biologische Bestimmung nicht mit dem inneren Geschlechtsempfinden überein, oder auch die äußerlichen, körperlichen Geschlechtsmerkmale sind in der Zuordnung nicht eindeutig. Für ein verbreitetes gesellschaftliches Bewusstsein ist die sexuelle körperliche Erfahrung nicht mehr allein einem biologischen Geschlecht zuzuordnen. In den verschiedenen staatlichen Gesetzgebungen hat sich die Vorstellung eines dritten diversen Geschlechts durchgesetzt. Die binäre Zuordnung von Geschlecht ist vielfach einer bipolaren gewichen.

Die antike Umwelt des Paulus kannte noch keine biologisch fundierte Zwei-Geschlechter-Vorstellung; das Geschlechter-Modell zweier biologisch unvereinbar unterschiedlicher Körper wurde erst im 18. Jahrhundert verbreitet naturwissenschaftlich begründet. Bis dahin herrschte seit dem klassischen Griechenland vielfach ein Ein-Geschlecht-Modell vor. Das männliche Geschlecht galt dem weiblichen gegenüber als das vollständige. Der Mensch wurde nah dem männlichen Vorbild konstruiert: Die

Vagina etwa galt als ein nach innen gekehrter Penis und der weibliche Körper als die defizitäre Version des männlichen.[36] Zwar kannte auch die Antike transitäre und hybride Formen von Männlichkeit und Weiblichkeit: Der Kinäde etwa war ein unvollkommen männliches Wesen. Ein Mann wurde nicht schon als Mann geboren, sondern musste sich seine Männlichkeit erst erwerben. Das heute wissenschaftlich verbreitete Gender-Modell unterscheidet zwischen dem biologischen Geschlecht *(sexus)* und dem sozialen kulturell vermittelten Geschlecht *(gender)*. Die vielfach unbewussten Mechanismen, mit denen sich Menschen nach ihrem *sexus* bestimmte Gender-Rollen anverwandeln nennt das Gender-Modell *Doing Gender.*[37] Diese Unterscheidung ist als analytische Grundlage für die paulinische Sicht hilfreich, allerdings

---

[36] Vgl. dazu im Ganzen: T. Laqueur, Auf den Leib geschrieben. Die Inszenierung der Geschlechter von der Antike bis Freud, München 1996, außerdem: Farley, Just love, 167–171.

[37] Zur Diskussion um die Gender-Theorie: Farley, Just Love, 155–180 („Ist Gender wichtig?"). Für den antiken gesellschaftlichen Kontext: Hubbard, A Compantion to Greek and Roman Sexualities; dazu die Rezension: J. Hagen, Rezension zu: T. K. Hubbard (Hrsg.), A Companion to Greek and Roman Sexualities. Blackwell Companions to the Ancient World, Malden 2014. in: H-Soz-Kult, 02.06.2014, www.hsozkult.de/publicationreview/id/reb-20656 Zugriff 17.05.2020. Daniel Boyarin hat seine jüdische Paulusdeutung vielfach mit der Gendertheorie in Beziehung gebracht (Ders., A Radical Jew. Paul and the Politics of Identity, Berkeley, Los Angeles, London, 1994). Mit ihrer dekonstruktivistischen Lesart der Gender-Theorie hat Judith Butler 1980 (englischer Originaltitel: Gender Trouble: Feminism and the Subversion of Identity) eine breite internationale Diskussion ausgelöst (Dies., Das Unbehagen der Geschlechter, übs. v. Katharina Menke, Frankfurt [16]2012). Zu einer Antwort aus katholisch-lehramtlicher Position vgl. das Dokument der Bildungskongregation „Male and Female He created Them" und dessen Diskussion im letzten Kapitel dieses Buches. Rainer Maria Rilke hat mit Zeilen aus einem seiner Briefe an den jungen Schriftsteller F. X. Kappus bereits Anfang des 20. Jahrhunderts die Richtung einer größeren Geschlechtergerechtigkeit angedeutet (Ders., Briefe an einen jungen Dichter [Rom, am 14. Mai 1904], Leipzig 1929): „Eines Tages (…) wird das Mädchen da sein und die Frau, deren Name nicht mehr nur einen Gegensatz zum Männlichen bedeuten wird, sondern etwas für sich, etwas, wobei man keine Ergänzung und Grenze denkt, nur an Leben und Dasein –: der weibliche Mensch." (Zitiert nach: http://www.rilke.de/briefe/140504.htm, Zugriff: 04.03.2020; vgl. M. Farley, Just Love, 178).

trägt sie das Gender-Modell an Paulus Vorstellungen auf einer Meta-Ebene heran:[38] Wenn Paulus von „männlich" (ἄρσην) und „weiblich" (θῆλυς), bzw. „Mann" (ἀνήρ) und „Frau" (γυνή), spricht, nimmt er diese Konzepte zunächst durch das Prisma der biblischen und jüdischen Schöpfungsüberlieferung wahr. Eine φύσις („Natur"), die durch menschliche Empirie unabhängig oder gegen die biblische Schöpfungsüberlieferung wahrgenommen würde, kennt er noch nicht.[39]

4) In seiner Wahrnehmung von Sexualität ist der einzelne Mensch durch Einstellungen geprägt, die die persönliche Erfahrung transzendieren.[40] Die Haltungen im Bereich der Sexualität sind nicht nur durch persönliche Erfahrungen bestimmt. Familie und Gesellschaft haben sexuelle Wert- und Verhaltensmuster mitgeprägt. Dies trifft auch für Paulus zu, schon sprachlich. Paulus kennt zwar keinen Begriff für Sexualität. Er hat kein Wort für den zwischenmenschlichen Erfahrungsbereich, der Anziehungskraft, Genitalität und andere Dimensionen des eigenen Verhaltens in Bezug auf das Geschlecht bezeichnet. Er kennt einen Begriff, der vieles aus diesem Erfahrungsbereich bezeichnet, aber nur in negativer Weise als Unmoral, nämlich πορνεία. Dies ist gleichzeitig auch ein Hinweis auf ein Grundproblem, das uns bei Paulus beschäftigen wird. Paulus kennt kaum einen wert-indifferenten Zugang zur Sexualität. Wenn er von πορνεία spricht, dann kann er zwar den gesamten Bereich der Sexualität meinen, aber nur unter

---

[38] So zurecht J. Körner (Dies. Sexualität und Geschlecht, 19), die deshalb von „Geschlechterrollenfragen" an Stelle von „Genderfragen" spricht. Im Folgenden werde ich die bipolare Ausdrucksweise von „Frau" und „Mann" bei Paulus beibehalten. Es ist eine eigene Erörterung wert, wie weit die bipolaren Ausdrücke durch andere offenere Bezeichnungen sprachlich ersetzt werden könnten, die aber in dem vorliegenden Buch nicht angegangen ist.

[39] Die Bindung an die biblischen Schöpfungsüberlieferungen gilt dort, wo Paulus seine eigene Theologie entfaltet. Möglicherweise kann er sich allerdings durchaus zum Zweck der Auseinandersetzung, Argumente aus der Stoa aneignen, wie sich im Zusammenhang mit Römer 1,26f. noch zeigen wird.

[40] Vgl. zum Folgenden: W. Loader, Making Sense of Sex, 1.

dem Vorzeichen des Verstoßes gegen den maßgeblichen Wert der Gerechtigkeit in der Tora. Porneia ist für Paulus alles, was im Bereich der Sexualität ehrlos, unpassend und ungerecht ist. Damit ist eine wichtige erste Voraussetzung für unser Studium von Paulus' Aussagen angedeutet. Zum heute verbreiteten Verständnis von Sexualität gehört ein Moment von persönlicher Selbstbestimmtheit, das Paulus so noch nicht gekannt hat. Geschlechtsleben und menschliche Geschlechtlichkeit hat Paulus kaum als persönlichen Bereich des Menschen wahrgenommen, sondern als einen Bereich, der wesentlich durch Religion und Gesellschaft und ihre jeweiligen Erfordernisse und Tabus geprägt ist.

Aber Christinnen und Christen sind in ihren persönlichen Einstellungen zur Sexualität auch heute durch religiöse Traditionen, durch Gemeinden und Gemeinschaften, oft auch durch geistliche Bewegungen mitgeprägt. Sexuelle Werturteile in den Religionen beruhen auf Schriften, die als religiöse Autoritäten verehrt werden. Oft gehen diese Werteinstellungen jahrhundertelang zurück. Für Christen sind sie wesentlich durch die biblischen Schriften vermittelt und durch die Deutungsmuster, in denen die Kirche schon zum Teil sehr früh die biblischen Schriften wahrgenommen hat.

Verschiedene christliche Gruppierungen diskutieren darüber, ob solche überlieferten Werthaltungen aufgegeben werden können, ob sie gegen eine verbreitete Verweltlichung und Individualisierung als christliche Kontrastethik betont werden müssen oder ob sich ein Mittelweg zwischen diesen beiden Alternativen findet. Das römisch-katholische Lehramt scheint weitgehend eine solche Kontrastethik zu verfolgen, aber nicht nur, auch meinungsbildende Teile in evangelikalen Milieus und freikirchlichen Organisationen in Deutschland. In dem postsynodalen Schreiben *Amoris laetitia* von Papst Franziskus finden sich aber auch Ansätze zu einem Mittelweg zwischen Tradition und Öffnung gegenüber neuen Werteinstellungen. Als Beitrag zu dieser Diskussion ist ein informierter Blick auf die Quellen unaufgebbar. Es wird also zunächst einmal darum gehen, festzustellen, was Paulus als ein antiker Jude und Anhänger des Messias Jesus über Sexualität gesagt hat, und warum er es so gesagt hat, um ihm die Achtung zu geben, die er verdient – unabhängig davon, wie ich auf die Werteinstellungen und Forderungen von Paulus antworten werde.[41] In einem weiteren Schritt wird dann aber auch ein kritischer Dialog mit Paulus' Aussagen erforderlich sein.

5) Ein fünfter Punkt ergibt sich durch die heutige kirchliche Situation. Seit 1999 in Irland, seit 2002 in den USA und seit 2010 in Deutschland gehört dazu auch die breite Veröffentlichung des Missbrauchsskandals. Er hat das öffentliche Bild von Kirche und Christin- und Christsein grundlegend verändert und damit auch die theologische Reflexion auf die Praxis des Glaubens. Die Zahlen, die Erika Kerstner und ihre Mitautorinnen dazu nennen, holen Theologie auf den Boden der gesellschaftlichen und kirchlichen Realität zurück:

> Unter den circa 48 Millionen Christen und Christinnen in Deutschland ist etwa jeder Achte – d. h. etwa 5,8 Millionen – von sexualisierter Gewalt in der Kindheit (0–14 Jahre) betroffen. Werden die Menschen hinzugezählt, die zwischen 14 und 80 Jahren Opfer sexualisierter Gewalt wurden, dann befindet sich in jeder Gruppe ab vier Teilnehmer/innen ein Mensch, der Opfer sexueller Gewalt wurde. Opfer sind mit hoher Sicherheit in jeder Veranstaltung einer christlichen Gemeinde dabei: im Gottesdienst, an Bibelabenden, in Fortbildungen, in der Erstkommunionvorbereitung, der Vorbereitung auf Konfirmation und Firmung, in vielen Trauergesprächen.[42]

Wenn Jesus seine Jüngerinnen und Jünger in Lk 12,56 auffordert, den Kairos zu prüfen und zu reflektieren, gehört heute der Missbrauchsskandal dazu. Er ist ein „Zeichen der Zeit" und rückt mit den Betroffenen sexualisierter Gewalt Menschen in den Blick, die „als Schwächste jeder Gesellschaft den Interessen von Machthabern geopfert wurden und werden"[43]. Sexualität ist für viele

---

[41] Vgl. W. Loader, Making Sense of Sex, 1.

[42] E. Kerstner, B. Haslbeck, A. Buschmann, Damit der Boden wieder trägt. Seelsorge nach sexuellem Missbrauch, Ostfildern 2016, 14. Vgl. zu einer Wahrnehmung sexualisierter Gewalt aus der Perspektive eines Betroffenen auch die beeindruckende Novelle: W. Treitler, Sehr gut, Perchtoldsdorf 2019.

[43] Vgl. E. Kerstner, B. Haslbeck, A. Buschmann, Damit der Boden wieder trägt, 45.

Menschen heute ein Bereich, in dem sie sich als verletzt und geschädigt erfahren.

Paulus aus einer Perspektive der Opfer?

Sicherlich ist bei einer Übertragung der heutigen Perspektive der Opfer sexualisierter Gewalt in die Zeit des Paulus mit Vorsicht heranzugehen, weil sich sonst schnell verzerrende Anachronismen einstellen können. Dennoch waren vermutlich Erfahrungen von Verletzungen und Erniedrigungen, die Opfer sexualisierter Gewalt und des Machtmissbrauchs heute gemacht haben, auch in den Gemeinden präsent, mit denen Paulus über seine Briefe im Kontakt stand. Nach 1 Kor 1,26–31 gibt es in den Gemeinden nicht viele Weise, Mächtige und Menschen, die durch ihre Geburt privilegiert waren.[44] Die Mehrheit der Bevölkerung in den Städten der Kaiserzeit lebte in Armut und hatte kaum Zugang zu Bildung, Hochkultur und ärztlicher Versorgung. Ihre Wohnungen hatten keine Küche, keine Abwasserversorgung und waren nicht selten fensterlos. Kinder wuchsen in elenden Bedingungen unter Erwachsenen auf; sie unterstanden der *patria potestas*, und sie konnten gezüchtigt, verpfändet, verkauft und ausgesetzt werden.[45] Aber auch Erwachsene wurden ausgebeutet und waren zum wirtschaftlichen Überleben oft zu verschiedensten erniedrigenden Diensten, auch sexueller Art, gezwungen.

Davina Lopez hat in ihrer Arbeit „The Apostle to the Conquered“[46] gezeigt, dass Paulus’ jüdische Perspektive nach seiner Berufung stark vom Gegenüber zur imperialen Macht in Rom geprägt ist. Die kaiserliche Politik erhob Anspruch auf das gesamte geographische Gebiet, in dem sich Paulus mit seiner Mission

---

[44] Vgl. L. Schottroff, Der erste Brief an die Gemeinde in Korinth, ThKzNT 7, Stuttgart 2013, 41–47.

[45] Vgl. dazu H. Lutterbach, Gotteskindschaft. Kultur- und Sozialgeschichte eines christlichen Ideals, Freiburg, Basel, Wien 2003, 174–175.

[46] D. Lopez, Apostle to the Conquered. Reimagining Paul’s Mission, Minneapolis 2010, vgl. auch die kurze Zusammenfassung ihrer These bei L. Schottroff, Erster Korintherbrief, 36 f.

Abb. 1: *Statue des Augustus von Prima Porta, Aus der Livia Villa in Prima Porta, Marmor, Kopie eines Originals aus dem 1. Jahrhundert n. Chr., C. 20/17*

bewegt hat. In Röm 1,5 und Gal 1,16 spricht Paulus von seiner Berufung als Gesandter zu den Völkern. Diese Völker werden in der römischen Propaganda als gedemütigt, verweiblicht dargestellt und in ihrer fremden, als barbarisch empfundenen Kultur als bedrohlich erlebt. Rom selbst hingegen stellte sich als vernünftige,

Abb. 2: *Die graphische Darstellung des Panzers von Augustus von Prima Porta*

männlich ordnende und friedenstiftende Macht dar. Geschlechtsrollen bestimmten also nicht nur das persönliche und familiäre Leben, sondern hatten politische Bedeutung.

Diese beiden stereotypen Vorstellungen von vernunftbegabter Männlichkeit und bedrohlicher verweiblichter Rohheit finden sich auf dem Brustpanzer einer Statue des Augustus wieder, der im römischen Stadtteil Prima Porta gefunden wurde.[47]

---

[47] P. Zanker, Augustus, Leipzig 1987, 192–195. Vgl. D. Lopez, Apostle to the Conquered. Reimagining Paul's Mission, Minneapolis 2010, 40–42; C. Janssen, „Ich schreibe das nicht, um euch zu beschämen" (1 Kor 4,14), in: R. Poser, A. Grund-Wittenberg (Hg.), Die verborgene Macht der Scham.

In seiner Mitte über dem Solarplexus von Augustus' Körper verlangt ein aufrecht stehender römischer Soldat mit der römischen Wölfin an der Seite die römischen Feldzeichen von einem König der Parther zurück. Diese Standarten hatte Crassus 53 v. Chr. an die Parther verloren, und Rom hatte mehrfach versucht, sie zurückzubekommen. 20 v. Chr. wurde Armenien durch diplomatische Bemühungen ein Klientelkönigtum Roms, und da Armenien eine dauerhafte Bedrohung für die Parther war, gelang es Augustus, durch diplomatisches Geschick die Armenier einzufrieden und dafür die römischen Feldzeichen von den Parthern zurückzugewinnen. Die politische Propaganda des Augustus feierte dies als Sieg, obwohl die Parther eigentlich eine dauerhafte militärische Bedrohung im Osten des Reiches blieben. Im Unterschied zu dem römischen Soldaten trägt der Partherkönig wirres, ungeschnittenes Haar und einen langen Bart; gekleidet ist er in eine schlecht sitzende kurze Tunika mit langen Hosen, die die Römer für exotische Kleidungsstücke hielten. Der Partherfürst trägt keine Rüstung und braucht beide Arme und seine gesamte Körperkraft, um die römischen Standarten zu halten. Davina Lopez bezeichnet ihn in römischer Sicht als verweiblichten „girly-man"[48].

Politische Machtverhältnisse sind hier durch Geschlechtszuschreibungen ausgedrückt. Brigitte Kahl hat die Beziehungen, die durch die politischen Bedeutungen der Geschlechtsrollen bestimmt sind, in einem semiotischen Quadrat dargestellt, das von Davina Lopez in ihrer Dissteration weiterentwickelt wurde. Es passt das semiotische Quadrat, das A. J. Greimas aus dem traditionellen logischen Quadrat konzipiert hat, auf die soziale und politische Bedeutung der Geschlechtsrollen an.[49] Das Quadrat ist

Ehre, Scham und Schuld im alten Israel und in der gegenwärtigen Lebenswelt, BThS 172, Göttingen 2018 (159–182), 161–163.

[48] Vgl. D. Lopez, Apostle to the Conquered, 40.

[49] D. Lopez, Apostle to the Conquered, 126–128; B. Kahl, „Reading Galatians and Empire at the Great Altar of Pergamon. In Memory of Dieter Georgi 1929–2005", USQR 59 (2005) (21–43) 26–30; Dies., Galatians Re-Imagined. Reading with the Eyes of the Vanquished, Minneapolis, MN 2010; Zu Greimas semiotischem Quadrat, vgl. I. U. Dalferth, Die Kunst des Verstehens, Grundzüge einer Hermeneutik der Kommunikation durch

in der Lage die Spannungen zu beschreiben, die in einer Erzählung vorliegen, aber auch in Narrativen, die gesellschaftlichen Einstellungen zugrundeliegen. Die vier Ecken A und B bezeichnen dominante Positionen und sie definieren sich wechselseitig jeweils über nicht-A und nicht-B. Nicht-A und nicht-B bilden nicht nur die Opposition zu A und B, sondern sie stellen auch die untergeordnete („subordinate"oder subalterne) Position dar.[50]

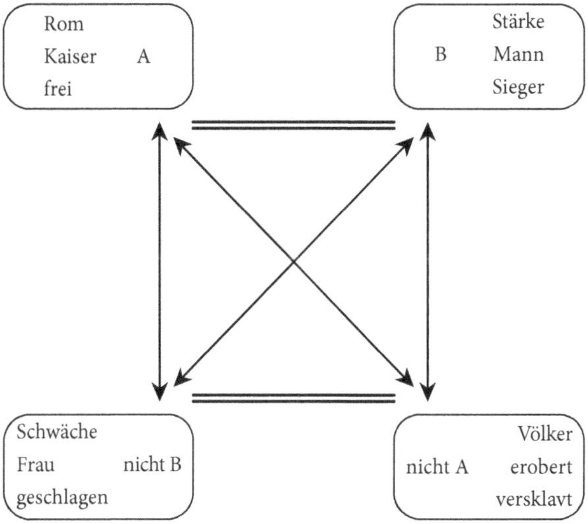

Auf dem Brustpanzer des Augustus von Primaporta wird die Konstruktion hegemonialer Männlichkeit durch entsprechende weibliche Figuren untermalt. Unter der Szene zwischen dem römischen Soldaten und dem Partherkönig erscheint Tellus, die Mutter Erde, nahe den Genitalien des Imperators, die durch Rüstung und Mantel bedeckt und versiegelt sind. Tellus hält dem römischen Soldaten ein überfließendes Füllhorn entgegen. Die Symbolik auf der Leiste des Kaisers verheißt eine friedliche und fruchtbare Zukunft. Trauernde weibliche Figuren rahmen die Mittelszene rechts und links unter den Achselhöhlen des Impera-

---

Texte, Tübingen 2018, 261–263; W. Egger, P. Wick, Methodenlehre zum Neuen Testament, völlig neu bearbeitete Auflage, Freiburg [6]2011, 143–163.

[50] Für die grafischen Darstellungen danke ich Cornelia Steinfeld.

tors, die als von ihm besiegte Nationen gedeutet werden: Gallien unter der linken und Spanien unter der rechten Achselhöhle. Die beiden trauernden Frauengestalten tragen die traditionelle Tracht der beiden unterworfenen Völker. Die besiegten Nationen als Frauen darzustellen, demütigte die Völker im Bildprogramm der römisch-kaiserlichen Politik, das in der kaiserlichen Propaganda seit Augustus verbreitet war. Die betroffenen Nationen haben die damit vermittelte Botschaft verstanden. Frauen, Sklavinnen, Kinder und Familien, die nicht zur wohlhabenden gesellschaftlichen Elite gehörten, haben vergleichbare Demütigungen, wie sie sie auf den Bildern sahen, im Alltag erfahren. Die Erfahrungen sexualisierter Gewalt heute finden daher Berührungspunkte mit der Erfahrungswelt der Gemeinden des Paulus. Auch unter den Christusglaubenden gab es Frauen und Männer aus der breiten armen Bevölkerung der Großstädte, die Opfer von sexualisierter und anderer Gewalt waren. Auch dort gab es die „Schwächste(n) jeder Gesellschaft(, die) den Interessen von Machthabern geopfert wurden“[51] (E. Kerstner s. o.). Die römische Bildpropaganda hat auch Einfluss auf Paulus’ Diskurs von Stärke und Schwäche gehabt. Es hat eine erkennbare politisch-theologische Bedeutung gehabt, dass er sich mit seiner Mission entlang der östlichen Mittelmeerküste bewegt hat und, nachdem er dort seine Kreise gezogen hatte, noch in das durch Augustus eroberte Spanien wollte (Röm 15,25–29). Dazu hat er sich dann auch an die Christus-Glaubenden in Rom gewandt, wo er selber keine Gemeinde gegründet hatte.

---

[51] Vgl. E. Kerstner, B. Haslbeck, A. Buschmann, Damit der Boden wieder trägt, 45.

„Im Anfang ...“ Sexualität in den Schöpfungsüberlieferungen

Die Schöpfungsüberlieferungen in der Tora

Paulus wurde als jüdischer Schriftgelehrter ausgebildet und gewann die erste christliche Theologie mit den Methoden jüdischer Exegese aus der Schrift. Die paulinischen Missionsgemeinden waren Gemeinschaften, die sich durch die Tora gemeinsam über ihre Lebensform verständigt haben. Luise Schottroff nennt sie „Auslegungsgemeinschaften“[1], in denen Paulus kein Sonderrecht hatte. Etwa bei dem Fall von πορνεία in 1 Kor 5,4–5 ist eher unwahrscheinlich, dass die Gemeinde Paulus' Urteil gefolgt ist, das er in Abwesenheit über den Täter gefällt hat. Der Fall ist nicht sehr präzise beschrieben.[2] Ein Mann „hat“[3] seine Stiefmutter oder die Konkubine seines Vaters, schreibt Paulus in 5,1 und das ist für ihn πορνεία, die die Heiligkeit der Gemeinde gefährdet, und er erwartet, dass sich die Gemeinde von dem Mann distanziert. Die Gemeinde scheint dagegen anders entschieden zu haben, sie hält die Verbindung der beiden für rechtlich erlaubt, und hat ihren Frieden mit dem Mann gefunden. Vermutlich hat sich für diesen Konflikt am Ende doch eine Lösung gefunden. Diese

[1] L. Schottroff, Erster Korintherbrief, 12, vgl. auch 134f. Daher bleibt auch die gesamte Tora für die Christusglaubenden in Korinth verbindlich. In 1 Kor 7,19 spricht Paulus von der τήρησις ἐντολῶν θεοῦ und nimmt dabei keine Einschränkung vor: „Die ganze Tora ist die von der korinthischen Gemeindeversammlung ausgelegte Tora“ (aaO., 135). Die Auslegung der Tora fand in der Gemeindeversammlung statt und setzt eine fest etablierte Kultur der Mündlichkeit und Memorierfähigkeit voraus.

[2] Vgl. L. Schottroff, Erster Korintherbrief, 80–88, außerdem: M. Wolter, Der Brief des sogenannten Unzuchtsünders, in: M. Gielen / J. Kügler (Hg.), Liebe, Macht und Religion. Interdisziplinäre Studien zu Grunddimensionen menschlicher Existenz. Gedenkschrift für Helmut Merklein, Stuttgart 2003, 323–337; H.-U. Weidemann, Sexualität der Heiligen, 96–102; Körner, Sexualität und Geschlecht, 122–140.

[3] 1 Kor 5,1c: γυναῖκά τινα τοῦ πατρὸς ἔχειν.

Annahme legen 2 Kor 2,3–11 und 7,8–13 nahe: Die Gemeinde hat den Mann später doch zur Rechenschaft gezogen, und danach konnte er auch aus Paulus Sicht versöhnt wieder in das soziale Leben aufgenommen werden. Luise Schottroff hat diesen Fall mit guten Argumenten als „Dokument jüdischer Rechtsdiskussion“[4] bezeichnet, dabei ging es um die Frage nach dem rechten Verständnis des Heiligkeitsgesetzes.[5] In der Gemeinde diskutieren Juden, Menschen aus den Völkern und Paulus über die Auslegung der Tora für ihr Zusammenleben und ihr Leben in der Stadtgesellschaft von Korinth.

Die Theologie des Paulus und der Gemeinden wurzelt also in der jüdischen Bibel. Er nennt sie griechisch γραφή, „die Schrift“, oder auch im Plural „die Schriften“. Stärker noch als durch das Heiligkeitsgesetz ist nach meiner Einschätzung Paulus' Sicht von Sexualität durch verschiedene biblische Schöpfungsüberlieferungen geprägt. Stephen Greenblatt hat die Schöpfungserzählung in der Genesis als „mächtigste(n) Mythos der Menschheit“ bezeichnet.[6] Allerdings lässt sich von Mythos dann nur in einer sehr allgemeinen Bedeutung sprechen, etwa so wie Karl Reinhard die Funktion des Mythos bei der Philosophie Platos beschrieben hat: „Uns an unsere Wurzeln zu erinnern, bleibt die Aufgabe des Mythos, und was immer zu solcher Erinnerung taugt, heißt Mythos oder steht an seiner Statt.“[7] Mythos ist dann ein der Reflexion und der Sprache vorgelagertes kognitives Depot, das den Menschen mit den Wurzeln seiner Existenz verbindet. Dennoch bleibe ich im Folgenden meist bei dem Ausdruck „Schöpfungsüberlieferungen“; er betont stärker den literarischen (schriftlichen oder mündlichen) Charakter dieser Vorstellungen. Die Schöpfungs-

---

[4] L. Schottroff, Erster Korintherbrief, 84.

[5] J. Körner, Sexualität und Geschlecht, 124, vor allem Lev 18,8 und 20,11. Stellen außerhalb des Heiligkeitsgesetzes sind Dtn 23,1 und 27,20.

[6] So nennt der deutsche Titel von Stephen Greenblatts Buch „The Rise and Fall of Adam and Eve“ die Schöpfungserzählung: S. Greenblatt, Die Geschichte von Adam und Eva. Der mächtigste Mythos der Menschheit, München 2019 (englische Originalausgabe: The rise and fall of Adam and Eve – the story that created us, London 2018).

[7] K. Reinhardt, Platons Mythen, Bonn 1927, 159.

überlieferungen[8] liegen uns heute als literarische Dokumente vor oder können als mündliche Überlieferung daraus in Umrissen rekonstruiert werden. Auch für Paulus war die Schöpfungsüberlieferung nicht einfach ein geschichtsloser Mythos; die biblische Überlieferung um Adam und Eva war für ihn ein reales Geschehen.[9] Paulus hat die biblische Schöpfung auch nicht nur als Vergangenheit verstanden. Gottes Schöpfung war für ihn ein Geschehen das auch in der Gegenwart weitergeht, etwa in der Neuschöpfung, die die Messiasglaubenden an sich erfuhren.[10] Paulus spielt deshalb auf die Schöpfungsüberlieferungen an, greift sie auf, legt sie aus und denkt sie weiter, auch wenn er über Sexualität und Geschlechterrollen reflektiert.

Das zeigt ein exemplarischer Überblick über Stellen, an denen er sich auf die ersten Kapitel im Buch Genesis bezieht.

Paulusbrief-Stelle	Bezug auf Schöpfungserzählung	Thema
Gal 3,28	Gen 1,27	Die Taufe als Ende sozialer Geschlechterrollen
1 Kor 6,16	Gen 2,24	Wirkung des sexuellen Verkehrs mit einer Prostituierten
1 Kor 11,7–9	Gen 2,18. 22	Geschlechterhierarchie
2 Kor 11,3	Gen 3,13	Versuchung
Röm 1,26–27	Gen 1,26–27	Mann und Frau und gleichgeschlechtliche sexuelle Aktivität
Röm 7,7–25	Gen 2,15–17	Begehren

[8] Im Folgenden greife ich vor allem auf William Loaders Zusammenfassung seiner Forschungsarbeiten zu Sexualität in der jüdisch-hellenistischen und frühchristlichen Literatur zurück, die er 2013 vorgelegt hat: W. Loader, Making Sense of Sex. Das erste Kapitel seines Buches hat er „In the Beginning“ überschrieben.

[9] Hier folge ich einem Hinweis von Hans-Ulrich Weidemann.

[10] Vgl. etwa 2 Kor 5,1–3, vor allem 5,3, und 5,17–20; Gal 6,15 u. ö.

Paulusbrief-Stelle	Bezug auf Schöpfungserzählung	Thema
(Eph 5,31 – Paulusschule)	Gen 2,24	Beziehung zwischen Mann und Frau als Bild für die Hingabe Jesu an die Kirche
(1 Tim 1,11–15 – Paulusschule)	Gen 3,13	Hierarchische Unterordnung der Frau als Zweiterschaffener und Erstversuchter

Dieser Überblick zeigt: Paulus' Sicht und auch die seiner Schule auf Sexualität hat ihre Leitlinien und Werte aus den biblischen Schöpfungserzählungen gewonnen. Die Bedeutung der Schöpfungsüberlieferungen für Paulus lässt sich allerdings nicht allein an Zitaten belegen. Auch wenn Paulus andere Schriftstellen wie etwas das Heiligkeitsgesetz heranzieht, bieten sie für ihn keine vergleichbare Grundorientierung für sein Verstehen von Frau und Mann und ihren Beziehungen.

Männlich und weiblich als Gottes Bild – Genesis 1

In der jüdischen Umwelt zur Zeit Jesu wurden die Schöpfungserzählungen in der Genesis nicht wie in der heutigen wissenschaftlichen Exegese üblich als zwei unterschiedliche Schöpfungsberichte verstanden, sondern als eine zusammenhängende Erzählung.[11] Der erste Bericht von Genesis 1,1–2,4 erzählt von sieben Tagen und beschreibt das Geschaffene als ein Spektrum

[11] Vgl. W. Loader, Making Sense of Sex, 9, zu den folgenden Abschnitten ebd., 9–31. Vgl. außerdem: I. Fischer, Gleichwertig, andersartig – und daher *nicht* gleichberechtigt. Zur Problematik des traditionell-katholischen Menschenbildes in Geschlechterdemokratien – und was man dafür aus der Bibel und deren Auslegung lernen könnte, in: J. Rahner, T. Söding (Hg.), Kirche und Welt – ein notwendiger Dialog. Stimmen katholischer Theologie, QD 300, Freiburg 2019, 269–282; M. N. Puerto, Abbild und Ebenbild Gottes: Frau und Mann in Gen 1–3 als offenes System im Kontext von Gen 1–11, in: I. Fischer, M. Navarro Puerto, A. Taschl-Erber (Hg.), Tora, Die Bibel und die Frauen, Bd. 1.1, Stuttgart 2010 (186–237), 198–200.

zwischen verschiedenen Polen: Licht und Finsternis, Tag und Nacht, Himmelsgewölbe und Erde, Trockenes und Wasser. Das gesamte Geschaffene wird bipolar beschrieben, so dass auch das, was von Gott erschaffen ist, in den Bereichen zwischen den beiden gegenüberliegenden Polen liegt. Dies gilt auch für die menschliche Existenz. Frau und Mann sind bipolar für die gesamte Menschheit genannt und umfassen auch all diejenigen, die sich nicht voll und ganz in einem der beiden Pole wiederfinden können.[12] Die Erschaffung des Menschen am sechsten Tag ist der Höhepunkt der Erzählung. Der zweite Schöpfungsbericht in Gen 2,4b ff. erzählt hingen in umgekehrter Reihenfolge, dass erst der Mensch geschaffen wird; darauf setzt Gott den Menschen in den Garten Eden hinein und schafft für ihn alle weiteren Geschöpfe.

In Genesis 1 ist die Erschaffung des Menschen in Vers 26 durch einen Wechsel in den Plural markiert: „Lasst uns machen …", spricht Gott. Was auch immer dieser Wechsel in den Plural ursprünglich gemeint hat, zur Zeit Jesu ist er wohl am ehesten so verstanden worden, dass Gott hier mit Helfern spricht, die ihm bei der Schöpfung der Menschen assistiert haben: Engel, die Weisheit oder andere Zwischeninstanzen, die Gott vorher geschaffen hatte.

Das hebräische Wort für Mensch ist in Gen 1,26 אָדָם, so wie es Paulus in griechischer Transkription auch in 1 Kor 15,45 verwendet hat.[13] Aber Paulus ergänzt das Wort Adam noch zu dem griechischen Wort für Mensch, ἄνθρωπος, und so tritt bei Paulus „Adam" als eine geschlechtsspezifische Bestimmung zu der allgemeinen Bestimmung hinzu. In der hebräischen Fassung von Gen 1,26 hingegen ist mit Adam nicht der Mann gemeint, sondern Adam ist ein allgemeines Wort für die Menschheit. Das ergibt sich aus dem folgenden Vers 27, wo אָדָם auf zwei Arten von Mensch bezogen ist, nämlich „männlich" und „weiblich". Gottes Wort in Vers 26 könnte also hier am besten mit „lasst uns die Menschheit machen" übersetzt werden.

Vers 26 nennt zwei verschiedene hebräische Ausdrücke für die Ebenbildlichkeit des Menschen: צֶלֶם und דְּמוּת. Der erste Aus-

[12] Vgl. I. Fischer, Gleichwertig, andersartig, 274 f.

[13] Bereits vorher 1 Kor 15,22, vgl. auch Röm 5,12.

druck צֶלֶם bezeichnet im Hebräischen eine Statue eines Herrschers oder eines Gottes, der zweite Ausdruck דְמוּת hat eine ähnliche Bedeutung, hebt aber hervor, dass die Statue dem Original ähnlich ist. Statuen von Gottheiten oder Herrschern wurden aufgestellt, um die Person der Gottheit oder den Herrscher an einem Ort präsent sein zu lassen. Dies dürfte auch hier ursprünglich gemeint sein: Der Mensch repräsentiert Gott gewissermaßen als dessen Statue und Ebenbild in seiner Schöpfung. Mit seiner Herrschaft über die Schöpfung und Verantwortung soll der Mensch die Stelle Gottes über die übrige Schöpfung wahrnehmen. Dieses Verständnis legt Vers 26 nahe, denn dort ist die Ebenbildlichkeit des Menschen mit dem Herrschaftsauftrag verbunden. Vers 27 hingegen erklärt die Ebenbildlichkeit des Menschen mit seiner Zweigeschlechtlichkeit als männlich und weiblich.

Möglicherweise hat die religiöse Welt, aus der die Erzählung ursprünglich stammt, Gott hier ebenfalls zweigeschlechtlich verstanden. Gott wäre ein androgynes Wesen, männlich und weiblich zugleich. Auch die jüdische Deutung zur Zeit des ersten Christentums versteht Gott nicht einfach männlich als Vater, sie findet Ausdrücke dafür, die seine Alterität ausdrücken, etwa dass er nicht einfach männlicher Vater ist, sondern πρόπατωρ, ein geschlechtloses Urvaterwesen[14], aus dem alles hervorgegangen ist. Auch die biblische Erzählung hält fest: Gott kann nicht durch einen Mann oder eine Frau allein repräsentiert werden, nur zusammen sind beide Gottes Bild.

Darauf trägt Gott der Menschheit mit seinem Segen auf, fruchtbar zu sein und sich zu vermehren (1,28). Mit einem Fruchtbarkeitssegen an die Lebewesen im Wasser, auf der Erde und in der Luft hatte Gott schon den fünften Schöpfungstag abgeschlossen (1,22). Hier verbindet Gott mit dem Segen den Auftrag an die Menschheit, sich auf der ganzen Erde zu verbreiten und über Gottes Schöpfung zu herrschen. Als zweigeschlechtliche Wesen können Menschen Gottes Auftrag zur Fruchtbarkeit erfüllen.

---

[14] Philo, De opficio mundi 1,145; Quaestiones in Genesim 4,153, und später bei den Valentinianern nach dem Bericht des Irenäus (Adversus Haereses I, 1,1).

Auf dem sexuellen Zusammenkommen der Menschen liegt Gottes Segen.

Die Erschaffung des Menschen vermittelt damit eine lebensbejahende Sicht von Sexualität. Nach dem Segen schließt der Bericht ab: Gott sah, dass alles, was er geschaffen hatte, „sehr gut" war (1,31). Dies ist wohl auf den gesamten ersten Schöpfungsbericht bezogen, aber die sexuelle Verfasstheit des Menschen als Höhepunkt der Schöpfung ist in diese Sicht einbezogen. Jüdische Leserinnen und Leser haben dies zur Zeit Jesu sicherlich so verstanden, dass sie als Menschen gut geschaffen sind. Die Menschen als Frau oder als Mann, ihre sexuelle Aktivität und ihre sexuellen Gefühle, ihre Lust sind ein Gut, das zu ihrem Menschsein dazugehört. Auch Paulus hat dies so gesehen, daher rührt auch sein Verständnis für den Wunsch nach sexuellem Zusammenkommen in 1 Kor 7,3 und 9, so fremd er das dort auch für ein heutiges Verständnis formuliert.

Ein Fleisch werden – Genesis 2

In Gen 2 wird der Mensch nicht zugleich als Mann und Frau geschaffen, so dass die Zweigeschlechtlichkeit des Menschen von Anfang an gegeben ist, sondern zuerst der Mann und die Frau darauf als Hilfe für den Mann.[15] Dabei meint das hebräische Wort für „Hilfe", עֵזֶר, nicht notwendigerweise eine Unterordnung der Frau, auch wenn es später oft so verstanden worden ist; ursprünglich zielt es aber auf das Zusammenwirken zwischen Mann und Frau. Die Gemeinschaft der beiden wird auch durch Gottes vorangehende Feststellung unterstrichen (Gen 2,18): „Es ist nicht gut, dass der Mensch allein sei."

Jüdinnen und Juden zur Zeit Jesu konnten die zweite Erschaffungsgeschichte so verstehen, dass sie nun erzählt, wie die Erschaffung des Menschen am sechsten Schöpfungstag konkret vor sich gegangen ist. Dieses Verständnis legt sich auch deshalb nahe, weil es in Gen 2 keine Zeitangaben mehr gibt wie die Tagesangaben in Gen 1. Sogar dass nur „Adam" in Gen 2,7 erschaffen

---

[15] W. Loader, Making Sense of Sex, 10 f.

wird, muss dem nicht widersprechen. Denn die Bedeutung seines Namens steht zunächst nicht ausschließlich für das männliche Geschlecht. Der Name erklärt sich vielmehr durch ein Wortspiel mit dem hebräischen Wort für Erdboden אֲדָמָה (*ʾădāmâ*). Adam ist aus אֲדָמָה geschaffen. Adam ist ein „Erdling“ (Loader: „earthling“).

Auf der Suche nach einer Hilfe für den Mann erschafft Gott erst die Tiere und führt sie Adam zu, dass er ihnen Namen gebe. Aber Adam findet in ihnen keine passende Hilfe. Nach diesem ersten Versuch versetzt Gott Adam in Schlaf, entnimmt ihm eine Rippe und schafft daraus die Frau. Als die Frau geschaffen ist, bricht Adam in einen Jubelruf aus. In diesem Jubelruf wird das erste Wortspiel mit dem Namen Adam durch ein anderes Wortspiel ersetzt (2,23):

> Das endlich ist Bein von meinem Bein und Fleisch von meinem Fleisch.
> Frau soll sie genannt werden, denn vom Mann ist sie genommen.

Hier heißt es im Hebräischen: אִשָּׁה (*ʾiššâ*) soll sie heißen, denn vom אִישׁ (*ʾîš*) ist sie genommen. Das Wortspiel lässt sich im Deutschen nicht nachahmen. Im Englischen ist mit *male* und *female* ein entfernter Anklang an das Wortspiel möglich. Dem schließt sich eine Bemerkung an, die angesichts der Ehepraxis zur Zeit Jesu erstaunt.

> Darum verlässt der Mann Vater und Mutter
> und hängt seiner Frau an und sie werden ein Fleisch.

Das Ein-Fleisch-Werden bezieht sich nicht nur auf das sexuelle Zusammenkommen, sondern auf die Gründung eines gemeinsamen Haushalts.[16] Allerdings war die Praxis in der Umwelt der

[16] Vgl. C. Westermann, Genesis, 1. Teilband: Gen 1–11, BK I/1, Neukirchen-Vluyn 1974, 318. Möglicherweise sogar noch umfassender gemeint, vgl. W. Brüggemann, Genesis: Interpretation. A Bible Commentary for Teaching and Preaching, Atlanta, GA 1982, 47: „The place of the garden is for this covenanted community of solidarity, trust, and well-being. They are *one*! That is, in covenenant (Gen 2,24). The garden exists as a context for the human community.“

Bibel gewöhnlich umgekehrt: Die Frau verließ ihr Haus und ihre Familie und wurde in Haus und Familie des Mannes aufgenommen.[17] Der Text in Genesis 2,24 bringt von der Schöpfung her einen kritischen Kontrast gegenüber der verbreiteten patriarchal strukturierten Praxis zum Ausdruck: Die Frau muss nicht zum Mann zurückkommen, aus dessen Fleisch sie genommen worden ist, sondern sie ist zum Ziel der Lebenswege des Mannes geworden. Der Mann verlässt sein Lebensumfeld und seinen Machtbereich, um seinem Sehnen Erfüllung zu geben.[18]

Diese Darstellung erklärt die Sexualität des Menschen ähnlich positiv wie der erste Schöpfungsbericht. Das hebräische Wort für „anhängen" hat auch sexuelle Konnotationen. Der Bericht gibt aber darüber hinaus auch eine Erklärung für die Gefühlsebene im sexuellen Erleben von Frau und Mann. Die biblische Erzählung erklärt das Zusammenkommen von Mann und Frau aus der Sehnsucht, ihrem ursprünglichen Wunsch nach Vereinigung.

Das sexuelle Zusammenkommen erhält nicht erst durch die Zeugung von Nachkommen Sinn. Dies bleibt auch für viele Juden zur Zeit Jesu und des Paulus so, wenn auch nicht für alle.[19] Ein

---

[17] Dies ist schon bei Rachel und Lea so, deren Vater Laban in Gen 29,14 auf Gen 2,23 anspielt, Rachel und Lea verlassen ihr Vaterhaus, um mit Jakob zu ziehen, vgl. Gen 29,1–30. Dazu: E. G. Dafni, Genesis, Plato und Euripides, drei Studien zum Austausch von griechischem und hebräischem Sprach- und Gedankengut in der Klassik und im Hellenismus, BThS 108, Neukirchen-Vluyn 2010, 120.

[18] Von daher ist auch die Aussage, „Frau, weil aus dem (ihrem) Mann" in Gen 2,23 in zwei verschiedene Richtungen zu lesen. Dies bleibt auch noch auf der Ebene der Septuaginta so. Vgl. dazu den instruktiven Beitrag von E. G. Dafni, אשה כי מאיש – ΓΥΝΗ ΟΤΙ ΕΚ ΤΟΥ ΑΝΔΡΟΣ ΑΥΤΗΣ (Gen 2,23). Zur Anthropologie von Genesis 1–11, in: A. Wénin (Hg.), Studies in the Book of Genesis. Literature, Redaction and History, BEThL 155, Leuven 2001, (569–584), 583: „Doch der Ausdruck γυνὴ ἐκ τοῦ ἀνδρὸς αὐτῆς ist m. E. sowohl rückwärts auf die soeben erklärte Natur des Menschen als auch vorwärts auf seine Entwicklung in der Gemeinschaft mit seinen Mitmenschen gerichtet."

[19] Vgl. etwa die Ermahnung Raphaels an den jungen Tobit vor der Hochzeit mit Sara (Tobit 6,17.22): „Jene nämlich, die ihre Ehe so vollziehen, dass sie Gott von sich und von ihren Sinnen ausschließen, und die sich ihrer Lust so hingeben wie Pferd und Maultier, die keinen Verstand haben, über jene hat der Dämon Gewalt. Wenn du sie (Sara) aber zu dir nimmst, gehe ins

typisches jüdisches Verständnis der Erschaffung der Menschheit nach dem Buch Genesis zeigt sich im Jubiläenbuch, einer jüdischen Nacherzählung der biblischen Schöpfungserzählungen aus dem 2. Jhdt. im Zeitalter des aufkommenden Hellenismus vermutlich aus priesterlichen Kreisen. Dort wird bei der Nacherzählung von Genesis 1 der Vermehrungsauftrag nicht erwähnt. Die Erzählperspektive setzt einen Akzent auf Adams ursprüngliche Einsamkeit:

> Und (Adam sah) alle diese (anderen Lebewesen), Männchen und Weibchen in all ihrer Art, die auf der Erde (sind). Und er war allein. Und es war keiner, den er für sich fand, der ihm half, der wie er war. Und der Herr sagte zu uns: „Es ist nicht gut, daß der Mann allein sei. Wir wollen ihm eine Hilfe machen, die wie er ist. (Jubiläenbuch 3,3–5)[20]

An einem Morgen der zweiten Schöpfungswoche wacht Adam dann auf und entdeckt Eva:

> Und er (Gott) weckte den Adam aus seinem Schlaf. Und beim Aufwachen erhob er sich (...). Und er brachte sie hin zu ihm, und er erkannte sie und sagte zu ihr: „Dies ist jetzt Knochen von meinem Knochen und Fleisch von meinem Fleisch. Diese wird genannt werden meine Frau, denn von ihrem Mann ist sie genommen." (Jubiläenbuch 3,6–7)[21]

Das Jubiläenbuch gibt eine Relecture der biblischen Darstellung in androzentrischer Erzählperspektive. Leserinnen und Lesern des Jubiläenbuchs wird der männliche Blick auf die Frau angeboten. Die Frau wird in der Gesellschaft, in der die biblischen Texte überliefert worden sind, vielfach als Eigentum des Mannes betrachtet. Aber das sexuelle Zusammenkommen von Frau und Mann wird auch hier nicht mit der Zeugung von Kindern begrün-

---

Gemach, enthalte dich von ihr drei Tage lang und gibt dich zusammen mit ihr nur dem Gebete hin. (...) Nach der dritten Nacht sollst du in der Furcht des Herrn die Jungfrau nehmen, mehr von Kinderliebe als von Leidenschaft geleitet, auf dass du den Segen des Geschlechtes Abraham über deine Kinder erlangst."

[20] Übersetzung nach: K. Berger, Das Buch der Jubiläen, JShrZ II/3, Gütersloh 1981.

[21] Übersetzung K. Berger.

det. Es entspricht vielmehr Gottes Willen, dem Mann in seiner Einsamkeit eine Gefährtin zur Seite zu geben.

Änderung zum Schlechteren – Genesis 3

In Genesis 3 ändert sich alles zum Schlechteren.[22] Die Schlange erscheint und überredet die Frau dazu, von dem Baum in der Mitte des Gartens zu essen, von dem Gott den Menschen zu essen verboten hatte. Der Baum trägt unterschiedliche Namen, in Genesis 2,9 heißt er „Baum des Lebens" und „Baum der Erkenntnis". Die Schlange kann Eva überzeugen, weil sie von der Erkenntnis spricht, die der Baum schenkt. Er verleiht das Unterscheidungsvermögen zwischen „Gut" und „Böse". Möglicherweise stand die psychosoziale Entwicklung des Menschen vom Kind zum Erwachsenen[23] im Hintergrund der ursprünglichen Erzählung: Der Entwicklungsschritt, mit dem der Mensch zwischen Gut und Böse zu unterscheiden lernt, wurde gewöhnlich mit dem Heranwachsen verbunden.

Am Anfang und am Ende der Erzählung sind Mann und Frau nackt. In Gen 2,25 verwendet das Hebräische das gleiche Wort für „nackt", עָרֹם, wie in Gen 3,1 für die Klugheit der Schlange. Im Hebräischen ist עָרֹם ein homonymes, also gleichlautendes, Wort

[22] Vgl. W. Loader, Making Sense of Sex, 12 f., bei ihm auch die Überschrift „Change for the Worse". Er spricht zurecht nicht von „Fall" oder „Sündenfall", denn beide Ausdrücke sind an den biblischen Text herangetragene Deutungen. Das hebräische Wort für „Sünde" kommt in Gen 3 nicht vor.

[23] Vgl. zu dieser Theorie: K. Schmid, Die menschliche Sexualität als nachparadiesische Errungenschaft. Gen 2 f. als Adoleszenzmythos der Species Mensch, JBTh 33 (2018) 3–12. Sie muss sich m. E. nicht unbedingt auch mit Schmids Annahme verbinden, dass die Menschen nach Sich der biblischen Erzählungen im Paradies kein Sex gehabt hätten, vgl. kritisch dazu: I. Fischer, Ungestörte, egalitär gelebte Geschlechtlichkeit. Rekurs auf Konrad Schmids These «*Nos ex in paradise*», JBTh 33 (2018) 13–22. Vgl. zu der entwicklungspsychologischen Deutung auch E. Drewermann, Strukturen des Bösen, Teil 1: Die jahwistische Urgeschichte in exegetischer Sicht, München, Paderborn, Wien 1977. Nach ihm ist schon das Ziel der altorientalischen Parallelen der biblischen Schöpfungserzählungen, „die Eingliederung in die Zivilisation darzustellen" (ebd., 36).

mit mehreren Bedeutungen. Die spätere Kapiteleinteilung wird der Erzählung nicht gerecht. Sie beginnt nicht erst in 3,1, sondern bereits in 2,25 damit, dass Frau und Mann nackt waren, aber sich nicht voreinander schämten.

Die frühe christliche Tauftheologie hat später an diese furchtlose Beziehung von Frau und Mann angeknüpft. Cyrill von Jerusalem hat sie in Ansprachen aufgegriffen, mit denen er Taufkandidaten auf die Taufe vorbereitet hat.[24] Sie sind eine der ausführlichsten Dokumentationen frühchristlicher Tauftheologie. Die Nacktheit ohne Scham ist für Cyrill ein Beispiel für die Unschuld, die Gott Christen in der Taufe wiederschenkt. Möglicherweise finden sich solche Gedanken einer furchtlosen Gemeinschaft von Frauen und Männern auch schon im Hintergrund der frühen Tauftheologie, die in Gal 3,28 erkennbar ist.

Am Ende der Erzählung in Gen 3,7 sind beide Menschen ebenfalls nackt, aber sie legen sich Feigenblätter als Gürtel um. Die Erzählung erklärt die Entstehung der Scham. Sicherlich hat sie auch Bezüge zur Sexualität. Am Anfang der Erzählung knüpft Gen 2,25 an den vorangehenden Vers an: Mann und Frau sind nackt, und sie schämen sich nicht voreinander, auch dann nicht, wenn sie „ein Fleisch werden", wie es in Gen 2,24 heißt. Dies schließt ihre gemeinsame sexuelle Aktivität ein. Auch wenn sie sich sexuell vereinigen, schämen sie sich nicht. Nachdem beide von der verbotenen Frucht des Baumes gegessen haben, verbergen sie hingegen in Gen 3,7 mit den Feigenblättern ihre Geschlechtsorgane. Aus Scham bedecken die Menschen ihre Nacktheit.

Scham ist ein ambivalentes Phänomen, er kann in Zwang und Enge führen. Scham verleiht aber auch ein Bewusstsein von der Würde der Menschen, und das auch im Bereich der Sexualität. Scham hilft auch bei sexuellem Handeln, die Achtung vor sich selbst und vor anderen zu wahren. Die Haltung der Scham stellt sich daher nicht selten auch bei sexueller Aktivität ein, oft auch gerade da, wo Sexualität und Gottesbeziehung miteinander ver-

---

[24] Cyrill v. Jerusalem, Cat. Myst. II, 2: „O wunderbares Geschehen! Ihr waret nackt vor den Augen aller und schämtet euch nicht; denn in Wirklichkeit bildetet ihr den Stammvater Adam ab, der im Paradiese nackt war und sich nicht schämte."

bunden sind. Furcht oder sogar Angst vor Gott können dazu beitragen, dass das Schamgefühl in der Sexualität als besonders belastend und eng empfunden wird. Ein wichtiger Beitrag für ein theologisches Urteil über das Schamempfinden aus Genesis 3 ist, dass dort nicht eine sexuelle Handlung die Entstehung der Scham auslöst, sondern vielmehr die Missachtung von Gottes Gebot. Die Haltung der Scham ist also für den biblischen Schöpfungsbericht ursprünglich nicht auf Sex fixiert. Vielmehr führt erst eine beschädigte Beziehung zu Gott die Menschen dazu, auch einander nicht mehr unbefangen begegnen zu können.

Nach dem Verstoß gegen Gottes Gebot werden Mann und Frau aus dem Paradies verbannt. Dies hat Folgen auch für ihr sexuelles Zusammenkommen. Sie werden vor allem an Gottes sogenanntem „Strafspruch" gegenüber der Frau deutlich. Gott erklärt der Frau:

> Viel Mühsal bereite ich dir und häufig wirst du schwanger werden.
> Unter Schmerzen gebierst du Kinder.
> Nach deinem Mann hast du Verlangen,
> und er wird über dich herrschen.

Die ganze Schöpfungsüberlieferung lässt sich als Mythos mit einer ätiologischen Funktion verstehen; sie hat also keine historiographische Absicht, sondern erklärt, warum die Dinge so sind, wie sie jetzt sind. Hier erklärt sie, warum die Geburt eines Kindes für eine Frau schmerzvoll ist. Dabei bezieht sich die Erzählung auch auf die sexuelle Sehnsucht der Frau. Man könnte die Erklärung so verstehen, als wenn diese Sehnsucht erst zu diesem Zeitpunkt als Strafe für den Verstoß gegen Gottes Willen entstanden ist – als wenn die Frau vorher keine sexuelle Sehnsucht gehabt hätte. Wahrscheinlicher ist aber, dass die Sehnsucht nach der sexuellen Begegnung dem Menschen von Anfang mitgegeben ist. Bereits der Fruchtbarkeitssegen in Gen 1 setzt ja voraus, dass sich beide, Frau und Mann, jeweils die sexuelle Gegenwart und das Zusammenkommen mit dem Anderen wünschen. Die Erzählung in Gen 3 erklärt dann vielmehr für die Frau, warum dieser sexuelle Wunsch für sie mit Schmerz und Qual verbunden ist. Er führt sie immer wieder dazu, schwanger zu werden und die Schmerzen der Geburt von Kindern zu erleiden. Die Unterordnung der Frau unter den Mann verschärft diesen Schmerz. Sie erfährt sich in der sexuellen Begegnung nicht auf gleichem Rang wie der Mann.

Ein Vergleich: Die Entstehung sexueller Sehnsucht nach Aristophanes

Eine vergleichbare Erklärung für die Entstehung sexueller Wünsche und Gefühle wie in den biblischen Erzählungen findet sich bei Plato im 4. Jhdt. in Athen.[25] Sexuelle und erotische Themen werden aus unterschiedlicher philosophischer Sicht in Platos Symposium in verschiedenen Reden dargeboten. Bei einem Gastmahl versammeln sich mit Sokrates verschiedene andere Intellektuelle aus dem Athen seiner Zeit und tragen in ihren Reden ihre jeweilige Sicht auf die Geschlechtlichkeit des Menschen vor. Dem Komödiendichter Aristophanes legte Plato einen Mythos in den Mund, der die Entstehung der erotischen Anziehung zwischen Menschen erklärt. Nach Aristophanes existierten die Menschen ursprünglich als Kugelwesen mit jeweils zwei Ausstattungen von Geschlechtsorganen: zwei männlichen Sätzen, zwei weiblichen Sätzen oder einem männlichen und einem weiblichen Satz von Geschlechtsteilen. Eines Tages gingen die Menschen dem obersten Gott Zeus auf die Nerven; in einem Ausbruch von Zorn hat er die Kugeln von oben bis unten zerschlagen und in zwei Hälften zerlegt. Von da an suchte jeweils eine Hälfte einer Kugel die zu ihr gehörende andere Hälfte. So entstanden unterschiedliche sexuelle Wünsche und Neigungen: Männer, die die zu ihnen gehörende männliche Hälfte suchten, Frauen, die ihre andere Frauen-Hälfte suchten, und Männer und Frauen, die als verschiedene Hälften jeweils einander suchten.

Dabei nimmt Aristophanes eine klare Hierarchie vor. Über die Männer, die Männer suchen, sagt er:

---

[25] Vgl. zum Folgenden: W. Loader, Making Sense of Sex, 11, und: Theobald M., Paulus und die Gleichgeschlechtlichkeit. Plädoyer für einen vernünftigen Umgang mit der Schrift, in: St. Goertz, Wer bin ich, (53–88) 78 mit Anm. 55.

> Und so lange sie noch Knaben (παίδες) sind, lieben sie als Schnittstücke des Mannes die Männer, und bei Männern zu liegen und sich mit ihnen zu umschlingen ergötzt sie, und dies sind die trefflichsten unter den Knaben und heranwachsenden Jünglingen, weil sie die männlichsten sind von Natur (ἀνδρειότατοι ... φύσει). Einige nennen sie zwar schamlos, aber mit Unrecht. Denn nicht aus Schamlosigkeit tun sie dies, sondern weil sie mit Mut und Kühnheit und Mannhaftigkeit das ihnen Ähnliche (τὸ ὅμοιον αὑτοῖς) lieben. Davon ist ein großer Beweis, dass, wenn sie vollkommen ausgebildet sind, solche Männer vorzüglich für die Angelegenheiten des Staates gedeihen. Sind sie aber mannbar geworden, so werden sie Knabenliebe haben (παιδεραστοῦσι); zur Ehe aber und Kinderzeugung haben sie von Natur (φύσει) her keine Lust, sondern nur durch das Gesetz werden sie dazu genötigt, ihnen selbst wäre es genug, untereinander zu leben unverehelicht. (Gastmahl 191e–192b)[26]

Dieser Schöpfungsmythos erklärte, warum die natürlichen homosexuellen Wünsche so sind, wie sie sind. Er war wohl auch Juden in gebildeten Kreisen in der Welt des entstehenden Christentums vertraut. In den großen Städten im östlichen Mittelmeerraum und in Rom gab es einflussreiche jüdische Diasporagemeinden, die in Kontakt zur griechisch-römischen Bildungsschicht standen. In Alexandria und später in Rom reichten die Kontakte der jüdischen Gemeinde bis in Regierungskreise hinein, eine hohe Bildung war dort vorausgesetzt. Sie brachte auch Vertrautheit mit der griechischen Literatur und Philosophie mit sich. Daher gab es Juden, denen der Mythos aus Platos Symposium bekannt war.[27] Philo hat ihn gekannt und sich darüber lustig gemacht.[28] Ob auch Paulus ihn gekannt hat, lässt sich nicht sicher sagen. Es ist eher unwahrscheinlich, denn seine Kenntnis lässt sich in seinen Briefen nirgendwo belegen.

---

26 Zitiert nach: Platon, Werke, Band 3 (bearbeitet von D. Kurz, griechischer Text von L. Robin, L. Méridier, dt. Üs. Fr. Schleiermacher), Darmstadt 1990.

27 Vermutlich spielt schon die Septuaginta darauf an, vgl. Dafni, Genesis, Plato und Euripides, 45–70.

28 W. Loader, Philo, Josephus, Testaments, MI, 2011, 26, bei der Erklärung der Entstehung sexueller Sehnsüchte in De opficio mundi 151–152, und über Päderastie in De vita contemplativa 57–59, vgl. ebd., 210.

Der Mythos unterscheidet sich deutlich von den biblischen Erzählungen zur Entstehung menschlicher Sexualität. In Aristophanes' Mythos aus Platos Symposium sind sexuelle Wünsche und Gefühle das Ergebnis einer göttlichen Strafaktion. Weil Zeus über die Menschen in Zorn geraten war, hat er sie in zwei Hälften gespalten. Auch andere Schöpfungsmythen erklären negative Seiten des menschlichen Lebens, wie versklavende Arbeit, ungleichen Besitz und eben auch Geschlechtlichkeit von einer ursprünglichen göttlichen Strafe her. Für die Sexualität hat sich die Erklärung als Folge einer göttlichen Strafe wohl aus Erfahrungen von Menschen ergeben, die erotische und sexuelle Sehnsucht als quälend erlebt haben. In der Sicht der Genesiserzählungen ist die menschliche Sexualität aber keine Folge einer Strafe, sondern Teil der Schöpfung Gottes, die von Anfang an gut war. Im Unterschied zum Aristophanes-Mythos ist Sexualität nach den Erzählungen der Bibel von Anfang an ein zu schützendes Gut menschlicher Existenz. Die biblische Sicht betrachtet Sexualität allerdings auch schlicht als eine Beziehung zwischen Mann und Frau, auf der Gottes Segen liegt. Anders als der Aristophanes-Mythos kennen die biblischen Erzählungen keine sexuellen Beziehungen, die über die zwischen Frau und Mann hinausgehen. Die Bibel kennt keinen Ursprungsmythos für gleichgeschlechtliche Liebe. Daraus hat sich eine Konstante jüdischer Vorstellungen von Sexualität bis in die Zeit Jesu hinein ergeben: Alle anderen sexuellen Beziehungen, etwa auch homosexuelle Gefühle und Wünsche, gelten als absichtliches Ausscheren aus der sexuellen Beziehung zwischen Mann und Frau. Sexuelle Aktivität außerhalb dieser Beziehung wird daher als eine Form von Perversion betrachtet.

Paulus liest die Septuaginta

In der hellenistischen Umwelt des Neuen Testaments sind die Genesiserzählungen allerdings nicht nach der hebräischen Ursprungserzählung gelesen worden, sondern in ihrer griechischen

Übersetzung, so auch von Paulus.[29] Das Buch Genesis ist wie die meisten anderen Bücher der hebräischen Bibel in der ägyptischen Diaspora übersetzt worden, wahrscheinlich in der Zeit von Ptolemäus Philadelphos im 3. Jhdt. v. Chr., zwischen 283–246 v. Chr. Die griechische Übersetzung hat den Namen Septuaginta (70) erhalten, weil sie nach der legendarischen Überlieferung im Aristeasbrief von siebzig Schriftgelehrten aus Jerusalem im Auftrag des Königs in genau dem gleichen Wortlaut übersetzt worden sei. Vermutlich ist die griechische Bibelübersetzung auch schon früh von nichtjüdischen Kreisen wahrgenommen worden. Durch die griechische Übersetzung ergeben sich einige deutliche Umakzentuierungen gegenüber dem hebräischen Text, die auch Paulus' Verständnis von Sexualität und Geschlechterrollen geprägt haben. Die für unser Thema zentralen seien hier genannt.

Platonisierung von Genesis 1 und 2

Die griechische Übersetzung der Schrift konnte die Abfolge der beiden Schöpfungsberichte in Genesis 1 und 2 nach dem Muster einer verbreiteten philosophischen Vorstellung Platos verstehen.[30] Demnach ist bei der Erschaffung der Menschheit in Genesis 1 als männliches und weibliches Paar ein Archetyp des männlich-weiblichen Menschen entstanden. Es hat in der Art einer platonischen „Idee" existiert, d. h. dieses Menschenpaar existierte als eine geistige Form. Genesis 2 ließ sich dann so verstehen, dass es die Entstehung der real existierenden Menschheit meint, die nach diesem Vorbild entstanden ist.

Die griechische Version setzt auch einen neuen Akzent auf die Schöpfung der Menschheit als männlich und weiblich. Im Unter-

[29] Wahrscheinlich hat Paulus die Bibel auch Hebräisch und im aramäischen Targum gekannt, aber in seinen Briefen setzt er wohl fast immer die Septuaginta-Tradition voraus. Hierzu grundlegend: W. Loader, The Septuagint, Sexuality, and the New Testament. Case Studies on the Impact of the LXX in Philo and the New Testament, Grand Rapids, MI, 2004.

[30] Vgl. zu biblischem und platonischem Schöpfungsbericht auch: M. Rösel, Übersetzung als Vollendung der Auslegung. Studien zur Genesis-Septuaginta, BZAW 223, Berlin, New York 1994, 73–87.

schied zum Hebräischen gab es für die griechischen Übersetzer ein griechisches Wort, das den Menschen bezeichnet, ἄνθρωπος, und nicht den Menschen zugleich als „Mann“, wie das hebräische Wort אָדָם. Deshalb haben sich die griechischen Übersetzer entschieden, das hebräische Wort אָדָם als Eigennamen zu verstehen, und verwenden es erst in Gen 2,16, nach der Erschaffung des ersten Menschenpaares in Gen 1,27 und nach der Erschaffung des ersten Menschen in Gen 2,7. Als Konsequenz ergibt sich daraus, dass der Mensch in Gen 2,7 nun als Mann verstanden werden muss. Er wird als Mensch (ἄνθρωπος) erschaffen und erhält dann den Namen des ersten Mannes, Adam. Auch Paulus hat dies offenbar so gesehen, als er die Erschaffung des ersten Menschen zu seiner Erklärung für die menschliche Existenz nach der Auferstehung herangezogen hat. Deshalb spricht er auch von der Zielgröße menschlicher Existenz als ἔσχατος Ἀδάμ (1 Kor 15,45).

> So ist es auch geschrieben:
> Es wurde der erste Mensch Adam zu lebendiger Psyche,
> der letzte Adam zu lebendig machendem Pneuma.

Paulus nennt hier den ersten „Menschen“ Adam: ὁ πρῶτος ἄνθρωπος Ἀδάμ, und auch die Zielgröße der menschlichen Existenz nennt er Adam: den letzten Adam, ὁ ἔσχατος Ἀδάμ. Er nennt also nur den männlichen Namen des Menschen. Adam ist für Paulus also offenbar Prototyp und Zielgröße menschlicher Existenz. Diese androzentrische Sicht hatten wir schon bei dem geschlechtlichen Zeichen des Unterschieds zwischen Juden und Nicht-Juden gesehen, der Beschneidung (vgl. etwa Gal 2,7–9; 2,12; Röm 2,25–29). Die Vorstellung vom Mann als Zielgröße menschlicher Existenz entwickelt diese androzentrische Sicht konsequent eschatologisch weiter. Sie ergibt sich hier auch aus der Septuaginta. Allerdings steht diese Sicht in Spannung zu der Sicht, die Paulus kurz vorher in 1 Kor 15,28 dargelegt hat. Dort muss sich jede ungerechte irdische Macht – also auch die des Mannes über die Frau – Gott unterordnen, und Gott seinerseits durchdringt die gesamte Schöpfung, so dass Gott „alles in allen“ ist. Es bleibt daher fraglich, wie weit Paulus sein Sprechen vom letzten Adam als Ziel aller Menschen noch bewusst geschlechtlich verstanden wissen wollte. Möglicherweise hat er hier einfach unbewusst androzentrische Vorstellungen aus der Septuaginta übernommen.

Verlust der hebräischen Wortspiele (Gen 2,7 und 2,24)

Die hebräischen Wortspiele, die zur theologischen Anthropologie beigetragen haben, haben in der griechischen Übersetzung ebenfalls nicht mehr funktioniert. Dass Adam nach Gen 2,7 seinen Namen daher hat, dass er als „Erdling" von der אֲדָמָה *(ʾădāmâ)* – „vom Erdboden" – genommen ist, ließ sich nicht übersetzen. Damit bekommt die geschlechtliche Identität des Erdlings als Mann eine größere Bedeutung. Auch das andere hebräische Wortspiel, dass die Frau אִשָּׁה *(ʾiššâ)* heißt, weil sie vom אִישׁ *(ʾîš)* genommen ist, lässt sich nicht ins Griechische übertragen. Die griechische Septuaginta übersetzt mit (Gen 2,24): „sie wird Frau (γυνή) genannt werden, weil sie von ihrem Mann (ἐκ τοῦ ἀνδρὸς αὐτῆς) genommen worden ist." Die griechischen Worte für Frau (γυνή) und Mann (ἀνήρ) sind die gleichen wie für Mann und Frau in der Ehe, und die Sicht des ersten Menschenpaares als erstes Ehepaar wird noch dadurch verstärkt, dass die Septuaginta ein Possessivpronomen ergänzt, das im hebräischen Text noch nicht steht: „Sie wird Frau (γυνή) genannt werden, weil sie von ihrem Mann (ἐκ τοῦ ἀνδρὸς αὐτῆς) genommen worden ist." Das scheint eine ontologische Hierarchie nahezulegen: Gott, Mann und Frau.

Angleichung von Gen 2,18b an 1,26

Die Wahrnehmung einer ontologischen Rangfolge von Gott, Mann und Frau wird noch durch einen weiteren Akzent der Übersetzung verstärkt. In Gen 1,26 spricht Gott bei der Erschaffung der Menschheit als Mann und Frau im Plural: „Lasst uns die Menschheit machen". Dieser Plural ist im Griechischen wörtlich übersetzt. Bei der Suche nach einer Hilfe für den Mann in Gen 2,18 spricht Gott im Hebräischen ursprünglich im Singular. Die Septuaginta hat diese Stelle aber an Gen 1,26 angeglichen und ebenfalls im Plural übersetzt: „Lass uns ihm eine Hilfe machen ihm entsprechend.“ Dies passt die folgende Schöpfungshandlung in Gen 2,18 ff. an die in Gen 1,26 an. Weiter spricht der hebräische Text in Gen 2,18 und Gen 2,20 von „einer Hilfe, die dem Menschen ebenbürtig ist“, also einer „Hilfe als Partner“ für den Menschen Adam. Die griechische Übersetzung ändert den Ausdruck beim zweiten Mal und spricht in Gen 2,20 von „eine Hilfe ihm gleichartig (ὅμοιος)“. Dies weist wiederum auf Gen 1,26 zurück, nach dem der Mensch den Menschen nach „unserem“ – also Gottes – „Bild und Gleichgestalt (καθ᾽ ὁμοίωσιν)“ geschaffen hat. Im Griechischen ist jeweils ein Wort vom gleichen Wortstamm verwendet: ὅμοιος für „gleichartig“ als Adjektiv und καθ᾽ ὁμοίωσιν für „Gleichgestalt“ als Substantiv. Hier wird offenbar die Erschaffung der Frau angeglichen an die Erschaffung von Mann und Frau nach dem Bild Gottes. Die Frau ist nach dem Vorbild des Mannes geschaffen, wie vorher Mann und Frau nach dem Bild Gottes geschaffen worden waren. Dass die Frau eine Hilfe für den Mann ist, war im ursprünglichen Text nicht als Unterordnung gemeint, sondern im Sinne eines gemeinsamen Zusammenwirkens. In der griechischen Übersetzung aber hat die Frau die Bedeutung einer untergeordneten Hilfe bekommen.

Dies musste nicht so verstanden werden, konnte es aber offensichtlich. Das zeigt auch Paulus’ Lesart dieser Verse. Wenn Paulus im Ersten Korintherbrief begründet, dass Frauen und Männer in der gottesdienstlichen Versammlung ihre Haartracht nach den gesellschaftlichen Konventionen tragen sollen, begründet er dies in 1 Kor 11,6 folgendermaßen:

> Ich will aber, dass ihr wisst, dass jedes Mannes Haupt Christus ist, Haupt aber einer Frau ist der Mann, Haupt Christi aber ist Gott.

Und in 1 Kor 11,9 begründet er diese ontologische Rangfolge folgendermaßen:

> Denn ein Mann (muss zwar das Haupt nicht verhüllen), er ist Bild und Glanz (εἰκὼν καὶ δόξα θεοῦ) Gottes, die Frau aber ist Glanz des Mannes (δόξα ἀνδρός).

Das griechische Wort δόξα kommt in der Genesis-Schöpfungserzählung nicht vor, ich habe es hier mit Glanz übersetzt. Gemeint ist offenbar ein Reflex der Herrlichkeit Gottes, wie bei Sternen, die im Licht der Sonne strahlen (vgl. 1 Kor 15,40 f.). Das Wort εἰκών für „Bild" ist in Gen 1,26 und 27 auf Mann und Frau gleichermaßen bezogen. In Paulus' Argumentation hingegen ist es nur auf den Mann bezogen. Hier scheint die griechische Übersetzung des Schöpfungsberichts Paulus' Verständnis geprägt zu haben.

Änderung des Subjekts in Gen 2,24

In Genesis 2,24 heißt es im Hebräischen über den Mann, der von der Frau angezogen wird: „er wird ihr anhängen". Das Verb, das im Hebräischen verwendet ist, ist ein aktives Verb über den Mann (דָּבַק), das erotisch-sexuelle Konnotationen hat. Im Griechischen ist dieses Verb ein Passivverb, wörtlich: „und er wird mit seiner Frau verbunden werden" (καὶ προσκολληθήσεται πρὸς τὴν γυναῖκα αὐτοῦ). Das Verb meint ursprünglich auch so viel wie „zusammenleimen", „zusammenkleben". Dies konnte aber so verstanden werden, dass Gott das handelnde Subjekt in diesem Satz ist. Gott verbindet den Mann mit der Frau. Das aktive Suchen des Mannes nach der Frau wird damit vermieden.

Paulus greift diese Stelle mit diesem Verb in 1 Kor 6,16–17 auf, wenn er über die sexuelle Vereinigung mit einer Prostituierten spricht:

> Wisst ihr nicht, dass der, der sich (mit) einer Prostituierten verbindet (ὁ κολλώμενος), ein Körper (ἓν σῶμα) (mit ihr) wird? „Es werden" nämlich, sagt (die Schrift), „die beiden zu einem Fleisch werden (εἰς σάρκα μίαν)". Der sich (mit) dem Herrn verbindet (ὁ κολλώμενος), wird ein Geist (ἓν πνεῦμα).

Das Verb, das Paulus hier verwendet, ist zwar nicht das Kompositum προσκολλάω wie in der Septuaginta, sondern nur das Simplex κολλάω. Die beiden sind aber nahezu bedeutungsgleich, und Paulus zitiert in 1 Kor 6,16b den gleichen Vers Gen 2,24, in dessen Zusammenhang die Septuaginta das Kompositum verwendet. Paulus ist hier noch nahe am hebräischen Text, denn das Verb hat bei ihm mediale Bedeutung, es geht um aktives sexuelles

Suchen eines Mannes nach der Vereinigung mit einer Prostituierten. Die Vereinigung zu einem Fleisch hat bei ihm allerdings eindeutige sexuelle Bedeutung erhalten, die im Hebräischen noch nicht so klar gegeben ist.

Genesis 3 als sexuelle Versuchung

Bei der Übersetzung von Genesis 3 hat die Septuaginta eine weitere Akzentverschiebung vorgenommen. Sie lässt ebenfalls eine deutlichere Sexualisierung der Erzählung erkennen. Wenn Eva in Gen 3,13 Gott sagt, dass sie von der Schlange überlistet worden sei, verwendet das Griechische mit ἀπατάω ein Verb, das auch sexuelle Versuchung bedeuten kann. Dies lässt sich so verstehen, dass Eva durch die Schlange sexuell versucht worden ist und so gegen Gottes Gebot verstoßen hat. Es kann den Eindruck vermitteln, dass die Frau (und Frauen allgemein) schwächer und anfälliger für Versuchung wäre(n), weil sie ihre sexuellen Gefühle nicht kontrollieren können. Dieser Eindruck wird noch durch ein weiteres Element der Übersetzung unterstützt. In Gen 3,6 heißt es im Hebräischen über den Baum, dass er „begehrenswert war, um klug zu werden“; seine Attraktivität, um Einsicht zu gewinnen, wird hier betont. Im Griechischen wird hingegen das ästhetische Aussehen des Baumes betont: ὡραῖόν ἐστιν τοῦ κατανοῆσαι – „und er war schön anzuschauen“. Durch Schönheit versucht zu werden, war aber ein typisches Merkmal sexueller Versuchung. In der griechischen Übersetzung wird also der Eindruck erweckt, dass Evas Verstoß gegen Gottes Wort einem sexuellen Übergriff ähnelte.

Paulus greift diese Stelle im Zweiten Korintherbrief auf. Bei der Beschreibung seiner Arbeit als Missionar und Apostel schreibt er (2 Kor 11,2–3):

> Ich eifere nämlich für euch (mit) Gottes Eifer, denn ich habe euch einem einzigen Mann zur Seite gestellt, um euch als heilige Jungfrau (παρθένον ἁγνήν) dem Messias vorzustellen. Ich fürchte aber, dass nicht so, wie die Schlange Eva mit ihrer List in Versuchung geführt hat (ἐξηπάτησεν), euer Denken irregeführt werde von der Lauterkeit und Heiligkeit (ἁγνότητος) für den Messias.

Paulus warnt die Korinther hier vor falschen Lehrern. Möglicherweise hatte deren Lehre auch sexuelle Aspekte.[31] Das ließe auf einen Zusammenhang mit Auffassungen aus der Gemeinde schließen, die sich aus dem Ersten Korintherbrief ergeben.[32] Dabei verwendet Paulus Evas Versuchung durch die Schlange, um die Korinther vor Versuchung zu warnen, und er vergleicht sie mit heiligen Jungfrauen.

Es ist nicht sicher, was hier mit „Jungfrau" gemeint ist. Das griechische Wort παρθένος kann ein Mädchen vor seiner Heirat meinen. Bei einer jüdischen Hochzeit war vorausgesetzt, dass das Paar vorher nicht sexuell zusammenkam, und dass die Frau vorher auch mit keinem anderen Mann verkehrt hat. Bei Jesus Sirach, einem jüdischen Weisheitslehrer und Erzieher gebildeter Jugendlicher in Jerusalem, heißt es in 26,15 in einigen Handschriften: „Der größte aller Segen ist eine schamhafte Frau, unbezahlbar ist ihre Keuschheit." Mit παρθένος kann also ein junges Mädchen vor der Hochzeit gemeint sein. Paulus verwendet dann für seinen Dienst als Missionar der Gemeinde in Korinth eine Metapher: Er sieht sich in der Rolle dessen, der dieses Mädchen ihrem künftigen Ehemann vermittelt und vorstellt. Das Wort παρθένος könnte aber hier auch auf eine Frau anspielen, die sich eine Zeit lang für ein Leben in sexueller Askese für den Dienst und die Erfahrung der Gottesnähe entschieden hat. Darauf ließe schließen, dass Paulus an dieser Stelle zweimal das Wort ἅγνος bzw. ἁγνότης verwendet, das „keusch" im engen Sinn von sexuell unberührt meinen kann, aber auch so viel wie „heilig" oder „geweiht". Einige frühjüdische und frühchristliche Quellen deuten an, dass es am Jerusalemer Tempel geweihte Jungfrauen gab, die sich zumindest zeitweise bis zu ihrer Hochzeit dem Gottesdienst

---

[31] Differenziert demgenüber: T. Schmeller, Der zweite Brief an die Korinther, EKK VIII/2, Neukirchen-Vluyn, Ostfildern 2015, 215 f.; vgl. dazu auch: Ch. Gerber, Krieg und Hochzeit in Korinth. Das metaphorische Werben des Paulus um die Gemeinde in 2 Kor 10,1–6 und 11,1–4, ZNW 96 (2005) 99–125. Vgl. zu der Thematik auch in der Paulusschule: B. Heininger, Die „mystische" Eva. Zur Rezeption des Sündenfalls in 1 Tim 2,8–15 und in der Apokalypsis Mosis, in: BZ.NF 46 (2002) 205–221.

[32] Vgl. W. Loader, Septuagint, Sexuality, 105 f.; Ders., New Testament on Sexuality, 180 f.; 469.

und Arbeiten im Tempel geweiht haben. Kontemplative Frauen, die in einer größeren Gemeinschaft sexuell enthaltsam lebten und sich regelmäßig mit einer Gemeinschaft von ebenfalls zölibatären Männern zum Gottesdienst trafen, gibt es auch bei Philo in seiner Schrift vom kontemplativen Leben. Philo nennt diese religiöse Bewegung Therapeutinnen und Therapeuten, weil sie um die religiöse, psychologische und medizinische Heilkraft jüdischer Weisheit wussten. Möglich ist daher auch, dass Paulus' Rede von der Gemeinde als παρθένος nicht nur metaphorisch ist, sondern eine Gemeinde meint, in der Heiligkeit mit sexueller Askese und Weltdistanz verbunden war.

In beiden Fällen hat die Versuchung Evas in 1 Kor 11,2–3 aber einen sexuellen Charakter. In Römer 5,12–21 schreibt Paulus von dem gleichen Ereignis der Sünde aus der Perspektive Adams. Adams Sünde ist das Gegenbild zur kommenden Gerechtigkeit durch Jesus Christus. Die Darstellung des gleichen Geschehens aus der männlichen Perspektive Adams trägt nicht den Charakter einer sexuellen Versuchung. Paulus folgt damit den patriarchalen Vorstellungen seiner gesellschaftlichen und religiösen Umwelt, dass Frauen verletzlicher und anfälliger für sexuelle Versuchung seien.

Sexualisierte Gewalt in den Schöpfungsüberlieferungen?

Paulus als schriftgelehrter Pharisäer wird die Tora vermutlich auch hebräisch gelesen haben. Offensichtlich hat er sich aber in seinen Briefen fast ausschließlich an die griechische Übersetzung gehalten und ihren kulturellen Hintergrund im Hellenismus mitübernommen. Dies hat sich im zurückliegenden Überblick gezeigt. Die Vorstellungen, die sich aus den ersten drei Kapiteln der Genesis für Sexualität und Geschlechterrollen ergeben, sind vielfach – und durch die Septuaginta noch verstärkt – androzentrisch aufgeladen; dadurch ergibt sich ein strukturelles Ungleichgewicht zwischen Frau und Mann. Von ausdrücklichen Gewalterfahrungen in der Sexualität aber wissen die Erzählungen eigentlich noch nichts. Gewalt kommt erst mit der Geschichte Kains und Abels in Genesis 4 ausdrücklich ins Spiel, dort allerdings bereits im engeren Familienrahmen, als Gewalt zwischen Brüdern. Dennoch umfasst die jüdische Rezeption der biblischen Schöpfungsvorstellungen zu Sexualität und Geschlechtsrollen auch bereits diesen Aspekt.[33] Denn schon im Buch Genesis finden sich nicht nur die Erschaffung der Menschen und die Erklärung der Entstehung von Sexualität und Scham in den ersten Kapiteln, sondern auch eine eigenartig fremde Erzählung in Genesis 6 von Gottessöhnen, die sich in schöne Menschentöchter verlieben, sich unter ihnen einige auswählten und zur Frau nahmen. Im Hebräischen werden die Gottessöhne in Genesis 6,2 בְּנֵי-הָאֱלֹהִים – „Söhne Gottes" – genannt, und die Frauen בְּנוֹת הָאָדָם – „Töchter des Menschen". In Genesis 6,4 treten dann auf einmal „Riesen" auf den Plan; sie leben auf der Erde und werden „Helden der Vorzeit" genannt. In der biblischen Erzählung bleibt rätselhaft, wie die Beziehung zwischen diesen verschiedenen Gruppen war. Jedenfalls ist die Erzählung von Juden zur Zeit Jesu wohl so verstanden worden, dass hier Gottessöhne Sex mit Menschenfrauen hatten und daraus die Riesen hervorgingen. In dieser rätselhaften und fragmentarischen Überlieferung sind offenbar Erfahrungen von Distanzverletzungen und Gewalt verarbeitet. Die Gewalt wird von den Menschenfrauen erfahren; sie erleben Sexualität als etwas Bedrohliches, das aus dem übermenschlichen Bereich kommt. Die kurze Erwähnung im Buch Genesis ist möglicherweise bereits ursprünglich Teil eines größeren Überlieferungszusammenhangs. Dieser wurde in verschiedener Weise narrativ weiterentwickelt. Ein Zeugnis dafür sind die pseudepigraphen Henoch-Schriften aus der Zeit des hellenistischen Judentums. Paulus hat diese Überlieferung wohl auch gekannt, wie sich aus den Andeutungen in 1 Kor 11 ergibt. Dort können Engel offenbar für Frauen sexuell bedrohlich werden.

---

[33] Vgl. zu dieser Thematik in der biblischen Überlieferung nach der Schöpfung: I. Müllner, Kein herrschaftsfreier Raum. Sexualität und Macht in biblischen Schriften, JBTh 33 (2018) 23–45.

Schöpfung und Körperlichkeit

Im folgenden Abschnitt soll es um die Konsequenzen der biblischen Schöpfungsvorstellungen für eine Grunddimension menschlicher Sexualität gehen: die Körperlichkeit. Für Paulus ist der Körper der Christglaubenden ein Tempel des Geistes Gottes, den sie in der Taufe empfangen haben. Auch dies hat mögliche Beziehungen zu jüdischen Schöpfungsüberlieferungen. Für einige jüdische Vorstellungen ist der Garten Eden ein heiliger Raum, etwa für das Jubiläenbuch[34]. Nach dem Jubiläenbuch hat Gott Adam am sechsten Tag erschaffen, und darauf eine Woche später erst Eva. Die körperliche Begegnung zwischen Adam und Eva, ihre intime Vertrautheit und Liebe, haben für das Jubiläenbuch einen hohen Wert: Beide kommen bereits vor ihrer Ankunft im Paradiesgarten sexuell zusammen, und dies als Ausdruck ihrer Gefährtenschaft, nicht zur Zeugung von Nachkommen.[35] Erst nach 40 Tagen führt Gott dann zuerst Adam in den Garten herein, und erst weitere 40 Tage später dann auch Eva.[36] Den Zeitraum von 40 Tagen sieht die Tora als Zeit für die körperliche Reinigung einer Frau nach der Geburt eines Kindes vor (Lev 12,2–5). Das Paradies ist für das Jubiläenbuch ein Garten-Tempel, in dem beide, Adam und Eva, fern von sexueller Aktivität in körperlicher Reinheit leben.

Reinheitsvorschriften implizieren also nicht notwendig eine Geringschätzung des sexuellen Zusammenkommens von Menschen. Dennoch gehört sexuelle Aktivität für weite Teile von Paulus’ kultureller Umwelt nicht in den sakralen Raum des Tempels

---

[34] So spricht Gott auf dem Sinai zu Mose in Jub 4,26: „Denn vier Orte auf der Erde gehören dem Herrn: Der Garten Eden und der Berg des Morgens und dieser Berg, auf dem du heute bist, der Berg Sinai, und der Berg Sion wird geheiligt werden in der neuen Schöpfung zur Heiligung der Erde.“ Und Mose erkennt später: „daß der Garten Eden das Heilige des Heiligen sei und Wohnung des Herrn und der Berg Sinai die Mitte der Wüste und der Berg Sion die Mitte des Nabels der Erde. Und diese drei, dieses gegenüber jenem, sind zu Heiligtümern geschaffen.“ Vgl. auch Jub 3,12. Vgl. zum Folgenden: W. Loader, Making Sense of Sex, 95 f.

[35] Jub 3, 6–7.

[36] Jub 3, 8–9.

hinein, und daher nach einigen jüdischen Vorstellungen auch nicht in die ursprüngliche Nähe der Menschen zu Gott im Paradiesgarten. Vergleichbare Vorstellungen von heiligen Räumen als Tabubereich für sexuelle Aktivität waren auch im nichtjüdisch-hellenistischen Kulturbereich präsent:[37] Eine Inschrift aus dem 2. Jhdt. v. Chr. an einem Tempel für Isis, Serapis und Anubis im griechischen Megalopolis verlangt von den Eintretenden Reinigungsriten nach sexueller Aktivität, und Herodot schreibt im 4. Jhdt. v. Chr., dass Griechen und Ägypter keinen Tempel betraten, ohne sich nach einem Samenerguss vorher gereinigt zu haben (Herodot, Hist. 2,64).

Wenn Paulus in 1 Kor 6,19 den Körper der Christusglaubenden als Tempel des Heiligen Geistes bezeichnet, wird er damit auch vergleichbare Reinheitsvorstellungen verbunden haben. Allerdings ist für ihn entscheidend, dass die Christusglaubenden durch ihre sexuelle Aktivität nicht in Abhängigkeitsverhältnisse und Ungerechtigkeit geführt werden. Deshalb erinnert er seine Leserinnen und Leser daran, dass sie mit der Taufe aus sklavenartigen Abhängigkeiten befreit worden sind (vgl. 1 Kor 6,20).

---

37 Vgl. W. Loader, Making Sense of Sex, 76.

Der Körper als Gottes Tempel in 1 Kor 6,12–20

Was hat Macht über meinen Körper?

(12) Πάντα μοι ἔξεστιν ἀλλ᾽ οὐ πάντα συμφέρει πάντα μοι ἔξεστιν ἀλλ᾽ οὐκ ἐγὼ ἐξουσιασθήσομαι ὑπό τινος.	(12) Alles steht mir frei, aber nicht alles fördert, alles steht mir frei, aber ich soll von nichts beherrscht werden.
(13) τὰ βρώματα τῇ κοιλίᾳ καὶ ἡ κοιλία τοῖς βρώμασιν, ὁ δὲ θεὸς καὶ ταύτην καὶ ταῦτα καταργήσει. τὸ δὲ σῶμα οὐ τῇ πορνείᾳ ἀλλὰ τῷ κυρίῳ, καὶ ὁ κύριος τῷ σώματι	(13) Die Speisen (sind) für den Bauch da und der Bauch für die Speisen, Gott aber wird diesen und diese vernichten. Der Körper (ist) nicht (für) die sexuelle Unmoral da, sondern (für) den Herrn, und der Herr (für) den Körper.
(14) ὁ δὲ θεὸς καὶ τὸν κύριον ἤγειρεν καὶ ἡμᾶς ἐξεγείρει[1] διὰ τῆς δυνά- μεως αὐτοῦ.	(14) Gott aber hat den Herrn auf- erweckt und er erweckt auch uns auf durch seine Kraft.
(15) οὐκ οἴδατε ὅτι τὰ σώματα ὑμῶν μέλη Χριστοῦ ἐστιν; ἄρας οὖν τὰ μέλη τοῦ Χριστοῦ ποιήσω πόρνης μέλη; μὴ γένοιτο.	(15) Wisst ihr nicht, dass eure Körper Teile Christi sind? Soll ich nun die Körperteile Christi nehmen und zu Körperteilen einer Prostituierten machen? Sicher nicht!
(16) οὐκ οἴδατε ὅτι ὁ κολλώμενος τῇ πόρνῃ ἓν σῶμά ἐστιν; ἔσονται γάρ, φησίν, οἱ δύο εἰς σάρκα μίαν.	(16) Wisst ihr nicht, dass der, der sich (mit) einer Prostituierten ver- bindet, ein Körper (mit ihr) wird? „Es werden“ nämlich, sagt (die Schrift), „die beiden zu einem Fleisch werden“.

[1] Präsentische Form nach der ersten Lesart im Papyrus 46.

(17) ὁ δὲ κολλώμενος τῷ κυρίῳ ἓν πνεῦμά ἐστιν.	(17) Der sich aber (mit) dem Herrn verbindet, wird ein Geist (mit ihm).
(18) Φεύγετε τὴν πορνείαν. πᾶν ἁμάρτημα ὃ ἐὰν ποιήσῃ ἄνθρωπος ἐκτὸς τοῦ σώματός ἐστιν ὁ δὲ πορνεύων εἰς τὸ ἴδιον σῶμα ἁμαρτάνει.	(18) Flieht die sexuelle Unmoral! Jede Sünde, die ein Mensch tut, ist außerhalb des Körpers. Der aber sexuelle Unmoral tut, sündigt gegen den eigenen Körper.
(19) ἢ οὐκ οἴδατε ὅτι τὸ σῶμα ὑμῶν ναὸς τοῦ ἐν ὑμῖν ἁγίου πνεύματός ἐστιν οὗ ἔχετε ἀπὸ θεοῦ, καὶ οὐκ ἐστὲ ἑαυτῶν;	(19) Oder wisst ihr nicht, dass euer Körper ein Tempel des heiligen Geistes in euch ist, den ihr von Gott habt? Und dass ihr nicht euch selbst gehört?
(20) ἠγοράσθητε γὰρ τιμῆς δοξάσατε δὴ τὸν θεὸν ἐν τῷ σώματι ὑμῶν.	(20) Ihr wurdet nämlich gegen Bezahlung erkauft. Verherrlicht also Gott mit eurem Körper!

In diesem Abschnitt geht es um die Beziehungen zwischen Sexualität und der körperlichen Existenz des Menschen. Zweifelsohne ist Sexualität auch für antikes Empfinden mit körperlichen Erfahrungen verbunden gewesen. Paulus spricht diese in 1 Kor 6,12–20 an. Das griechische Wort, das Paulus in diesem Abschnitt für Körper verwendet, ist σῶμα. Achtmal kommt es vor: zweimal in Vers 13, einmal jeweils in Vers 15 und in Vers 16, weitere zweimal in Vers 18, und jeweils einmal in Vers 19 und in Vers 20. Die meisten deutschen Übersetzungen geben σῶμα mit „Leib" wieder, ich habe es stattdessen in diesem Abschnitt konsequent mit „Körper" übersetzt, werde aber im Folgenden zwischen Körper und Leib wechseln.

Die Übersetzung mit „Leib" kann leicht dazu führen, unter „Körper" die bloße, materielle Existenz menschlichen Lebens zu verstehen, „Leib" hingegen den mit der Seele verbundenen Körper. Aber Körper ist für Paulus und seine Welt nie nur „das bloße materielle, fleischliche Substrat"[2] menschlichen Lebens, sondern

[2] C. Markschies, Gottes Körper, 39. Die körperliche Existenz des Menschen lässt sich für antike und biblische Anthropologie nicht auf physische

immer schon verbunden mit immateriellen, geistigen, pneumatischen Dimensionen menschlicher und nicht-menschlicher Existenz. Menschen in der Umwelt des Paulus haben ihren Körper nicht als stabile Entität erfahren, der durch seelische Kräfte bewusst gelenkt wirkt, sondern als permeablen Raum, der verschiedenen Einflüssen und Kräften ausgesetzt ist, die auf ihn wirken. Gleichzeitig ist der Körper aber auch die Summe aller sozialen Beziehungen; diese Bedeutung hat σῶμα etwa in der Abendmahlsüberlieferung in 1 Kor 11,24. Die soziale Dimension der körperlichen Existenz Jesu überdauert seinen Tod und wird auch in der Begegnung mit seinem auferstandenen Körper erfahren.

In 1 Kor 6,12–20 legt Paulus Wert auf die physische Existenz der Glaubenden. Die Bekehrung der Messiasgläubigen in Korinth kann ihr körperliches Leben nicht ausklammern, im Licht des Evangeliums von Jesus als dem Messias erhält der menschliche Körper eine Achtung und Würde, die ungerechte sexuelle Aktivität ausschließt. Das gilt für die Männer, an die sich Paulus vor allem richtet, es trifft aber auch auf die Prostituierten zu, denen er in dem folgenden Abschnitt keine Aufmerksamkeit widmet, obwohl möglicherweise Sklavinnen und Sklaven in der Gemeinde in Korinth auch Prostituierten vergleichbar zu sexuellen Handlungen für ihre Herren gezwungen waren.

Mit dem gleichen griechischen Wort für Körper σῶμα bezeichnet Paulus auch den Körper des Messias in 1 Kor 12,12–13. Die messianische Gemeinschaft der Glaubenden ist der Körper des Messias. In 1 Kor 6 liegt der Akzent eher auf dem individuellen Körper der Christen innerhalb der Gemeinschaft. Da Paulus aber im Griechischen das gleiche Wort für Körper in ähnlicher Bedeutung für den individuellen wie für den gemeinschaftlichen Aspekt des Glaubens wählt, spielen beide Bedeutungen hier in Paulus Überlegungen herein, und in Vers 15 etwa wird auch deutlich, dass die körperliche Existenz der Messiasglaubenden und die körperliche Existenz des Messias selbst ineinander übergehen. Jeder einzelne Körper, der zum Messias gehört, ist Wohn-

---

Gegebenheiten reduzieren, aber auch nicht einfach in Körper und Geist auflösen.

ort für Gottes Geist; „er ist heilig und fähig, für das Leben aller Menschen zu handeln“[3].

Der Abschnitt ist typisch für Paulus' Art, in seinen Briefen zu argumentieren. Er schreibt in einer sehr appellativen Art. Sein geschriebener Text ist nahe an der gesprochenen Sprache. Mehrfach finden sich in dem Abschnitt kurze Thesen: „Alles steht mir frei“ in 12a und 12b, „Die Speisen sind für den Bauch da“ in 13a, „Der Körper (ist) nicht (für) die sexuelle Unmoral da, sondern für den Herrn“ in 13b. Dreimal fragt er seine Leserinnen und Leser suggestiv: „Wisst ihr nicht“ in 15a, 16a und 19a. In Vers 15b stellt er eine Frage: „Soll ich nun die Körperteile Christi nehmen und zu Körperteilen einer Prostituierten machen?“ Und ehe die Frage wirken kann, beantwortet er sie schon selbst mit „Sicher nicht!“.

Diese Art zu schreiben ist typisch für den Stil der *Diatribe*. Diese Form rhetorischer Kunst kam im 4. Jhdt. in der hellenistischen Philosophie als Form moralischer Rede auf und wurde vor allem unter kynischen und stoischen Philosophen gepflegt. Sie wendete sich im leichten populären Stil an ein breites Publikum und brachte ihm zugleich ethische Bildung und einen kurzweiligen „Zeitvertreib“ (so lässt sich das griechische Wort διατριβή übersetzen).

Paulus deutet Bilder an, greift sie wieder auf und bricht sie dann wieder ab. In Vers 12 geht es um eine Frage der Macht: Was bekommt Macht über mich? Vers 13 setzt dies fort: Gott hat die Macht, meine gesamte körperliche Existenz zu vernichten. Vers 14 stellt Gottes Macht, mich und meinen Körper mit meinen körperlichen Bedürfnissen, mit meinem Appetit und mit meinen sexuellen Wünschen zu vernichten, dann in die hoffnungsvolle Aussicht auf die Auferstehung. Gott will uns mit unserem leiblichen Leben auferwecken.

---

[3] L. Schottroff, Erster Korintherbrief, 107.

Macht, Männer und Porneia

In der französischen Philosophie nach 68 hat vor allem Michel Foucault den Zusammenhang zwischen Sexualität und Macht reflektiert, in dem fragmentarisch gebliebenen Werk „Sexualität und Wahrheit", das ursprünglich auf sechs Bände angelegt war.[4] Seine philosophischen Untersuchungen zur Wahrnehmung von Sexualität stützte er auf antike und spätantike Literatur im griechisch-römischen, jüdischen und christlichen Kulturraum. Foucaults Reflexion kreist dabei um immer die gleiche Grundthese: Um das sexuelle Begehren zu verstehen, ist es notwendig, Macht, Sexualität und erst dann Sex zu verstehen. Denn Macht formt die Erfahrung von Sexualität und strukturiert Sex. Sex und Sexualität sind historische und gesellschaftliche Konstrukte und abhängig von bestimmten Konfigurationen von Macht in einem bestimmten historischen Kontext.

In 1 Kor 6,12–20 zeigt Paulus ein feines Sensorium für den Zusammenhang zwischen sexueller Aktivität und Macht, auch wenn seine Überlegungen dazu auf eine androzentrische Perspektive beschränkt bleiben. Der gesamte Abschnitt lässt sich unter die Überschrift stellen: Was hat Macht über meinen Körper? Nahrung und sexuelle Bedürfnisse sind die beiden körperlichen Grundbedürfnisse, die Paulus im Blick auf die Macht anspricht. Bei der Sexualität spricht er von πορνεία in Vers 13b und Vers 18. Dort verwendet er auch das Verb zu πορνεία: πορνεύειν. Allerdings meint πορνεία in diesem Abschnitt klar eine sexuelle Beziehung zu einer πόρνη. Davon spricht Paulus in den Versen 15 und 16. Πόρνη ist eine „Prostituierte", kann aber auch allgemeiner eine Frau sein, die außerhalb der Ehe sexuellen Umgang hat. In dieser weiteren Bedeutung verwendet Paulus das gleiche Wort im Maskulinum in 6,9c. Paulus geht davon aus, dass πορνεία Macht über den eigenen Körper bekommen kann.

---

[4] M. Foucault, Der Wille zum Wissen. Sexualität und Wahrheit, Bd. 1, Frankfurt 1977; Die Sorge um Sich, Frankfurt 1986; Die Geständnisse des Fleisches, Frankfurt 2019. Einen Überblick über die Diskussion geben u. a.: Farley, Just Love, 34–40; M. Skinner, Feminist Theory, in: Companion to Greek and Roman Sexualities, (1–16) 1–5.

In 1 Kor 5,9 spricht Paulus von einem Brief, den er offensichtlich vorher nach Korinth geschrieben hat. Auch in diesem Brief ging es bereits um die πορνεία. Das nicht mehr erhaltene Schreiben dürfte der älteste Brief sein, in dem Paulus darauf eingeht, vermutlich noch älter als der Erste Thessalonicherbrief, der in 4,3 ähnlich klar wie in der Korintherkorrespondenz vor der πορνεία warnt. Πορνεία wird in deutschen Bibelübersetzungen oft mit „Unzucht" wiedergegeben. Das deutet ein weites Spektrum an. Nach jüdischen Vorstellungen zur Zeit des Paulus ist πορνεία oft jedwede sexuelle Betätigung außerhalb der Ehe.[5] Die Übersetzung mit „Unzucht" deutet an, dass Frauen und Männer die ethische Aufmerksamkeit über ihre sexuellen Gefühle und Wünsche verlieren und sie nicht mehr durch verantwortungsbewusste Werte lenken können. Die Machtfrage liegt daher bei der πορνεία nahe. Paulus' kulturelle Welt sah in der ἐγκρατεία, der Enkratie, eine Haltung, die den moralischen Kontrollverlust verhindert, der in die πορνεία führt. Enkratie war nicht nur durch die Askese bestimmt, sondern hängt mit griechischen Fremdworten zusammen, in denen -kratie eine Form von Herrschaft meint. Enkratie war daher nicht einfach Enthaltsamkeit, sondern meinte, dass das menschliche Selbst die Kontrolle über die inneren Bewegungen behält. Den gegenteiligen Kontrollverlust spielt Paulus in 1 Kor 6,12–20 für die Männer durch.

Die Übersetzung mit „Unzucht" – abgesehen davon, dass dieses Wort heute weitgehend ungebräuchlich geworden ist – verlegt die Bedeutung von πορνεία stark auf die Ebene individuellen moralischen Verhaltens. Paulus' Verwendung ist allerdings stärker sozial-gesellschaftlich: Πορνεία hat für ihn eine strukturelle Seite. Sie ist als sexuelle Unmoral gesellschaftlich eingewurzelt: Käuflicher Sex, sexuelle Ausbeutung und Gewalt sind mitgemeint. In Pompeji etwa gab es ein Netz florierender Bordelle und bordellartiger Häuser auch in wohlhabenden Gegenden, und

---

[5] Vgl. M. Wolter, Paulus: Ein Grundriss seiner Theologie, Neukirchen-Vluyn 2011, 330. Im Buch Tobit ist πορνεία aber sogar schon eine Heirat außerhalb des Stammes des eigenen Vaters (Tob 4,12).

Pompeji war unter den kaiserzeitlichen Stadtgesellschaften kein Einzelfall.[6]

Unter Paulus' männlichen Lesern waren verheiratete und unverheiratete Männer.[7] Die verheirateten Männer hatten, wie es in Gen 2,24 heißt, zusammen mit ihrer Frau ein neues Leben begonnen.[8] Diese Stelle ist für Paulus in 1 Kor 6,12–20 der entscheidende Schriftbeleg, auf den er seine Argumentation stützt. „Ein-Fleisch-Werden" in Gen 2,24 meint im hebräischen Text ursprünglich dies: einen neuen Haushalt und eine neue familiäre Gemeinschaft bilden. Allerdings bedeutete dies anders als in Gen 2,24, dass Frauen sich einem wirtschaftlich und ethisch geordneten Haushalt ihres Mannes anschließen konnten. Dazu brauchte der Mann eine gesicherte gesellschaftliche Stellung, eine stabile Einkunft und eine gefestigte moralische Haltung in Bezug auf seine sexuellen Bedürfnisse, denn es gab keine adäquaten und erlaubten Mittel zur Empfängnisverhütung. Deshalb lag das Heiratsalter bei Männern gewöhnlich erst bei 30 Jahren. Dieses Alter gibt das Lukasevangelium auch für den Beginn des öffentlichen Wirkens Jesu an (Lk 3,23), der von da an wohl unverheiratet geblieben ist.

Wenn Paulus Gen 2,24 in Vers 16 zitiert, bezieht er das Zitat nicht auf die Gründung eines gemeinsamen Haushalts durch Mann und Frau, sondern auf den sexuellen Verkehr mit einer Prostituierten. Wer sich auf sexuelle Aktivität mit einer Prostituierten einlässt, wird ein Fleisch mit ihr. Das verbreitete späte Heiratsalter bedeutete für viele Männer, dass sie mindestens zehn Jahre ihres Lebens mit ihren sexuellen Gefühlen und Wünschen umzugehen hatten. Die Erwartung war auch bei Männern, dass sie keusch in die Ehe eintraten. Allerdings hatten sie nicht den gleichen Verlust an Ehre und öffentlicher Beschämung zu befürchten wie eine Frau, die außerehelichen Sex hatte. Für Männer,

---

[6] L. Schottroff, Erster Korintherbrief, 116. Zum Kontext in Korinth auch: Körner, Sexualität und Geschlecht, 141 f.

[7] Zum Folgenden: W. Loader, Making Sense of Sex, 112–116.

[8] Dabei ist zur Zeit des Paulus eine monogame Beziehung vorausgesetzt, vgl. Dafni, Genesis, Plato und Euripides, 112–115, mit Verweis auf Eph 5,31; Mt 19,5 und 1 Kor 6,16 f.

die nicht sexuell enthaltsam lebten, gab es nur wenige Möglichkeiten: eine war der Verkehr mit Prostituieren, d.h. Frauen, die offen als Prostituierte arbeiteten, darunter nicht selten Frauen, die früh verwitwet waren, oder Frauen, die mit oder ohne das Wissen ihres Mannes durch ihre Prostitution das Haushaltseinkommen aufbesserten. Korinth hatte im Mittelmeerraum - wie manche Hafenstädte auch heute noch - sogar einen besonderen Ruf als Ort von Prostitution.

Der Zusammenhang in 1 Kor 5–6

Paulus hat das Thema verantwortungslosen sexuellen Verhaltens in 1 Kor 6,12–20 vorbereitet. In 5,1 spricht Paulus das Thema πορνεία zum ersten Mal an, und er kommt dann in den folgenden Abschnitten wiederholt darauf zurück:

1 Kor 5,1–5	Sexuelle Beziehungen zur Frau / Konkubine des Vaters
1 Kor 5,9–13	Distanz gegenüber Tätern sexueller Ungerechtigkeiten
1 Kor 6,9–11	Sexuelle Vergehen in der „Merkliste von Toraübertretungen“ (Schottroff)[9]

Es ist also vom literarischen Zusammenhang her nicht notwendig, Teile des Abschnitts 1 Kor 5–7 verschiedenen Briefen zuzuordnen, die erst durch eine Redaktion zusammengestellt worden sind.[10]

---

[9] L. Schottroff, Erster Korintherbrief, 97f.

[10] Für den Zusammenhang plädiert auch Wolfgang Schrage (Ders., Der erste Brief an die Korinther, EKK VII/2, Solothurn/Düsseldorf, Neukirchen-Vluyn 1995, 50; vgl. Ders., Der erste Brief an die Korinther, EKK VII/1, Neukirchen-Vluyn, Ostfildern ²2008, 63–71). Für literarische Teilung hatte sich etwa Hans-Josef Klauck ausgesprochen (Ders., 1. Korintherbrief, NEB, Würzburg 1984, 9–11), ähnlich: D. Zeller, Der erste Brief an die Korinther, KEK, Bd. 5, Göttingen 2010, 56–58. Zum Ganzen: T. Schmeller, Ungetrennt und unvermischt? Die Frage nach Kompilationen und Interpolationen in den echten Paulusbriefen, in: J. Schröter, S. Butticaz,

Speziell in den Versen 6,9–11 bereitet Paulus den folgenden Abschnitt vor. Luise Schottroff hat diese Verse als „Merkliste von Toraübertretungen im Alltag" bezeichnet. Damit gibt sie Paulus' Intention genauer wieder als die übliche Bezeichnung als „Lasterkatalog". Es geht Paulus hier nicht um Verstöße gegen eine allgemeine Moral, sondern er benennt Strukturen gesellschaftlicher Wirklichkeit, in die Messiasglaubende verwickelt waren, bevor sie zur Gemeinde in Korinth gestoßen sind, Strukturen und Verhaltensweisen, die im Widerspruch zur Tora stehen. Gerahmt ist die Liste durch die Erwähnung des Reiches Gottes (6,9: θεοῦ βασιλείαν, in der Form eines Chiasmus wieder aufgenommen in 6,10: βασιλείαν θεοῦ), möglicherweise ein Hinweis darauf, dass die Reich-Gottes-Botschaft Jesu (Mk 1,14–15) auch in der Missionsverkündigung des Paulus präsent war. Gemeint ist die Gerechtigkeit, die sich überall da ereignet, wo Gott sich nahe zeigt. Durch die Taufe (vgl. 6,11: ἀλλὰ ἀπελούσασθε) sind die Messiasgläubigen in Korinth Erbinnen und Erben des Reiches Gottes geworden. Sie haben ihr früheres rechtloses Handeln abgelegt und der Geist hat in ihnen Wohnung genommen (vgl. 6,11). Mit der Erinnerung an die Taufe bereitet Paulus seine Leserinnen und Leser bereits auf die Verse 6,19 f. am Ende des folgenden Abschnitts vor. Die Tauferfahrung steht auch bereits im Hintergrund der Parole in 6,12: „Alles ist mir erlaubt". Damit sind wohl die Freiheitserfahrungen von Messiasgläubigen in Korinth beschrieben, denn mit der Taufe standen sie unter keiner anderen Macht mehr als der Macht Gottes.

Auslegung

Vers 12–13: Die Parole in Vers 12 spricht die Machtfrage direkt an. In dem Verb ἐξουσιασθήσομαι steckt das griechisches Wort ἐξουσία, das politische, soziale und religiöse Macht bezeichnen kann. Machthabenden in der Monarchie galt es als erlaubt, ohne Ver-

---

A. Dettwiler (Hg.), Receptions of Paul in Early Christianity. The Person of Paul and His Writings Through the Eyes of His Early Interpreters, BZNW 234, Berlin, Boston 2018, 751–777.

antwortlichkeit vor Fremden zu tun, was sie wollen. Mit Freiheit und Macht ist nicht vereinbar, unter fremde Gewalt zu geraten. Legendenhaft verbreitet war, dass die Kyniker solche Freiheit auch auf die Bereiche Essen und Sexualität bezogen haben. Von Diogenes, einem der Mitbegründer des philosophischen Kynismus im 4. Jhdt. v. Chr., wurde gesagt, dass er durch demonstratives Essen und das Befriedigen seiner sexuellen Bedürfnisse in der Öffentlichkeit seine Freiheit und Unabhängigkeit von gesellschaftlichen Zwängen unter Beweis gestellt habe.[11] In der stoischen Popularphilosophie der Welt des frühen Christentums waren solche anarchischen Akte einer philosophischen Freiheit aber in gesellschaftlich verantwortungsbewusste Formen kultiviert. Freiheit bestand nach der Stoa darin, sich auf die Dinge zu beschränken, die dem ethischen Entscheidungsspielraum unterliegen. Dazu gehört dann gerade das Ideal der Leidenschaftslosigkeit, einer durch geistige Exerzitien immer wieder neu eingeübten Freiheit. Diese meinten die Stoiker mit ihrem einflussreichen Konzept der ἀταραξία. Ungehemmte Sexualität war für sie folglich schon deshalb problematisch, weil sie in Abhängigkeiten führte. Allerdings war für viele Stoiker das sexuelle Abreagieren bei einer Prostituierten kein Tabubruch. Sie empfahlen es eher als den Verkehr mit verheirateten Frauen oder Konkubinen (Hetären). Für die stoische Philosophie war menschliches Selbstbestimmtsein daher keine zwanglose Aufgabe gesellschaftlicher Wertmaßstäbe, sondern eine mühsam in den gesellschaftlichen Grenzen errungene Freiheit. Paulus hätte allerdings auch dieser stoischen Bestimmung der Freiheit nicht zugestimmt. Für ihn sind Macht und Freiheit nicht von menschlichem Ringen und Kampf abhängig.

Oft wird in der Auslegung die Auffassung vertreten, dass Paulus sich hier im Stil der Diatribe eine Parole aus Korinth zu eigen gemacht habe.[12] Das Hin und Wider der Argumentation ist

---

[11] Diog. Vit. Phil. VI 2, 46 und 69, mit der Sentenz: „Könnte man so durch Reiben des Bauches doch auch seinen Hunger stillen".

[12] So auch Körner (Sexualität und Geschlecht, 143 f.); vgl. Zeller, Erster Korintherbrief, 221 f. Meine folgende Auslegng oben fußt vor allem auf Loader, New Testament on Sexuality, 166–182, vgl. zu dem Abschnitt auch: R. Zimmermann, Logik der Liebe, 245–247.

allerdings etwas verwirrend. Möglich wäre etwa folgender Verlauf in 6,12–13:

> Korinther: Alles steht mir frei,
> Paulus: aber nicht alles fördert.
> Korinther: Alles steht mir frei,
> Paulus: aber ich soll von nichts beherrscht werden.
> Korinther: Die Speisen (sind) für den Bauch da und der Bauch für die Speisen,
> (Korinther oder Paulus?) Gott aber wird diesen und diese vernichten.
> Paulus: Der Körper (ist) nicht (für) die sexuelle Unmoral da,
> sondern (für) den Herrn,
> und der Herr (für) den Körper.

Paulus würde demnach offenbar eine Parole aus Korinth in den richtigen Zusammenhang zu rücken. Aber der Wechsel der Argumente ist nicht leicht nachzuvollziehen. Das Redeform der Diatribe muss auch nicht so verstanden werden, dass Paulus hier eine vollkommen fremde Parole aus Korinth für sich übernimmt. Die unterschiedlichen Behauptungen müssen nicht glatt auf die Gemeinde in Korinth und auf Paulus verteilt werden. „Alles steht mir frei" lässt sich auch von Paulus' Aussage in 1 Kor 3,21–23 her verstehen: Die Gemeinde gehört Gott, deshalb erhalten alle anderen Herrschaftsstrukturen eine neue Wertung. Die Christusgläubigen sind durch ihre Zugehörigkeit zu Gott aus ungerechten gesellschaftlichen Verhaltensmustern befreit worden.

Diese Überlegung wird durch die Erwähnung der Speisen im folgenden Vers 13 unterstützt. Sie wirkt zunächst wie eine *digressio* – also eine Abweichung – vom Thema der Sexualität. Anderseits gehören Essen und Sexualität als menschliche Grundbedürfnisse zusammen. Paulus dürfte die Aussage „alles ist mir erlaubt" in seiner Missionspredigt auf einen neuen Umgang mit den Speisegeboten in der Tora bezogen haben (vgl. 10,23), deshalb greift er diese These hier auf. Die Freiheit von den Speiseregeln geht also ursprünglich auf die Missionspredigt des Paulus zurück, sie eröffnete eine neue Tischgemeinschaft auch für die Gemeinde in Korinth, in der die Messiasglaubenden über ethnische, soziale und religiöse Grenzen hinweg zum Mahl zusammenkamen. In Korinth haben Männer in der Gemeinde aus dieser Freiheit gefolgert, sie gelte auch für Regeln, die sie im Bereich der Sexualität als Zwang empfunden haben. Paulus betont dagegen gerade den Unterschied: „Wie die Speisen dem Bauch, so ist der Mensch mit seiner Sexualität dem Herrn *zur Verfügung*, und insofern ist auch der Herr dem Menschen in dessen Sexualität zugewandt, hat gleichsam ‚Befugnis' über ihn."[13] Damit ist eine „personale Beziehung" entstanden. „Paulus betont ja gerade, daß es einen Unterschied gibt zwischen dem Essen und der Sexualität."[14]

Jedenfalls bleibt die Machtfrage ein roter Faden: Sexuelle Unmoral – die πορνεία in 6,13 – ist nicht einfach eine allgemeine Bezeichnung für sexuelle Sünden, sondern sie ist eine Macht, die in einer eingegangenen Beziehung erfahren wird. Sie steht im Widerspruch zur Beziehung zum befreienden Kyrios, auf dessen Namen hin die Messias-Glaubenden in der Taufe ein neues Leben begonnen haben. Paulus hat also offenbar schon hier in den ersten Versen den Verkehr mit einer Prostituierten im Blick: Was bekommt Macht über einen Mann, der sich auf eine Prostituierte einlässt?

Vers 14: Erst hier wird deutlich, dass Paulus mit der Vergänglichkeit von allem keine allgemeine philosophische Beobachtung gemacht hat oder etwa einer Vorstellung folgt wie dem stoischen Weltenbrand, in dem alles regelmäßig vergeht und grunderneuert wird. Paulus hat dabei die Auferstehung des Messias und den neuen Äon im Blick. Die Auferweckung ist hier nach den besten Textzeugen präsentisch formuliert: Sie ist kein Geschehen, das in einer linearen Zeitvorstellung in der Zukunft irgendwann auf die Gegenwart folgen wird. Sie bestimmt jetzt schon die körperliche Existenz der Glaubenden. Auch in 7,29 begründet er seine sexualethische Ermahnung im Blick auf den kommenden und bereits angebrochenen Äon. Wenn Paulus von der Auferweckung der Toten spricht, bleibt der Fokus auf der Macht erhalten, schon sprachlich: Auferweckung ist ein Geschehen, in dem Gott das Subjekt ist. Διὰ τῆς δυνάμεως αὐτοῦ – „durch seine Kraft" – steht betont an letzter Stelle des Satzes.

---

13 N. Baumert, Sorgen des Seelsorgers. Übersetzung und Auslegung des ersten Korintherbriefes, Paulus neu gelesen, Würzburg 2007, 80.

14 Baumert, Sorgen des Seelsorgers, 80.

Vers 15–17: Die Schriftargumentation steht im Zentrum von Paulus' Ausführungen. Die Gegenseitigkeit der Beziehung, die in 6,13 zwischen Kyrios und Körper vorausgesetzt war, zeigt sich nun auch in der Beziehung mit der Prostituierten. Dabei erinnert Paulus mit den „Körperteilen des Messias" wieder an die Taufe (6,11). Allerdings wird nicht die Prostituierte – die πορνή – mit dem Herrn gleichgesetzt, sondern der Gegensatz zwischen πορνεία und κύριος in 6,13 wirkt fort. Wenn sich ein Mann mit einer Prostituierten sexuell vereinigt, gewinnt die πορνεία Macht über ihn. Das heißt auch: Bereits in 1 Kor 6,12 ist οὐκ ὑπό (...) τινος (wörtlich: „nicht von etwas") wohl nicht auf eine bestimmte Person bezogen, sondern bereits auf die πορνεία: „aber ich soll von nichts beherrscht werden" formuliert Paulus bereits im Blick auf einen unfreien und verantwortungslosen Umgang mit Sexualität.

Wie in der Septuaginta von Gen 2,24 bezieht Paulus in seinem Zitat das griechische Wort für „Fleisch", σάρξ, auf das sexuelle Zusammenkommen der beiden Partner. Es verwundert zunächst, dass Paulus das „Ein Fleisch-Werden", das in Gen 2,24 für die Vereinigung in der Ehe zwischen Mann und Frau steht, hier auf die Vereinigung mit einer Prostituierten bezieht. Offensichtlich liegt ihm nicht an einem präzisen Unterschied zwischen Körper (σῶμα), Fleisch (σάρξ) und Geist (πνεῦμα). Paulus denkt hier nicht dualistisch[15]; alle drei Ausdrücke bezeichnen für ihn die gesamte Existenz des Menschen, drücken allerdings einen besonderen Akzent aus. Das „Ein-Fleisch-Werden" aus Genesis 2,24 lag für Paulus deshalb nahe, weil Fleisch in der biblischen Anthropologie den Menschen in seiner Schwäche und Verletzbarkeit meint. Vom Geist spricht er über die Beziehung zum Kyrios, weil Geist für ihn den Menschen im Kraftbereich Gottes bezeichnet.[16] Dennoch schädigt die Beziehung zur Prostituierten in Paulus'

---

[15] Baumert, Frau und Mann, 231–248.

[16] Vgl. 1 Kor 15,39–44. Zur Thematik Körperlichkeit und Auferstehung: C. Janssen, Anders ist die Schönheit der Körper. Paulus und die Auferstehung in 1 Kor 15, Gütersloh 2005, 49–82 und 283–306, zur Bedeutung von σάρξ, ebd., 64–71; zur Bedeutung von σῶμα, ebd., 71–81, zur lebenschaffenden Kraft des πνεῦμα, ebd., 201–209. Allgemein zur biblischen Anthropologie auch: S. Schroer, T. Staubli, Die Körpersymbolik der Bibel, Darmstadt 1998, 231–249.

Sicht nicht nur den Körper, sondern auch den Geist, und er könnte auch schreiben, dass derjenige, der sich mit dem Kyrios vereinigt, mit ihm ein Leib wird (vgl. 1 Kor 12,12 f.). Um die Beziehung zum Kyrios von der zur Prostituierten zu unterscheiden, wechselt er von σῶμα zu πνεῦμα und bezeichnet damit die menschliche Rezeptionskraft für die Beziehung zu Gott.

Dass Paulus das Ein-Fleisch-Werden auf die Vereinigung mit der Prostituierten bezieht, hat aber wohl noch einen anderen Grund: Die Vereinigung in Gen 2,24 war für ihn auch ein Vorbild für die Vereinigung der Glaubenden mit dem Messias in der Taufe.[17] Wer sich mit dem Messias verbindet, wird Teil des Körpers des Messias (12,12 f.), das bedeutet für Paulus also offenbar auch: Er wird ein Fleisch mit Christus. Im neuen Leben mit dem Messias werden daher die Bedeutung der sozialen Geschlechtsrollen und die sexuelle Attraktion relativiert. Für manche Glaubenden geht das sogar so weit, dass sie die gemeinsame sexuelle Aktivität aufgeben (vgl. 1 Kor 7,1–5). Paulus gesteht ihnen dies aber nur dann zu, wenn sie ein Charisma von Gott dazu haben, denn auch die eheliche Sexualität ist für ihn nach der Tora ein Charisma (1 Kor 7,7b).

Sexuelles Zusammenkommen stellt eine gegenseitige körperlich-geistige Beziehung her, wie Paulus sie später in 7,4 beschreibt: In dieser Beziehung gibt die Frau ihre Verfügungsgewalt über ihren Körper an den Mann, wie der Mann auch die Verfügungsgewalt über seinen Körper an die Frau gibt.[18] Erstaunlicherweise spricht Paulus die Frage der Freiwilligkeit oder des Zwangs bei der sexuellen Aktivität nicht an, auch freiwilliger Gelegenheits-Sex oder ein One-Night-Stand würde nach Paulus eine Wirkung auf das körperlich-geistige Leben der beiden Partner haben. Im se-

[17] In Gal 3,28d spricht er von: „Ihr alle nämlich seid einer (εἷς) im Messias/Christus“. Vgl. dazu Loader, New Testament on Sexuality, 391; Ders., Septuagint, Sexuality, 95–99, siehe die gleiche Vorstellung weiter entwickelt in Eph 5,31.

[18] 1 Kor 7,4 verwendet das gleiche Verb für Macht ἐξουσιάζω wie 1 Kor 6,12, wo es im Passiv verwendet ist: ἡ γυνὴ τοῦ ἰδίου σώματος οὐκ ἐξουσιάζει ἀλλὰ ὁ ἀνήρ, ὁμοίως δὲ καὶ ὁ ἀνὴρ τοῦ ἰδίου σώματος οὐκ ἐξουσιάζει ἀλλὰ ἡ γυνή.

xuellen Zusammenkommen entsteht ein gegenseitiges Sich-Angehören und Einander-Besitzen der beiden Partner.

Wie stark das Eins-Werden eines Paares in der jüdisch-hellenistischen Umwelt des frühen Christentums als neue körperlich-geistige Einheit verstanden wurde, zeigt ein Beispiel aus dem Bekehrungs- und Liebesroman Josef und Asenet. Darin wird die Hochzeit zwischen dem Jakobsohn Josef und Asenet, der Tochter eines ägyptischen Priesters, erzählerisch ausgemalt. Als Josef sich von Asenet nicht die Füße waschen lassen will, antwortet Asenet:

> Mitnichten, mein Herr, da du (selbst) (von) mir bist Herr von dem Jetzt (an) und ich (selbst) deine Magd, und wozu redest du (selbst) dies, eine andere Jungfrau (solle) waschen deine Füße? Denn deine Füße sind meine Füße, und deine Hände sind meine Hände, und deine Seele meine Seele, und nie (und) nimmer (von) dir wäscht eine andere die Füße. (Joseph und Aseneth 20, 4)[19]

Auch hier steht Gen 2,24 im Hintergrund. Asenet versteht ihre Ehe mit Josef – anders als in Gen 2,24 ursprünglich gemeint – als patriarchale Beziehung zwischen ihr als Magd und Josef als ihrem Herrn. Aber die körperlich-geistige Einheit, die durch die Ehe entsteht, beschreibt sie mit deutlicher Anspielung auf die gleiche Schriftstelle, die Paulus auch in 1 Kor 6,16–17 in die Mitte seiner Ermahnung an korinthische Männer stellt.

Vers 18: „Flieht die sexuelle Unmoral!" In der allgemeinen Warnung vor πορνεία wirkt Gen 2,24 fort. Mit verantwortungsloser sexueller Aktivität sündigt ein Christ gegen seinen eigenen Körper. Diese körperliche Dimension ist für Paulus in sexuellen Verletzungen der Tora in besonderer Weise gegeben. Dies formuliert er mit dem Stilmittel der Hyperbel, wenn er schreibt: Andere Übertritte gegen die Tora bleiben „außerhalb des Körpers" (ἐκτὸς τοῦ σώματός). Diese Abgrenzung unmoralischer sexueller Handlungen gegenüber allen anderen Sünden soll nicht besagen, dass alle anderen Sünden körperlich ohne Folgen bleiben. Vielmehr verletzen sexuelle Verstöße gegen die Tora in besonderer Weise das neue leibliche Leben der Christen aus der Auferstehung,

---

[19] Übersetzung nach: C. Burchhard, Joseph und Aseneth, JShrZ II/4, Gütersloh 1983.

denn die Getauften sind Teile des Leibes des auferstandenen Christus' geworden. Es geht Paulus daher nicht so sehr um die πορνή oder um die πορνεία, sondern um die korrumpierende Macht moralisch illegitimer sexueller Vereinigungen, weil sie die Gerechtigkeit und Würde verletzen, die die Getauften in der Gemeinschaft der Glaubenden erhalten haben. Darauf kommt er am Schluss zurück.

Verse 19–20: Durch die Taufe ist der Leib der Christen ein Tempel des Heiligen Geistes geworden. Der Tempel ist der irdische Raum, an dem sich Gottes umfassende Gerechtigkeit und seine Herrschaft konzentrieren. In der Taufe ist der Körper der Christen zu einem solchen Raum von Gottes Gerechtigkeit geworden. In der Taufe sind Christen durch die Hingabe Jesu freigekauft worden aus einem Leben unter ungerechten und versklavenden Mächten zu einem Leben in der Freiheit des Messias Jesus. Diese neue Vereinigung mit dem Messias Jesus ist so exklusiv, dass sie andere Zugehörigkeiten ausschließt, sicher die sexuelle Vereinigung mit Prostituierten – für einige Messiasgläubige sogar auch die sexuelle Vereinigung mit einem Ehepartner, worauf Paulus in Kapitel 7 eingeht, so aber nicht für Paulus. Die gegenseitige sexuelle Hingabe von Frau und Mann in der Ehe steht für ihn nicht im Widerspruch zum Leben aus der Taufe.

Eine auffällige Parallele

Wenn Paulus in Vers 18 die deutliche Warnung ausspricht: „Flieht die sexuelle Unmoral!", warnt er damit offenbar vor Haltungen und Handlungen, die vor ihrer Bekehrung zum Christentum zur Lebensweise der Korinther gehört haben. Unter den Parallelstellen zu dieser Formulierung wird häufiger eine jüdisch-hellenistische Schrift genannt, das Testament Rubens 5,5.[20] Dort findet sich der gleiche Wortlaut:

[20] Vgl. etwa auch in der griechischen Textausgabe des Nestle-Aland[28]: Test Rub 5,5; TestSim 5,3.

1 Kor 6,18: Φεύγετε τὴν πορνείαν.
T. Rub. 5,5: φεύγετε οὖν τὴν πορνείαν, τέκνα μου.

Nur ist im Testament Rubens noch ein οὖν ergänzt, und Ruben spricht seine Kinder an. Aus dem Zusammenhang wird deutlich, dass es sich dabei vornehmlich um seine männlichen Nachkommen handelt.

Das Testament Rubens[21] ist das erste Testament einer Sammlung der Zwölf-Patriarchen-Testamente, fingierte Reden der zwölf Söhne Jakobs, die sie an ihre Nachkommen als ein geistiges Testament hinterlassen. Ruben spricht als der älteste Jakob-Sohn als erstes zu seinen Kindern. In ihrer heute erhaltenen Form in griechischer Sprache sind die Zwölf-Patriarchen-Testamente durch eine christliche Redaktion überarbeitet worden und stammen aus dem 2. Jhdt. n. Chr. Sie sind also deutlich jünger als Paulus. Sie enthalten aber ältere Überlieferungen, die in jüdischen und jüdisch-christlichen Kreisen weitergegeben worden sind. Vermutlich gehen einige Überlieferungen bis in das 2. Jhdt. v. Chr. zurück. In die Erzählungen und Nacherzählungen biblischer Geschichten sind philosophische Ermahnungen eingestreut, die von der stoischen Popularphilosophie geprägt sind. Stoische Psychologie und Menschenkenntnis sind verbunden mit der Suche nach Gottes Gebot und Ordnung, wie sie in der Tora ihren Ausdruck gefunden haben.

Die unbekannten Autoren der Zwölf-Patriarchen-Testamente lassen Ruben junge Männer vor sexuellen Wünschen warnen. Sie sollen sich darin einüben, die Wirkung sexueller Impulse auf die verschiedenen Sinne zu verstehen und für eine geeignete Antwort darauf vorbereitet sein. Dabei gehen sie davon aus, dass vor allem Jugendliche sexuelle Wünsche und Phantasien erfahren, eine Vorstellung, die auch der Paulusschule vertraut ist (vgl. 2 Tim 2,22). Ruben vergleicht die Wirkung, die sexuelle Stimuli auf die Sinne

---

[21] Vgl. W. Loader, Philo, Josephus, and the Testaments, 368–371, M. Konradt, „Fliehet die Unzucht“ (TestRub 5,5). Sexualethische Perspektiven in den Testamenten der zwölf Patriarchen, in: Ders. / E. Schläpfer (Hg.), Anthropologie und Ethik im Frühjudentum und im Neuen Testament – Wechselseitige Wahrnehmungen, WUNT 322, Tübingen 2014, 249–281.

haben, mit der Schwangerschaft einer Frau. Wie eine Frau schwanger wird, empfängt das männliche Denken die sexuellen Impulse. Sie machen ihn schlaflos, bis sie ihre korrupten Ziele zur Welt gebracht haben. Unkenntnis gegenüber sexuellen Wünschen ist daher eine Gefahr; sie verführt dazu, Gottes Gesetz zu missachten und die Ermahnungen der Väter zu verlassen.

> Und so wird jeder junge Mann zugrunde gerichtet:
> Er verfinstert den Verstand von der Wahrheit weg;
> Und er hat keine Einsicht ins Gesetz Gottes;
> auch der Unterweisung seiner Väter gehorcht er nicht.
> Wie auch ich in meiner Jugend litt. (Testament Rubens 3,8)[22]

Ruben spielt hier darauf an, dass er nach Gen 35,22 mit Bilha geschlafen hat, einer Sklavin Leas, die eine Nebenfrau seines Vaters Jakob war – ein Fall ähnlich dem, den Paulus in 1 Kor 5 angesprochen hatte (1 Kor 5,1–5).

Das Testament Rubens vermittelt dabei ein vollständig negatives Bild der Frau und von ihrer Fähigkeit zur Selbstkontrolle. Frauen seien deshalb gefährlich, weil sie sich selbst mit ihren Sinnen nicht im Griff hätten. Angeblich können Frauen sich nicht davor bewahren, ihren sexuellen Wünschen nachzugeben. Und dabei verfolgen sie ihre Ziele mit List.

> Böse sind die Frauen, meine Kinder, da sie keine Macht oder Gewalt über den Mann haben, setzen sie listig (ihr schönes) Aussehen ein, damit sie ihn zu sich hinziehen. Und wen sie durch (ihr schönes) Aussehen nicht behexen können, den besiegen sie durch Intrige. Denn auch über sie sprach zu mir der Engel Gottes und unterrichtete mich, dass die Frauen dem Geist der Porneia eher unterliegen als der Mann. Im Herzen schmieden sie Pläne gegen die Männer. Durch den Schmuck verwirren sie deren Gedanken. Durch den Blick säen sie Gift, und dann nehmen sie (sie) durch die Tat gefangen. Denn eine Frau kann einen Mann nicht bezwingen auf offene Weise, sondern (nur) durch Porneia überlistet sie ihn. *Fliehet nun die Porneia,* meine Kinder, und gebietet euren Frauen und Töchtern, dass sie sich ihre Häupter und Antlitze nicht zur Überlistung des Sinnes schmücken. (Testament Rubens 5,1–5)

---

[22] Übersetzung auch im Folgenden nach: J. Becker, Die Testamente der zwölf Patriarchen, JShrZ III/1, Gütersloh 1974.

Diese misogyne Warnung verbreitet Frauenbilder in populären Vorurteilen als moralische Ermahnung eines biblischen Patriarchen, die ihm sogar durch einen Engel geoffenbart worden sei. Ein vergleichbares Bild der Frau lässt sich heute noch manchmal in männerbündischen Gesellschaften hören; es verletzt die Achtung und Würde von Frauen.

Die griechische Übersetzung von Genesis 3 ließ sich bereits so lesen, dass Frauen das leichter versuchbare Geschlecht seien. Auch die Versuchung durch die Schönheit spielt dort bereits eine Rolle, weil Eva die Schönheit des Baumes bewundert. Dies konnte so verstanden werden, drängte sich aber nicht notwendig auf. Hier im Testament Rubens ist aber nicht mehr die Frau „nur" die leichter Versuchbare, sondern sie ist selbst zur Versuchung geworden. Der Mann hat dieser Versuchung standzuhalten. Wenn Ruben warnt „fliehet die Porneia", könnte dabei an das Vorbild des Jakobssohnes Josef gedacht sein. In Gen 39,12 flieht Josef vor den sexuellen Annäherungsversuchen der ägyptischen Frau Potifars und lässt auf der Flucht sein Gewand in ihren Händen.

Auch wenn Paulus in 1 Kor 6,18 dazu auffordert, vor sexueller Unmoral zu fliehen, könnte Josefs Flucht vor Potifars Frau im Hintergrund stehen. Allerdings warnt Paulus nicht vor Frauen, sondern vor einer Prostituierten. Im Unterschied zum Testament Rubens, das die Frauen als gefährlich, hinterlistig und moralisch verwerflich darstellt, wird bei Paulus die Prostituierte auch nicht als böse charakterisiert. Über die Prostituierte urteilt Paulus nicht, er spricht aber auch nicht von ihr. Noch nicht einmal die πορνεία ist Paulus eigentliches Problem, sondern die sexuelle Vereinigung übt eine Kraft und Wirkung aus, der sich ein Christ nicht entziehen kann, der sich mit einer Prostituierten vereint.

Paulus war also sehr wahrscheinlich mit seiner Warnung vor der πορνεία in 1 Kor 6,18 nicht vom Testament Rubens beeinflusst. Die drei Worte stimmen vermutlich einfach zufällig überein.[23] Für das Testament Rubens und die übrigen Texte der Zwölf-

[23] Die sprachliche Form passt gut zu moralischen Ermahnungen, so dass keine literarische Abhängigkeit in die eine oder andere Richtung vermutet werden muss. Ähnlich warnt Paulus mit dem Imperativ Plural φεύγετε in 1 Kor 10,14 vor der Verehrung fremder Gottheiten. Moralische Ermahnun-

Patriarchen-Testamente ist Sexualität angstbesetzt; die Sinne können durch sexuelle Stimuli leicht affiziert werden, so dass dann keine Kontrolle mehr möglich ist. Die Adressaten, vor allem männliche Jugendliche, aber nicht nur, sondern gelegentlich auch ältere Männer, sollen ihre Sinne kontrollieren und früh genug sexuellen Anreizen widerstehen.

Tempelprostitution in Akrokorinth?

Lässt sich der sozialgeschichtliche Hintergrund von Paulus' Warnung in 1 Kor 6,12–20 noch näher bestimmen?[24]

Das Wort, das Paulus in den Versen 15 und 16 zweimal verwendet, ist πόρνη.[25] Das griechische Wort kommt ursprünglich vermutlich von dem griechischen Wort πέρνημι für „verkaufen", weil Prostituierte oft Sklavinnen waren. Im antiken Griechenland ist damit die niedrigste gesellschaftliche Klasse einer Prostituierten gemeint. Eine Hetäre, griechisch ἑταίρα, wörtlich eigentlich Gefährtin, war der Ausdruck für eine Courtisane, die Prostituierte in höheren Gesellschaftsschichten. Der Ausdruck für eine Prostituierte im Zusammenhang von Kult und Religion hingegen war ἱερόδουλος. Auch das Hebräische differenzierte ähnlich zwischen קדש oder קדשה für religiöse Prostituierte und זונה für eine Dirne oder Prostituierte. Zur Zeit des ersten Christentums wurde im Griechischen in der Ausdrucksweise allerdings nicht mehr so stringent unterschieden, πόρνη kann daher verschiedene Formen von Prostitution meinen. Sicherlich ist Prostitution im religiösen Zusammenhang dabei der seltenere und unwahrscheinlichere Fall.

Im ersten Korintherbrief sind Sexualität und Religion aber bereits in 6,9 verbunden. Unter den Unrechttätern in 6,9–10 zählt

---

gen mit dem Imperativ φεῦγε im Singular sind in Sir 21,2; 1 Tim 6,11 und 2 Tim 2,22.

24 Zum Folgenden: B. S. Rosner, Temple Prostitution in 1 Corinthians 6,12–20, NovT 40 (1998) 336–351; W. Loader, New Testament on Sexuality, 180 f.

25 Vgl. B. S. Rosner, Temple Prostitution, 341 f.

Paulus als erstes πόρνοι auf und direkt danach nennt er εἰδωλολάτραι. πόρνοι ist hier wohl noch allgemeiner gemeint, aber auch diejenigen, die in 6,12–20 mit einer Prostituierten verkehren, würden unter den Ausdruck πόρνοι fallen. Mit εἰδωλολάτραι sind nach dem jüdischen Bilderverbot die Verehrer von Götzenbildern gemeint, also Anhängerinnen und Anhänger von nichtjüdischen Tempelkulten oder von Kultvereinen. Religiöse Praxis war in der Kaiserzeit häufig in Vereinen organisiert.

Korinth galt in der ganzen Antike als eine Hochburg der Prostitution. Κορινθιάζειν war sogar als ein Verb belegt, das so viel wie „herumhuren" bedeutete. Der Geograph Strabo berichtet für die griechische Zeit auch von sakraler Prostitution, die am Aphroditetempel auf dem Stadthügel angesiedelt war:

> Und der Aphrodite-Tempel (τῆς Ἀφροδίτης ἱερόν) war so reich, dass er mehr als tausend Tempelsklavinnen (ἱεροδούλους) beherbergte, die Männer und Frauen als Kurtisanen (ἑταίρας) der Göttin geweiht hatten. Wegen dieser Frauen war die Stadt bevölkert mit Leuten und wurde reich. Denn die Schiffsherren wurden leicht um ihr Vermögen gebracht, und deshalb sagt das Sprichwort: „Eine Reise nach Korinth ist nichts für jedermann." (Strabo, Geographica, VIII 6,20)

Tempelprostitution gab es in verschiedenen antiken Heiligtümern. Sie war ein religiös erlaubter sexueller Verkehr mit Fremden im Kultort oder in seiner Nähe, organisiert oder zumindest geduldet von der Priesterschaft.[26] Sie konnte sich auch deshalb ausbreiten, weil Tempel in der Antike weit mehr als nur Kultorte waren. Tempel waren wirtschaftliche und soziale Zentren, an denen alle möglichen Aktionen und Transaktionen zusammenliefen, eben auch Prostitution. In der hebräischen Bibel finden sich häufiger Warnungen vor Tempelprostitution. Obwohl sie für die Autoren der biblischen Schriften ein typisches Merkmal der Kulte der anderen Völker ist, kam sie offenbar auch in Israel vor. Der Prophet Hosea warnt davor (4,13–14); in Richter 21,19–21 nehmen Männer aus dem Stamm Benjamin sogar ein Fest für JHWH im Heiligtum in Schilo zum Anlass, um sich junge Frauen aus

[26] Ebd. 348.

Schilo zur Frau zu nehmen.[27] Das Zweite Makkabäerbuch kritisiert als Merkmal der Zwangshellenisierung der Juden, dass sich Prostituierte im Jerusalemer Tempelbezirk niederließen (2 Makk 6,4–5).

Nach Strabos Nachricht hat die Tempelprostitution der Stadt und ihrem Zentralheiligtum einigen Profit eingebracht. Allerdings ist das griechische Korinth, von dem Strabo berichtet, bereits 146 v. Chr. von den Römern zerstört worden. Erst Caesar hat die Stadt 44 v. Chr. wieder besiedeln lassen, und für diese Zeit gibt es keinen sicheren Beleg mehr für Tempelprostitution.

Prostitution im Rahmen von Kultmahlzeiten

Ein Zusammenhang zwischen Prostitution und Religion lässt sich für Korinth auch ohne Strabos Nachricht von der Tempelprostitution erkennen. Das Alte Testament und die antike Umwelt des ersten Christentums bieten stereotype Polemiken darüber, dass religiöse Feste in sexuellen Ausschweifungen mündeten. Der archetypische Beleg dafür ist die Schilderung der Verehrung des Goldenen Kalbs in Exodus 32. Natürlich hat Israel, als Mose auf dem Berg Sinai Gott begegnete, in seinem Abfall von demselben Gott kein Kalb verehrt, sondern das Kalb ist eine polemische Verunglimpfung für den Stier, ein kultisches Symbolzeichen für Baal, dessen Verehrung in Kanaan ein Konkurrenzkult zum JHWH-Gott Israels war. Während der kultischen Feiern – heißt es in Ex 32,6: „Das Volk setzte sich zum Essen und Trinken und stand auf, um sich zu vergnügen." Das hebräische Verb צָחַק für „sich vergnügen" heißt auch so viel wie „spielen", „sich belustigen" und wird hier gewöhnlich als ein Euphemismus für sexuelles Vergnügen verstanden. Die griechische Übersetzung der Septuaginta behält die Ambivalenz der Bedeutung bei, wenn es das hebräische Verb mit παίζειν wiedergibt, das ähnliche Konnotationen hat. Paulus zitiert diesen Text im Ersten Korintherbrief, wenn er die Korinther vor Götzendienst, vor εἰδωλολατρία, warnt (1 Kor 10,6).

---

[27] Obwohl dies im strengen Sinne nicht als Tempelprostitution, sondern als Frauenraub erzählt wird.

In 1 Kor 8 und 1 Kor 10 geht Paulus auf das Essen von Opferfleisch aus fremden Kulten in Korinth ein. Opferfleisch wurde bei kultischen Mahlzeiten gegessen.[28] Im Demeter-Tempel oder im Kore-Tempel, im Asklepios-Tempel oder bei den isthmischen Spielen gab es Kultmahlzeiten, die das Opfer für die Gottheit mit einem üppigen gemeinsamen Mahl verbanden. In der Sicht des ersten Christentums fielen religiöse Festmähler oft mit sexuell unmoralischem Verhalten zusammen. Häufiger endeten Kultbankette mit dem Genuss von Opferspeisen und Wein und dann tatsächlich auch in sexueller Ausschweifung.

Dieser Zusammenhang lässt sich auch in anderen neutestamentlichen Quellen erkennen: In der Johannesoffenbarung warnt der Brief an die Gemeinde in Pergamon vor der Verführung, „Götzenopferfleisch zu essen" und „Porneia zu treiben": φαγεῖν εἰδωλόθυτα καὶ πορνεῦσαι (Offb 2,14). Die Verbindung von beidem bringt der Brief mit einer christlichen Gruppierung zusammen, die er Nikolaiten nennt. Auch die Auflagen bei der Entscheidung der Jerusalemer Apostelversammlung in Apg 15 verbinden das Verbot von Opferfleisch mit sexueller Unmoral. Von Messiasgläubigen aus den Völkern erwartet die Apostelversammlung, sich von Götzenopferfleisch zu enthalten und von Porneia, außerdem die jüdischen Schächtungsgesetze zu achten, d. h. kein Blut oder Ersticktes zu essen: ἀπέχεσθαι εἰδωλοθύτων καὶ αἵματος καὶ πνικτῶν καὶ πορνείας (Apg 15,29). Die Teilnahme von Christen in Korinth an paganen Kultmählern dürfte daher auch ein möglicher Hintergrund für Paulus' Warnung vor πορνέια in 1 Kor 6,12–20 gewesen sein: Korinthische Christen waren bei Tempelfeiern zugegen und nahmen dann die Dienste von Frauen wahr, die bei diesen Festgelegenheiten ihre Dienste anboten.

Kultmahlzeiten waren in Korinth ein gesellschaftliches Event, das für einige Messiasgläubige keine religiöse Bedeutung mehr hatte, weil auch die dabei verehrten Götter für sie nicht existier-

---

[28] Zu Opferfleisch und Fleischkonsum: Schottroff, Erster Korintherbrief, 145–152; Zeller, Erster Korintherbrief, 280–282. Zum Zusammenhang zwischen Gelage und sexueller Ausschweifung aus rabbinischer Sicht, vgl. J. D. Rosenblum, Rabbinic Drinking: What Beverages Teach Us about Rabbinic Literature, Berkeley, CA 2020, 96–129.

ten. Die Teilnahme fiel für sie unter die Dinge, die mit dem Fallen der jüdischen Speisegesetze erlaubt waren. Auch Fleisch stammte in der Antike oft aus dem Tempelzusammenhang, weil profane Fleischereien selten waren. Bei Tier-Opfern wurden in den Tempeln ein Teil den Opfernden für das Mahl gelassen, ein anderer Teil den Priestern. In Korinth wie in anderen Städten war der Fleischmarkt am Forum in der Nähe vieler Tempel, und so kam das dort verkaufte Fleisch oft aus dem Opferanteil der Priester. Es wurde dort für den Erhalt von Tempeln und Priestern weiterverkauft. Fleisch wurde aber auch bei offiziellen Festen der Stadt und Feiern der Kultvereine angeboten. Bei den Tempeln gab es Speiseräume für größere Festgesellschaften, Bankettsäle; Dieter Zeller spricht von „Tempelrestaurants".[29] Das dort bei den Mahlzeiten verzehrte Fleisch stammte sicher von Opfern im Tempel. Wollten Christen weiter am gesellschaftlichen Leben teilhaben und nicht als gesellschaftliche Spaßverderber gelten, nahmen sie auch an diesen öffentlichen größeren Feiern teil. Für Paulus waren diese Feiern wohl auch oft mit sexueller Ausschweifung, Promiskuität und Ausbeutung verbunden. Ob dies auch der Wirklichkeit solcher Feiern entsprach, oder wie weit diese Sicht Paulus' von der Tora gelenktes Phantasiebild dieser gesellschaftlich-religiösen Feiern war, lässt sich nicht mehr trennscharf unterscheiden.[30] In jedem Fall legte sich für Paulus deshalb der Abschluss seiner Argumentation in 6,19 nahe: Weil Prostitution und sexuelle Ausschweifungen für ihn mit gesellschaftlich-religiösen Veranstaltungen an fremden Tempeln zu tun hatten, erinnert er die Messiasgläubigen in Korinth daran, dass ihr Körper in der Taufe ein Tempel geworden ist, in dem Gott selbst mit der Kraft des Geistes Wohnung genommen hat. Die Ablehnung ungerechter sexueller Beziehungen hängt für Paulus daher eng mit seiner Tauftheologie zusammen.

---

[29] D. Zeller, Erster Korintherbrief, 282.

[30] Vgl. F. Fotopoulos, Food Offered to Idols in Roman Corinth. A Social-Rhetorical Reconsideration of 1 Corinthians 8:1–11:1, WUNT II, Tübingen 2003, 158–178. Zum Zusammenhang zwischen Gelage und sexueller Ausschweifung aus rabbinischer Sicht: Rosenblum, Rabbinic Drinking, 96–129.

Zwischen-Ergebnis: Die Körper-und-Geist-Ethik nach Paulus

Sexuellen Verkehr mit Prostituierten dürfte es nicht nur in der Gesellschaft, sondern auch in der Messiasgemeinde in Korinth gegeben haben. Er war auch wohl keine Ausnahme, der nur bei besonders sexfixierten Männern vorgekommen wäre, und ansonsten wäre die Messiasgemeinde eine „ehrbare Gesellschaft"[31] gewesen. Der Besuch von Prostituierten war bei Männern wegen des langen Wartens vom Zeitpunkt ihrer geschlechtlichen Reife bis zum Heiratsalter mit 30 Jahren wohl verbreitet, und Paulus' Paränese in 1 Kor 6,12–20 zeigt, dass dies so auch auf die Messiasgemeinschaften in Korinth zutraf. Weil viele der Christgläubigen aus einer armen Gesellschaftsschicht stammten, dürften sie auch andere sexuelle Ungerechtigkeit, Ausbeutung und Gewalt aus eigener Erfahrung oder der ihrer nächsten Umgebung gekannt haben.

Mit solchen Erfahrungen im Hintergrund sieht Paulus seine Berufung darin, Menschen aus den Völkern, die durch die ethno-religiösen imperialen Strukturen Rom unterdrückt und der bedrängenden Macht sexueller Versuchungen ausgesetzt sind, die Freiheit und Gerechtigkeit des Gottes Israels zu verkünden. Paulus bleibt dabei allerdings ganz bei der männlichen Sicht; das Elend von Frauen, die sich aus wirtschaftlichen Gründen prostituieren mussten, oder das von Sklavinnen und Sklaven, die ihren Herren als Eigentum zu sexuellen Diensten zur Verfügung stehen mussten, spricht er nicht an.[32]

Paulus hat das Wiederkommen des Messias und das kommende Äon nahe erwartet, so dass es sich nicht linear an die Zukunft anschließt, sondern bereits jetzt zur erfahrenen Wirklichkeit in den Messiasgemeinden gehört. Sexuelles Handeln hat deshalb für ihn eschatologische Relevanz. Es muss die umfassende Ge-

---

[31] L. Schottroff, Erster Korintherbrief, 117.

[32] Zu dieser Dimension: R. Kirchhoff, Die Sünde gegen den eigenen Leib. Studien zu πόρνη und πορνεία in 1 Kor 6,12–20 und dem sozio-kulturellen Kontext der paulinischen Adressaten, StUNT 18, Göttingen 1994, 18–37; W. Loader, New Testament on Sexuality, 168 f.; R. Zimmermann, Logik der Liebe, 245.

rechtigkeit anzielen, die die Gemeinden für das Reich Gottes erwarten, auch wenn sich Paulus in der Beurteilung von Sexualität dabei vielfach noch auf patriarchalen Deutungswegen der Tora bewegt. Paulus zieht das „Ein-Fleisch-Werden" aus Gen 2,24 heran, um die neue körperlich-geistige Beziehung zu veranschaulichen, die Christen in der Taufe mit Gott und seinem Messias Jesus eingegangen sind. Sie schließt die sexuelle Vereinigung außerhalb von durch die Tora verpflichtenden Beziehungen wie der Ehe zwischen Frau und Mann aus. Damit übernimmt er auch die Sexualisierung dieses Ausdrucks, die die griechische Übersetzung des hebräischen Textes vorgenommen hat.

Mit der körperlich-geistigen Dimension sexueller Beziehungen spricht Paulus aber einen Aspekt an, der auch heute für eine christliche Sicht von Sexualität wichtig bleibt. Sexuelle Beziehungen haben nicht allein Konsequenzen in einem geistigen Bereich des Menschen, etwa in einem belasteten Gewissen, in seelischen Traumatisierungen oder in Glücksgefühlen, sondern sie betreffen den Menschen als Einheit von Körper und Geist, die zueinander in einer unauflösbaren wechselseitigen Beziehung stehen. Eine sexuelle Vereinigung bleibt daher nicht ohne Folgen für die neue Vereinigung eines Messiasgläubigen mit Christus. Sexuelle Beziehungen, die nicht in der Gerechtigkeit der Tora geordnet sind, versklaven Menschen nach Paulus mit Körper, Fleisch und Geist. Sie schaffen körperlich-geistige Wirklichkeiten, die Gottes Gerechtigkeit fremd sind, und sind daher mit der Beziehung zum befreienden Messias unvereinbar.

Auch wenn Paulus am Ende des Abschnitts in 6,20a für den Freikauf der Christinnen und Christen ein Bild aus dem Sklavenmarkt gebraucht, trägt dies deshalb einen körperlichen Akzent. Der Körper von Sklavinnen und Sklaven wurde auf dem Sklavenmarkt oft fast nackt ausgestellt; nur durch einen Freikauf konnten sie weiterer Versklavung entkommen. Gott hat die Messiasgläubigen aus der Sklaverei der Sünde freigekauft: „Ihr wurdet nämlich gegen Bezahlung erkauft. Verherrlicht also Gott mit eurem Körper!" (6,20). Sexuell ungerechtes Verhalten lässt die Sklaverei unter der Sünde in besonderer Weise als körperliches Leid erfahren.[33]

---

[33] Diese Dimension hebt auch Bruce N. Fisk hervor (Ders., ΠΟΡΝΕΥΕΙΝ

Paulus' Einsicht in die körperlich-geistige Dimension sexueller Unmoral bleibt anthropologisch wegweisend. Sexualität betrifft in besonderer Weise das Verhältnis des Menschen zu seinem Körper, die Geschlechtsorgane sind eine wichtige Dimension in der eigenen Körperwahrnehmung. Dass Sexualverkehr ein körperlicher Akt ist, ist auch für Paulus selbstverständlich. Paulus unterscheidet verantwortungsloses Handeln in der Sexualität aber deshalb in 6,18 von allen anderen Sünden, weil es den Leib in einer ganz besonderen Hinsicht trifft. Dazu erinnert er die Gemeinde in Korinth bereits in Vers 14 an ihr neues Leben aus der Auferstehung, denn die Verletzung menschlicher Würde im Bereich der Sexualität trifft mehr als alle anderen Sünden die „gegenwärtige Auferstehungsqualität des Leibes"[34], denn die Christen sind deshalb Leib Christi, weil Christus als der Auferstandene in ihnen lebt. Eine menschengerechte Sexualethik ist mit Paulus, so fremd seine Überlegungen in 1 Kor 6,12–20 auch an manchen Punkten bleiben, nur als eine verantwortungsbewusste Ethik möglich, die Körper und Geist in Beziehung zu Gott betrachtet, der alles in allem ist (1 Kor 15,28).[35]

---

as Body Violation: The Unique Nature of Sexual Sin in 1 Corinthians 6.18, NTS 42 (1996) (540–558): „Thus, for Paul, to sin ‚against the body' is to commit acts of destructive body violation. The defilement of sexual sin which is described as sin against the body (18c) consists in placing one's body into an illicit union with another (16a). Sexual sin, as a bodily act, establishes a relationship; it forges a bodily union. Inherent in this illicit bodily union is body defilement; to form ‚one body' with the prostitute is to violate ‚one's body'."

[34] Baumert, Sorgen des Seelsorgers, 83.

[35] Janssen, Schönheit der Körper, 89–92.

Sexualität exklusiv zwischen Mann und Frau?

Die Verbindung zwischen Körper und Geist, die wir im letzten Kapitel gesehen haben, spielt auch für Paulus' Aussagen über gleichgeschlechtliche sexuelle Aktivität eine entscheidende Rolle. In Römer 1,24 spricht er vom Herzen und vom Körper, wobei das Herz wie für biblisches Denken für ihn nicht nur der Sitz der Emotionalität ist, sondern auch der Rationalität der gesamten geistigen Kräfte. Daher verortet Paulus auch menschliches Begehren im Herzen, aber das Begehren hat unmittelbare Auswirkungen auf die körperliche Existenz des Menschen. Es kann die Partnerin oder den Partner in der Würde seines Körpers für die eigenen Wünsche instrumentalisieren und verletzen oder es kann sie oder ihn achten und ehren. In diesem Punkt lässt sich Paulus' Argumentation von dem bisher Gesagten nachvollziehen; eine breite Diskussion dagegen gibt es über seine Aussagen zu gleichgeschlechtlichem sexuellen Handeln, die darauf in den Versen 26–27 folgen.

Ist Paulus vorsichtig geworden?

„Ist Paulus vorsichtig geworden?" hat Martin Ebner in einem Beitrag gefragt, mit dem Titel „Verbietet das NT ‚Homosexualität'? Neutestamentliche Grundlagen zu einer aktuellen Streitfrage", und mit Paulus' gewachsener Vorsicht hat Ebner auch die Entwicklung erklärt, die ihn schließlich zu der Verurteilung gleichgeschlechtlicher Handlungen im Römerbrief geführt hat. „Homosexualität" hat Ebner dabei in Anführungszeichen gesetzt, weil es fraglich ist, ob das Neue Testament bereits eine Vorstellung davon hatte, was heute damit bezeichnet wird, gleich welche aktuelle Erklärung dieses Begriffs man verwenden möchte. Sein Fazit lautet: „Wer seine Sicht der Dinge – gemeint ist die moraltheologische Ablehnung von Homosexualität – in den Buchstaben des NT finden will, wird sie dort finden. In historisch-kritischer Lektüre jedoch behaupte ich: Wer seine Homophobie hinter Aussagen des Neuen Testaments verstecken möchte, hat zum falschen Buch gegriffen."[1]

Bereits in der Einleitung seines Artikels nimmt Martin Ebner auch auf die drei Stellen in den Paulusbriefen bezug, mit denen der Katechismus der Katholischen Kirche seine moraltheologische Verurteilung von Homosexualität begründet. Bei seinem moralischen Urteil über Homosexualität fokussiert sich der Katechismus dabei auf das genitale Zusammenkommen und Fortpflanzung. Diese Fokussierung entspricht daher nicht dem weiten Begriff von Sexualität, den ich bislang zugrunde gelegt habe; die Begrenzung entspricht auch nicht der Vielfalt der biblisch-jüdischen Vorstellungen von Sexualität, von denen Paulus her schreibt. Es lässt sich nicht erkennen, dass die Zeugung von Nachkommenschaft für Paulus eine Motivation ist, die allein sexuelle Aktivität legitimiert. Er hat vielmehr auch ein Verständnis für sexuelle Lust. Wenn Sexualität die Lebensäußerungen, Verhaltensweisen, Emotionen und Interaktionen von Menschen in Bezug auf ihr Geschlecht meint, gehören dazu weit mehr als sexuelle Handlungen und Fortpflanzung. Im Katechismus der Katholischen Kirche, den Johannes Paul II. 1992 der Kirche als weltweit normierendes Glaubensbuch vorgestellt hat, heißt es:

---

[1] M. Ebner, Verbietet das NT ‚Homosexualität'? Neutestamentliche Grundlagen zu einer aktuellen Streitfrage, 60. Unter einschlägiger Literatur, die Paulus Aussagen zu gleichgeschlechtlicher Liebe und deren kirchlicher Rezeption hinterfragt, ist auswahlweise zu nennen: J. Boswell, Christianity, Social Tolerance, and Homosexuality: Gay People in Western Europe from the Beginning of the Christian Era to the Fourteenth Century, Chicago 1980 (ein einflussreiches Buch, das Homosexualität und ihre Akzeptanz schon früh in westeuropäischer Kultur voraussetzt); B. J. Brooten, Love Between Women. Early Christian Responses to Female Homoeroticism, Chicago, London 1996; M. Brinkschröder, Sodom als Symptom. Gleichgeschlechtliche Sexualität im christlichen Imaginären – eine religionsgeschichtliche Anamnese, Religionsgeschichtliche Versuche und Vorarbeiten 55, Berlin, New York 2006, 474–556.

> Homosexualität tritt in verschiedenen Zeiten und Kulturen in sehr wechselhaften Formen auf. Ihre psychische Entstehung ist noch weitgehend ungeklärt. Gestützt auf die Heilige Schrift, die sie als schlimme Abirrung bezeichnet, hat die kirchliche Überlieferung stets erklärt, ‚daß die homosexuellen Handlungen in sich nicht in Ordnung sind.' (CDF, Erkl. ‚Persona humana' 8). Sie verstoßen gegen das natürliche Gesetz, denn die Weitergabe des Lebens bleibt beim Geschlechtsakt ausgeschlossen. Sie entspringen nicht einer wahren affektiven und geschlechtlichen Ergänzungsbedürftigkeit. Sie sind in keinem Fall zu billigen. (KKK 2357).

In der Fußnote zu diesem Abschnitt führt der Katechismus als biblische Belegstellen Gen 19,1–29; Röm 1,24–27; 1 Kor 6,9–10; 1 Tim 1,10 an. Die Begründung der Verurteilung gleichgeschlechtlicher sexueller Handlungen mit Gen 19 geht zwar auf biblische und frühjüdische Zeit zurück. Sie findet sich auch bei Philo und in den Patriarchentestamenten.[2] Sie hat aber in der ursprünglichen biblischen Erzählung in Gen 19 selbst keinen Rückhalt. Bei der Geschichte von Lots Gästen in Sodom geht es um versuchte Vergewaltigung und um die Verletzung der Gastfreundschaft. Diese Stelle heute auf gleichgeschlechtliche Liebe zu beziehen, ist daher ein menschenverachtender Anachronismus.

Die drei anderen Stellen, die der Katechismus erwähnt, finden sich in Briefen, die im Neuen Testament der Person des Paulus zugeordnet sind, wobei allerdings nur der Römerbrief und der Erste Korintherbrief nach einem breiten Konsens in der Forschung als authentische Briefe des Apostels gesehen werden. Martin Ebner hält deshalb fest: „Nicht das Neue Testament verbietet gleichgeschlechtlichen Sex, sondern: Paulus hat ein Problem damit."[3]

---

[2] Für Philo etwa: De Abrahamo 135 (Loader, Philo, Josephus, and the Testaments, 156); für Josephus: Antiquitates Judaicae III, 275 (Loader, aaO., 353); für die Patriarchen-Testamente: T. Benj. IX, 1: „denn ihr werdet die Hurerei Sodoms treiben" (πορνεύσετε γὰρ πορνείαν Σοδόμων)", ebenso T. Naph. 3,4; 4,1 (Loader, aaO., 427). Vgl. Hieke, Kennt und verurteilt, 41–44, zu anderen frühjüdischen Autoren auch Theobald, Paulus und die Gleichgeschlechtlichkeit, 59.

[3] Ebner, Homosexualität, 55.

Wie erklärt Martin Ebner Paulus' ablehnende Haltung zu gleichgeschlechtlichen sexuellen Handlungen?

Unterschiedliche Auskünfte in Korinth (1 Kor 6,9 f. und 1 Kor 5,9–11)

Im Ersten Korintherbrief spricht Paulus – anders als die Tora in Genesis 19 – nach Ebner tatsächlich von gleichgeschlechtlichen sexuellen Handlungen, und dies nicht nur an der Stelle, die der Katechismus der Katholischen Kirche in seiner Fußnote erwähnt, in 1 Kor 6,9. An dieser Stelle heißt es:

> (9) Oder wisst ihr nicht, dass Ungerechte das Reich Gottes nicht erben werden? Täuscht euch nicht! Weder sexuell Verdorbene (πόρνοι) noch Götzendiener, noch Ehebrecher (μοιχοί), noch Weichlinge (μαλακοί), noch Männerbeischläfer (ἀρσενοκοῖται), (10) noch Diebe, noch Habgierige, noch Trinker, noch Lästerer, noch Räuber werden das Reich Gottes erben.

Wir haben diese Liste schon gesehen. Sie ist eine Merkliste von Verstößen gegen die Tora im Umfeld und im gesellschaftlichen Alltag der Messiasgemeinde in Korinth. Zehn Vergehen sind genannt. Vers 9b nennt Vergehen im Bereich der Sexualität, in Vers 10 im sozialen Bereich – wobei auffällt, dass unter den Sex-Sündern auch Götzendiener sind und bei den Sozialsündern auch Alkoholmissbrauch genannt ist. Dass Götzendienst und die Verletzung von Sexual-Normen zusammengehören, entspricht jüdischer Weisheitstradition und ist bereits ein Topos der prophetischen Kritik an Israels Kult[4] sowie an sexueller und wirtschaftlicher Ausbeutung in der hebräischen Bibel. Die Zuordnung von Alkoholmissbrauch unter die Sozialdelikte lässt sich womöglich aus dessen Folgen im Verhalten erklären. Allerdings werden in jüdisch-hellenistischer Literatur auch oft Verstöße gegen ethische Sexual-Normen auf übermäßigen Alkoholgenuss zurückgeführt.

---

[4] Vgl. etwa Hos 2,4–10; Jer 2–3; Ez 16; Jes 62,4; Ex 34,15 f.; Dtn 31,16; Ri 2,17; Ri 8,33.

Das griechische Wort für Weichling ist μαλακός, ein Adjektiv mit der wörtlichen Bedeutung „weich". Im außerbiblischen Griechisch wird es für Männer verwendet, die sich wie Frauen aufführen; *effeminatus*, „verweiblicht", ist ein lateinischer Ausdruck für diesen Typ von Mann. Das Griechische kannte für diesen Typus von Mann mit Kinäde – griechisch κίναιδος – noch ein anderes Wort.[5] Er bezeichnet effeminierte und verweichlichte Männer. In der imperialen römischen Sicht ist ein solcher Mann ein „*unman*": Ein Mann, der das Alter eines Kindes und Jugendlichen verlassen hatte, sollte sich wie ein Mann verhalten. Er sollte seine Leidenschaften im Griff haben und nicht wie eine Frau, von der man verbreitet annahm, dass sie sexuellen Leidenschaften und Begehren hilfloser ausgeliefert war als ein Mann. In Mozarts Oper „Die Hochzeit des Figaro" ist diese Altersschwelle vom Knaben zum Mann in der Figur des Cherubino verkörpert, der beim Erwachsenwerden seine romantischen Träume aufgeben muss.

Das Wort ἀρσενοικοίτης dürfte ein Neologismus sein, der eventuell sogar auf Paulus zurückgeht. In jüdisch-hellenistischer Literatur findet es sich sonst nur als Verb ἀρσενοκοιτεῖν und nur in Texten, die vermutlich jünger als Paulus sind. Es meint den aktiven Part in gleichgeschlechtlichen sexuellen Handlungen. Paulus hat dieses Wort womöglich aus den Gesetzesvorschriften der Tora gebildet.[6] In Lev 18,22 ist das Verbot des gleichgeschlechtlichen Liebesaktes mit den gleichen griechischen Ausdrücken formuliert, die in dem paulinischen Wort zu einem Substantiv zusammengefügt sind: Für „Und mit einem Männlichen sollst du nicht den Beischlaf einer Frau üben!" steht im Griechischen: καὶ μετὰ ἄρσενος οὐ κοιμηθήσῃ κοίτην γυναικός, die gleichen Ausdrücke finden sich in Lev 20,13: „Und wer immer mit einem Mann den Beischlaf einer Frau übt" – καὶ ὃς ἂν κοιμηθῇ μετὰ ἄρσενος κοίτην γυναικός.

---

[5] M. Masterson, Studies of Ancient Masculinity, in: Companion to Greek and Roman Sexualities (17–30), 20–21; Zeller, Erster Korintherbrief, 217, Anm. 134.

[6] Vgl. ähnlich M. Hasitschka, Homosexualität – eine Frage der Schöpfungsordnung, ZNT 2 (1998), 54; Körner, Sexualität und Geschlecht, 242.

Im Ersten Timotheusbrief steht das gleiche Wort ἀρσενοκοίτης für einen Mann, der mit anderen Männern beischläft, allerdings fehlt dort das Wort für „Weichling", μαλακός. In 1 Tim 1,10 steht es neben einem Wort für Sklavenhändler (ἀνδραποδισταῖς); daher könnte hier auf die Tatsache angespielt sein, dass Männer als gleichgeschlechtliche Sexualpartner auch auf den Sklavenmärkten angeboten wurden. Inhaltlich bringt die Stelle im 1 Tim gegenüber 1 Kor 6,9 sonst kaum einen neuen Akzent.[7]

In 1 Kor 6,9 hat die neue Einheitsübersetzung μαλακοί mit „Lustknaben" übersetzt und ἀρσενοκοῖται mit „Knabenschänder". Damit stellt sie das Wortpaar „Lustknaben" und „Knabenschänder" einerseits in einen Zusammenhang von gleichgeschlechtlichem Verkehr, bei der der eine Partner aktiv penetrierend, der andere hingegen passiv penetriert ist. Es ist aber nicht sicher, ob in 1 Kor 6 „Weichling" und „Männerbeischläfer" auf die Rollen von heranwachsendem Jugendlichen und Erwachsenen im gleichgeschlechtlichen Verkehr aufzuteilen sind.

Martin Ebner meint: An dieser Stelle verurteilt Paulus, ohne dass er dies vorher im Brief begründet hätte, in einem „Rundumschlag"[8] alle möglichen religiösen, sexuellen und sozialen Verfehlungen und schließt die Möglichkeit aus, dass die Sünder in diesen Fällen in das Reich Gottes gelangen. Der Zusammenhang lässt erkennen, dass die Merkliste von Toraverstößen der Identitätsbestimmung der christlichen Gemeinde gegenüber der Umwelt dient. Paulus beschreibt damit die moralische Seite einer christlichen Bekehrung: Dies wart ihr einmal, jetzt aber seid ihr „rein gewaschen, geheiligt und gerecht geworden" (V. 11).

Diese Stelle erinnert an 1 Kor 5,11 im unmittelbar vorangehenden Kapitel des Briefes, wie er heute erhalten ist. In 1 Kor 5,9 erwähnt Paulus den Brief, den er vorher an die Gemeinde in Korinth geschrieben hatte: „Ich habe euch in dem Brief geschrieben, euch nicht mit sexuell Verdorbenen zu vermischen." Und er päzisiert näherhin, er habe dies nicht geschrieben, dass sich die Messiasgläubigen in Korinth von allen Menschen absondern, die sexuell unmoralisch handeln – sonst müssten sie sich aus der

---

[7] Ähnlich urteilt Loader, New Testament on Sexuality, 332–334.

[8] Ebner, Homosexualität, 57

ganzen Welt zurückziehen. Sie sollten sich vielmehr nur von denen distanzieren, die sich „Bruder" nennen, also denen, die zur Gemeinde gehören.[9] Und auch dies erläutert Paulus in 5,11 mit einem ähnlichen Katalog:

> Ich habe euch geschrieben, dass ihr euch nicht vermischen sollt, wenn einer „Bruder" genannt wird, und ein sexuell Verdorbener, ein Habgieriger, ein Götzendiener, ein Lästerer, Trinker oder Räuber ist, dass ihr mit einem solchen auch nicht gemeinsam esst.

Der Katalog hat eine Reihe von Überschneidungen mit demjenigen ein Kapitel später in 6,9. Alle Begriffe, die dort vorkommen, kommen auch hier vor, aber es fehlen Ehebrecher, Weichling und Männerbeischläfer und auch Dieb.

Deshalb stellt sich die Frage: Gab es Ehebrecher, Weichlinge und Männerbeischläfer in der Gemeinde nicht? Oder umgekehrt: Gab es sie, und durfte die Gemeinde sogar zusammen mit ihnen essen? So überlegt Martin Ebner.[10] Zumindest gibt es hier zwei verschiedene Auskünfte des Paulus. In der Liste in Kapitel 6 gehören Weichlinge und Männerbeischläfer nicht in das Reich Gottes, folglich offenbar auch nicht in die sozialen Lebensvollzüge der Gemeinde. Wenn Paulus hingegen in Kapitel 5 seine Aussagen im Blick auf einen früheren Brief präzisiert, erwähnt er die Ausdrücke für gleichgeschlechtlich Liebende nicht. Möglicherweise hat Paulus also an einer der beiden Stellen seine Sicht revidiert. Beide Stellen würden dann ursprünglich nicht demselben Brief entstammen, sondern zu verschiedenen Briefen gehören, die in dem heute vorliegenden Ersten Korintherbrief von einer späteren Redaktion zusammengestellt worden sind.

Paulus' Vorsicht in 1 Kor 11

Martin Ebner hat vermutet, dass sich diese Spannung in der paulinischen Argumentation noch an einer anderen Stelle im ersten Korintherbrief zeigt: In 1 Kor 11,2–16 spricht Paulus nach seiner

---

[9] 1 Kor 5,11: ἐάν τις ἀδελφὸς ὀνομαζόμενος.

[10] Vgl. Ebner, Homosexualität, 57.

Ansicht über die angemessene Haartracht von Frauen und Männern in der Versammlung der Gemeinde. Diese Stelle wird zwar häufiger auch im Blick auf Sexualität und Geschlechtsrollen bei Paulus genannt, gewöhnlich wird sie aber nicht bei der Frage nach Paulus' Sicht auf gleichgeschlechtliche Sexualität herangezogen. Männer wie Frauen dürfen nach Paulus in der gottesdienstlichen Versammlung prophetisch reden, aber ihre Haartracht muss ihrem öffentlichen Auftreten angepasst sein. Männer sollen das Haar kurz geschnitten tragen, Frauen hingegen sollen es nicht schneiden, dafür aber verhüllt unter einem Schleier tragen. Paulus fordert gendertypische Frisuren beim Gebet, wie sie in seiner griechisch-römischen Umwelt verbreitet waren. Öffentliche Darstellungen von Frauen und Männern normierten den Haarschnitt für beide Geschlechter: für Frauen mit langem, strukturiert frisiertem Haar, wie bei der römischen Figur der Agrippina maior, für Männer kurz geschnitten, wie bei vielen Darstellungen des Octavianus Augustus, oft mit einer Bürgerkrone dargestellt. Paulus begründet seine Forderung mit einer biblischen Argumentation (1 Kor 11,7–13) und bringt dann in Vers 14–15 sein eigentliches Argument:

> Lehrt euch nicht die Natur selbst: (für) ein(en) Mann, wenn er langes Haar trägt, ist es für ihn eine Ehrlosigkeit; (für) eine Frau aber, wenn sie langes Haar trägt, ist es ein Glanz für sie.

Paulus spricht von der Natur angemessener Haartracht, im griechischen φύσις. Auch in Römer 1,26–27 argumentiert er im Blick auf gleichgeschlechtliches Handeln mit dem Naturbegriff. Die Stoa legte für ihr Weisheitsideal einen solchen Naturbegriff zugrunde: Der weise Mensch soll im Einklang mit der Natur leben. Was Paulus aber hier Natur nennt, gehört heute ganz in den Bereich gesellschaftlicher Konvention. Martin Ebner zitiert Klaus Wengst (vgl. Ebner, Homosexualität, 58): „Ob das Haar kurz oder lang getragen wird, ist keine Frage der Natur (im Sinn der Biologie), sondern allemal der Anwendung der Schere, also eine Sache der gesellschaftlichen Konvention."[11]

Männer mit langen Haaren galten als *effeminatus*, als Weich-

[11] Wengst, Paulus und die Homosexualität, 75.

ling – μαλακός, wie Paulus ihn in 1 Kor 6,9 nennt. Frauen mit kurzen Haaren eigneten sich die dominante Rolle an, die Männern gebührte. Solche gesellschaftlich verstörenden Assoziationen und Phantasien sollten aber im gottesdienstlichen Leben der Gemeinde vermieden werden. Dabei geht es Paulus in 1 Kor 11 nur um die Haartracht. Auf Fragen des sexuellen Verhaltens geht er nicht mehr ein, auch nicht auf die Frage, ob man mit Menschen, deren sexuelles Verhalten von der gesellschaftlichen Norm abweicht, noch zusammen essen soll oder nicht. Martin Ebner schließt daher: In 1 Kor 11 ist Paulus vorsichtig geworden, und dies bahnt sich in 1 Kor 6,9b–10 bereits an. 1 Kor 5,9–11 gehört einem früheren Brief an, in dem er noch toleranter gewesen sei, und nicht gegen Mahlgemeinschaften mit Menschen mit sexuell abweichenden Verhalten eingeschritten war. 1 Kor 6,9b–10 und in 1 Kor 11 hingegen habe er die ursprünglichen Freiheiten im Umgang mit diesen Menschen aufgegeben.

Eine Konsequenz aus der Tauffomel?

Martin Ebner bezieht seine Vermutung auf eine längere frühere Untersuchung zur urchristlichen Taufformel bei Paulus.[12] In der Taufformel in Galater 3,28 sieht Ebner die ursprüngliche Sicht des Paulus gegeben.

> (26) Alle nämlich seid ihr Kinder Gottes (υἱοὶ θεοῦ) wegen des Glaubens an Jesus Christus.
> (27) Alle nämlich, die ihr auf den Messias/Christus getauft worden seid, habt den Messias/Christus angezogen (Χριστὸν ἐνεδύσασθε):
> (28) Da ist nicht Jude (Ἰουδαῖος) noch Grieche (Ἕλλην),
> da ist nicht Sklave (δοῦλος) noch Freier (ἐλεύθερος),
> da ist nicht männlich (ἄρσεν) und weiblich (θῆλυ).
> Alle nämlich seid ihr ein einziger (εἷς) in Christus.

[12] M. Ebner, Wenn alle ‚ein einziger' sein sollen … Von schönen theologischen Konzepten und ihren praktischen Problemen: Gal 3,28 und 1 Kor 11,2–16, in: Ders., Inkarnation der Botschaft. Kultureller Horizont und theologischer Anspruch neutestamentlicher Texte, SBAB 61, Stuttgart 2015, 337–363.

Diese Taufformel geht wohl zumindest in Teilen bereits auf frühere Überlieferung zurück, die Paulus hier übernommen hat.[13] Das letzte Paar „männlich“ und „weiblich“ weicht in der sprachlichen Form (zwei Adjektive) von den beiden vorangehenden Paaren (jeweils zwei Substantive) ab und spielt intertextuell auf die bipolare Gottesebenbildlichkeit der Menschen in Genesis 1,27 an. Auch das „eins werden in Christus“ spielt vermutlich indirekt auf das „ein Fleisch werden“ in Gen 2,24 an.[14] Daher wird auch noch einmal verständlich, warum es für Paulus mit dem Leben von Männern nach der Taufe kompromisslos unvereinbar war, dass sie mit einer Prostituierten „ein Fleisch werden“ (vgl. 1 Kor 6,16).

Vor allem aber setzt die Taufe in der christlichen Gemeinde die gesellschaftlichen Rollenverhalten und Dominanzmuster außer Kraft. Dies gilt im ethnisch-religiösen Bereich (Jude und Grieche), im Bereich sozialer Macht (Sklave und Freier), und hier bei Paulus auch im Bereich von Rollenmustern der Geschlechter (männlich und weiblich). In der Gemeinde sollte die neue Schöpfung abgebildet sein: Gesellschaftliche, nationale oder auch anthropologisch-psychologische Rollenmuster sind in einer gleichberechtigten Ordnung der Gemeinde aufgehoben.

Der Messias ist metaphorisch das Gewand, das die Glaubenden angelegt haben. Die sprichwörtliche Redewendung „Kleider machen Leute“ gilt für den Empfang der Taufe: In dem Maß, in dem Christen in der Taufe ihre neue Identität aus der Verbundenheit mit Christus gewinnen, verlieren andere Identitäts- und Rollenmuster ihre Bedeutung. Diese neue Identität war bereits früh auch mit dem rituellen Anlegen eines Gewandes verbunden. Auch das Untertauchen in Wasser (vgl. Röm 6) unterstützt die Symbolik einer neuen Identität. Das Eintauchen wäscht die Zeichen der alten Welt ab und lässt aus dem Menschen eine neue Schöpfung werden, auch wenn sich nicht mehr sicher sagen lässt,

---

[13] Michael Wolter vermutet den Ursprung in der Gemeinde in Antiochien (vgl. Wolter, Paulus, 136–139). Zur Bedeutung dieser Überlieferung als Programm von Paulus’ Berufung als Gesandter zu den unterdrückten Völkern durch die imperiale Macht in Rom, vgl. Lopez, Apostle to the Conquered, 149–153. Zur Literatur im englischsprachigen Bereich, vgl. ebd., 238, Anm. 104.

[14] Vgl. Loader, New Testament on Sexuality, 391.

wie weit diese Riten bereits in den Gemeinden in Galatien mit der Taufformel verbunden waren.

Sicher ist aber: In den drei angesprochenen Bereichen (1) ethnisch-religiöse Identität, (2) sozial-gesellschaftliche Macht und (3) Geschlechterrollen hat Paulus sich in seiner Missionstätigkeit für die urchristliche Sicht der neuen Schöpfung eingesetzt:[15]

> 1. Die Grenzziehungen zwischen jüdischer Identität und den Völkern bricht Paulus' Mission von Anfang an auf.[16] Sein Konflikt mit Petrus in Antiochien, von dem er im Galaterbrief berichtet, hat dies zum Hintergrund: Für Juden und Heiden gibt es nur noch eine einzige Tischgemeinschaft; die religiös bedingten sozialen Grenzen können fallen.
>
> 2. Im Philemonbrief setzt er sich dafür ein, dass ein entlaufener Sklave, der Christ geworden ist, von seinem ehemaligen Herrn als Bruder wieder angenommen wird: Dieser Fall ist „ein anschauliches Beispiel dafür, wie ein Sklave die Freiheitsbotschaft verstehen konnte und wie sie von Paulus gemeint war – als Entstehen einer Geschwisterlichkeit in der Gemeinde trotz der weiterbestehenden sozialen Rollen"[17].
>
> 3. Die vielen Namen von Frauen und ihre Bedeutung in den Paulusbriefen zeigen: Auch im Bereich der Sexualität und der Geschlechterrollen war es Paulus' Interesse, dass sich die neue Schöpfung aus der Taufe im gemeinsamen Leben der paulinischen Gemeinden wiederspiegelt. Paulus hat keine Schwierigkeit damit, Phoebe eine Diakonin zu nennen (Röm 16,1) und Junia eine Apostelin (Röm 16,7).

Könnte es nun sein, dass genau diese Tauftheologie des Paulus mit ihren Konsequenzen in der Gemeinde in Korinth in eine Krise geraten ist? Hat es möglicherweise in Korinth eine Gruppe in der Gemeinde gegeben, die aufgrund der Missionspredigt des Paulus Geschlechterrollen fallen gelassen hat? Haben diese Christinnen

---

[15] Vgl. zum Folgenden: Ebner, Wenn alle ‚ein einziger' sein sollen, 340.

[16] Vgl. P. von der Osten-Sacken, Der Brief an die Galater, THKzNT, Bd. 9, Stuttgart 2019, 178: Von Juden und Griechen spricht Paulus, „wenn er die ganze Menschheit in den Blick fasst. Das deutlichste Beispiel ist die Wiederaufnahme von ‚allen sowohl Juden als auch Griechen' (Röm 3,9) durch ‚die ganze Welt' (Röm 3,19)."

[17] Von der Osten-Sacken, Galaterbrief, 178.

und Christen durch ihr äußeres Auftreten, ihre Kleidung und ihr sexuelles Handeln übliche Dominanzmuster aufgegeben? Dies könnte dann zu einem Konflikt in der Gemeinde in Korinth geführt haben, der Paulus so vorsichtig werden ließ.

Ein Indiz dafür könnte sein: Wenn Paulus die urchristliche Taufformel im Korintherbrief zitiert, fehlt die Dimension der Geschlechterrollen, die in Gal 3,28 als dritte Dimension genannt ist. In 1 Kor 12,13 heißt es:

> Auch sind wir nämlich in einem Geist alle in einen Leib getauft:
> Juden und Griechen, Sklaven und Freie,
> und wir alle sind in einem Geist getränkt.

Es wäre zu viel geschlossen, wenn man daraus folgern würde, dass Paulus hier auf Geschlechtergerechtigkeit zwischen Frauen und Männern in seiner Verkündigung ganz verzichtet hat. Martin Ebner vermutet aber: Offenbar hat Paulus im Blick auf unterschiedliche Gruppierungen in den christlichen Gemeinden in Korinth seine ursprüngliche Befreiungsbotschaft nicht mehr in gleicher Radikalität weiterverfolgt. Statt mit weiteren Gerechtigkeitsforderungen zu provozieren, appelliert er am Ende von 1 Kor 11 an die Einheit und den Frieden in den Versammlungen (1 Kor 11,16):

> Wenn einer aber meint, streitsüchtig zu sein, eine solche Sitte kennen wir nicht und auch nicht die Gemeinden Gottes.

Das äußere Auftreten der unterschiedlichen Gruppierungen in den Versammlungen der Messiasgemeinden barg also offenbar einiges Konfliktpotenzial. Der vorsichtiger gewordene Paulus will – so Ebner – mit seiner abschließenden Mahnung einen Streit in der Gemeinde durch eine klare Ansage beenden.

Drei Stadien der paulinischen Entwicklung

Mit Martin Ebner lassen sich also drei verschiedene Stadien der Verkündigung in den Messiasgemeinden rekonstruieren:

1. Der Galaterbrief bezeugt mit der Taufformel eine urchristliche Sicht der neuen Schöpfung, nach der die Differenz der

Geschlechter im sozialen Leben der Gemeinde keine Rolle mehr spielt. Martin Ebner meint: „Durch die Auflösung und Aufhebung der entscheidenden gesellschaftlichen, nationalen und biologischen Grundmuster der antiken Gesellschaft stellt die Taufformel in Gal 3,28 einen Katalysator für neue Rollendefinitionen dar. Das ist ihre positive Funktion, und darin besteht die Sprengkraft dieser Formel."[18]

2. Im Korintherbrief gerät die Egalisierung von Rollendefinitionen in eine Krise. Möglicherweise geben Gruppen in der Gemeinde ein gendergerechtes äußerliches Auftreten im Gottesdienst auf und akzeptieren auch Männer, die gleichgeschlechtliche sexuelle Beziehungen haben, in der Tischgemeinschaft. Zumindest lässt der Brief unterschiedliche Argumentationsmuster des Paulus gegenüber den Gemeinden in Korinth erkennen. Diese Krise liegt möglicherweise in der Taufformel im Galaterbrief begründet, da sie für sich genommen noch keine neuen Rollenmuster anbietet: Wenn alle eins sein sollen, fehlen neue Orientierungsmuster, die gerade für Frauen und Männer notwendig wären, die sich am Rand oder außerhalb der gesellschaftlichen Normen bewegen.
3. Im Römerbrief erwähnt Paulus Frauen, deren sexuelles Verhalten von gesellschaftlich-religiösen Normen abweicht, und gleichgeschlechtliche sexuelle Handlungen unter Männern. In beiden Fällen übernimmt Paulus – nach Martin Ebner – eine verbreitete moralische Verurteilung aus der jüdischen Weisheitsschule. Sicherlich wäre zu weit gefolgert, dass Paulus diese Normabweichungen sonst tolerieren würde. Aber sie bilden auch nicht seinen primären Fokus. Dieser zeigt vielmehr, dass die jeweilige religiöse Herkunft weder für Nichtjuden noch für Juden für ein moralisches Verhalten in Gerechtigkeit genügt. Gerechtigkeit schenkt allein Gott auf der Basis des Glaubens an Jesus Christus als Gekreuzigten und Auferweckten.

[18] Ebner, Wenn alle ‚ein einziger' sein sollen, 358.

Römerbrief 1,26–27

Den Römerbrief schreibt Paulus Ende der 50er Jahre aus Korinth. Phoebe, eine Diakonin für die Hausgemeinde im Hafen von Korinth in Kenchreä, überbringt diesen Brief an die Christen in Rom, und Paulus hält sich zur Zeit des Briefes bei Gaius auf, dem Leiter einer anderen Hausgemeinde in Korinth. Vermutlich hatte sich der Konflikt in der Gemeinde in Korinth, die durch verschiedene Verständnisse der christlichen Freiheit im Bereich der Sexualität ausgelöst waren, in der Zwischenzeit etwas gelegt. Die beiden Korintherbriefe sind von diesem Konflikt geprägt; den Römerbrief schreibt Paulus wohl nicht mehr unter dem unmittelbaren Eindruck dieses Konflikts. Paulus schreibt den Brief, damit er von der Gemeinde in Rom für eine geplante Missionreise nach Spanien (Röm 15,28) unterstützt werden kann. Es ist nicht sicher, ob er diese Reise noch unternommen hat oder ob Paulus – was die Apostelgeschichte nahelegt – diese Reise aufgeben musste, weil ihn in Rom das Urteil des kaiserlichen Gerichts erwartete. Unabhängig davon, ob Paulus noch nach Spanien gekommen ist oder nicht, ist der Römerbrief eine Art Werbeschrift (ein λόγος προτρεπτικός), in der Paulus seine Verkündigung darlegt, um die Christen dort für seine Unterstützung zu gewinnen. Er adressiert dort keine Gemeinde, sondern Messiasglaubende, von denen einige noch eng mit der jüdischen Gemeinde verbunden sind.

Die Verse, in denen Paulus im Römerbrief auf gleichgeschlechtliches Handeln eingeht, finden sich in 1,26–27. Dort heißt es – möglichst wörtlich übersetzt:

> (26) Deshalb lieferte Gott sie an ehrlose Leidenschaften (εἰς πάθη ἀτιμίας) aus:
> Die Weiblichen (αἵ … θήλειαι) von ihnen vertauschten den natürlichen Gebrauch (τὴν φυσικὴν χρῆσιν) in den gegen die Natur (παρὰ φύσιν),
> (27) ebenso auch die Männlichen (οἱ ἄρσενες): Sie gaben den natürlichen Gebrauch (τὴν φυσικὴν χρῆσιν) der Weiblichen (τῆς θηλείας) auf,
> und entbrannten in ihrem Verlangen (ἐν τῇ ὀρέξει) nacheinander;

> indem Männliche mit Männlichen (ἄρσενες ἐν ἄρσεσιν)
> Schmach (τὴν ἀσχημοσύνην) bewirkten
> und durch sich selbst die notwendige Vergeltung aus ihrer Verirrung erhalten haben.

Die Zeilen sind als Parallelismus gebaut. Hier folgt einer Zeile über die Frauen eine semantisch parallele über die Männer, welche dann aber um drei weitere Zeilen ergänzt wird.

Die deutschen Übersetzungen sprechen gewöhnlich von „Frauen" und „Männern", aber die griechischen Worte θήλειαι und ἄρσενες meinen nicht einzelne Frauen und Männer, sondern verwenden Gattungsbezeichnungen für das Geschlecht, die Paulus aus Gen 1,26 ff. entlehnt haben könnte. Sie sprechen also generisch von Vertreterinnen des weiblichen und Vertretern des männlichen Geschlechts.

Auch sonst gebraucht Paulus hier philosophisch verallgemeinernde Sprache. Entsprechend einer profangriechischen patriarchalen Sprachgewohnheit bezeichnet er sexuelles Handeln als „Gebrauch" (χρῆσις). Bei den Frauen ist dabei nicht klar, ob es sich um gleichgeschlechtliche Handlungen handelt. Nur bei ihnen steht aber das Personalpronomen „ihre Weiblichen", das die männlich orientierte Perspektive anzeigt: Frauen werden in Beziehung zu Männern gesehen.[19] Das Wesentliche ist daher, dass sie sich mit ihrer sexuellen Aktivität dem „natürlichen Gebrauch", der φύσικη χρῆσις, d. h. der sexuellen Unterordnung unter den Mann entziehen.[20] Erst bei den Männern sind gleichgeschlechtliche Affektivität und Aktivität ausdrücklich genannt.

Paulus' Ausdrucksweise folgt stoischer Popularphilosophie. Für die Stoa wurde das Ziel menschlichen Lebens in der Telosformel beschrieben: τέλος ἐστὶ τὸ ὁμολογουμένως τῇ φύσει ζῆν – „Ziel ist es, in Übereinstimmung mit der Natur zu leben".

---

[19] Vgl. Brooten, Love Between Women, 241.

[20] K. Haacker meint, dass Paulus hier vor dem Geschlechtsverkehr mit Tieren warnt; Ders., Exegetische Gesichtspunkte zum Thema Homosexualität, TBei 25 (1994) (173–180), 174–175. Brinkschröder hält eine Aspielung auf den Verkehr mit den Wächterengeln für möglich (Gen 6, siehe dazu unten zu 1 Kor 11): Ders., Sodom, 522. Vgl. dazu die Diskussion in Brooten, Love Between Women, 249 f. Außerdem: H. Tiedemann, Die Erfahrung des Fleisches. Paulus und die Last der Lust, Stuttgart 1998, 267–281.

Die Stoa sah in der Natur eine unveränderliche Gesetzmäßigkeit und ein vernünftiges Leben darin, die natürliche Gesetzmäßigkeit als sinnstiftende Ordnung anzunehmen. Auch sexuelle Handlungen wurden danach beurteilt, ob sie der Natur entsprechend oder gegen die Natur sind. Seneca und Musonius, beide stoische Philosophen, lehnten gleichgeschlechtliche Handlungen ab, denn alles nicht-reproduktive sexuelle Handeln war für sie unnatürlich und folgte daher nicht ihren ethischen Idealen.[21] Offensichtlich konnte Paulus mit seiner Aussage hier auch auf Zustimmung in popularphilosophisch gebildeten Kreisen rechnen. Paulus übernimmt diese Vorstellungen sicher nicht eins zu eins: Der Gedanke, dass sexuelle Aktivität erst durch die Zeugung von Nachwuchs ihre natürliche Legitimität erhalte, findet sich bei ihm nicht. Stattdessen folgt er einer anderen Begründungsspur.

Frühjüdische Schultradition im Weisheitsbuch

Frühjüdische Autoren haben die Argumentation mit der Natur übernommen und sie auf die Tora bezogen.[22] Was jüdischen Autoren als natürlich galt, ließ sich der Schöpfungsordnung in der Tora ablesen. Martin Ebner hat daher Paulus' Haltung weniger aus der Stoa erklärt, sondern aus der frühjüdischen Schultradition.

Paulus steht in Römer 1,18–32 einem Abschnitt im Weisheitsbuch des Salomo nahe. Diese frühjüdische Weisheitsschrift ist Salomo als idealem Weisen zugeschrieben und stammt aus der großen jüdisch-hellenistischen Bevölkerung in Alexandria, der Weltstadt im ägyptischen Nildelta. Sie ist ein Beleg für die jüdisch weisheitliche Schultradition in der hellenistischen Diaspora und mit Philos Tora-Philosophie vergleichbar, auch wenn sie ganz andere Akzente trägt. Sie vermittelt jüdische Bildung, indem sie die biblisch-theologische Sicht mit Hilfe popularphilosophischer

---

21 Vgl. Loader, New Testament on Sexuality, 96; Tiedemann, Erfahrung des Fleisches, 253–263 (zu Musionius, ebd., 252 f.).

22 Vgl. zu frühjüdischen Autoren: Tiedemann, Erfahrung des Fleisches, 246–252.

Denkansätze verstehbar macht. Dazu entfaltet die Schrift der Weisheit Salomos in 13–14 den theologischen Grundsatz: „‚Falsches Verhalten' resultiert aus ‚falscher Gottesverehrung'".[23] In Weisheit 14,12 werden sexuelle Verhaltensweisen auf verkehrte Gottesverehrung zurückgeführt, die im Griechischen wie bei Paulus πορνεία genannt werden:

> Anfang der sexuellen Unmoral war das Ersinnen von Götzenbilden, ihre Erfindung aber Verderbnis des Lebens.

In diesem Vers gehen Gottesverhältnis und das körperliche Verhalten zwischen Mensch und Mensch in der Sexualität ineinander über. Sexuelle Unmoral hat nach dem Weisheitsbuch ihre Wurzel in religiöser Verirrung, genauer im Erfinden und der Verehrung von Götzenbildern. Auch in 1 Thess 4,3–5 ist πορνεία für Paulus ein Kennzeichen der heidnischen Vergangenheit der Gemeinde in Thessaloniki. Die Bekehrung zum lebendigen Gott bedeutet gleichzeitig die Abkehr von πορνεία; auch Paulus kennt also offenbar den Zusammenhang zwischen rechter Gotteserkenntnis und gerechtem sexuellen Handeln.

Nach Weisheit 14,27 ist die rechte Gotteserkenntnis das theologische Grundprinzip allen ethischen Verhaltens:[24]

> Die Verehrung der namenlosen Götzenbilder nämlich ist Anfang von allem Bösen und Ursache und Ende.

Dem Vers geht in 14,23–26 eine Auflistung von 22 verschiedenen Verfehlungen gegen die Tora voran.[25] Die Zahl entspricht den

---

[23] Vgl. Ebner, Homosexualität, 56. Zum weiteren Zusammenhang verkehrter Gotteserkenntnis und ihrer Folgen in antiker jüdischer Literatur vgl. Körner, Sexualität und Geschlecht, 216–226.

[24] Zu dem folgenden Text aus dem Weisheitsbuch als Hintergrund für Paulus vgl. auch Hasitschka, Homosexualität, 55 f.; Weidemann, Sexualität der Heiligen, 111–116, sieht stärker die Tora im Hintergrund von Paulus' Argumentation. Vgl. auch Theobald, Paulus und die Gleichgeschlechtlichkeit, 69–76, und schon früher: Ders., Röm 1,26 f.: Eine paulinische Weisung zur Homosexualität? Plädoyer für einen vernünftigen Umgang mit der Heiligen Schrift, in: Ders., Studien zum Römerbrief, WUNT 136, Tübingen 2001, 511–518.

[25] H. Engel, Das Buch der Weisheit, NSK – AT 16, Stuttgart 1998, 230 f.

Buchstaben im hebräischen Alphabet. Die Reihe der Verfehlungen beginnt mit einer Alliteration mit dem griechischen Buchstaben *tau* entsprechend dem letzten Buchstaben im hebräischen Alphabet *taw*: τεκνοφόνους τελετάς – „kindermordende Einweihungsriten", wohl eine jüdische Polemik gegen Mysterienkulte. Und die Reihe endet mit einem Vergehen, das mit dem Buchstaben *alpha* beginnt: ἀσέλγεια, „Zügellosigkeit", also ein übertrieben luxuriöser Lebensstil. Das Alphabet scheint mit Absicht hinten zu beginnen, da eine irrtümliche Gotteserkenntnis und ein verkehrter Gottesdienst auch die ethische Ordnung auf den Kopf stellen. Schon die kunstvolle sprachliche Form dieses Katalogs moralischer Verfehlungen zeigt: Alle sittlichen Verfehlungen von A bis Z (oder genauer von Z bis A) haben in der Verirrung im Gottesdienst ihren Ursprung. Alle Unmoral kommt aus religiöser Verfehlung. In dem Katalog werden neben menschenverachtenden und ehrverletzenden Verhaltensweisen auch sexuelle Verfehlungen genannt:

> (23) Sie treiben kindermörderische Einweihungsriten (τεκνοφόνους τελετάς), verborgene Mysterien,
> wilde Prozessionen nach fremdartigen Vorschriften,
> (24) und bewahren weder Leben noch Ehen rein,
> einer tötet hinterhältig den anderen oder verletzt ihn mit Ehebruch (νοθεύων).
> (25) Alles aber ist ein Gemisch von Blut und Mord, Diebstahl und Betrug,
> Verderbnis, Treulosigkeit, Verwirrung, Meineid,
> (26) Unruhe der Guten, Vergessen von Geschenktem,
> Befleckung der Seelen, Vertauschung des Geschlechts (γενέσεως ἐναλλαγή),
> Unordnung der Ehen (γάμων ἀταξία), Ehebruch (μοιχεία) und Ausschweifung (ἀσέλγεια).

In Vers 24 wird das erstemal Ehebruch erwähnt. Ehebruch war für jüdische Weisheit ein Verstoß des Gebots im Dekalog: „Du sollst nicht ehebrechen". Auch in der Umwelt des Judentums war Ehebruch in Gesetzessammlungen untersagt, etwa in der von Augustus erlassenen *lex Iulia de adulteriis* 18 v. Chr.

In Vers 26 wird die Unmoral des Ehebruchs noch ausgeweitet. Offenbar meint das Weisheitsbuch nicht einen einmaligen Verstoß gegen das Verbot des Ehebruchs, sondern eine notorische Unordnung im Eheleben. Mit der Vertauschung des Geschlechts – γενέσεως ἐναλλαγή – ist gleichgeschlechtliche Liebe gemeint, oder auch andere männliche sexuelle Aktivität nicht mit einer Frau. Der Ausdruck ist hier aus rein männlicher Sicht zu verstehen. Das griechische Wort γένεσις bezieht sich nicht wie sonst auf „Zeugung“ oder auf „Nachkommenschaft“, sondern meint das weibliche Geschlecht oder auch die weiblichen Geschlechtsteile.[26] Die Vertauschung des weiblichen Geschlechts mit dem männlichen Geschlecht als Gegenüber sexuellen Handelns bricht mit der Ordnung des Ehelebens. Sie setzt aber offenbar voraus, dass es Männer gab, die neben ihrer ehelichen Beziehung mit anderen Männern intim waren, ein in der Antike nicht seltenes Phänomen. Eine wohl spätere Formulierung möglicherweise aus einem ähnlichen kulturellen Umfeld jüdischer Weisheitstradition findet sich in den Patriarchentestamenten. Im Testament Naphtali werden homosexuelle Akte[27] mit Sodom verbunden und als Vertauschen der Ordnung der Natur bezeichnet (T. Naph. 3,4): „Ihr aber handelt nicht so, meine Kinder, da ihr doch an (Himmels-)Feste, Erde und Meer und an allen Schöpfungswerken den Herrn (πᾶσι τοῖς δημιουργήμασι κύριον τὸν ποιήσαντα ταῦτα πάντα), der alles geschaffen hat, erkennt, damit ihr nicht werdet wie Sodom, das die Ordnung seiner Natur veränderte (ἥτις ἐνήλλαξε τάξιν φύσεως αὐτῆς).“ Hier stehen die sprachlichen Ausdrücke Paulus’ Aussagen in Röm 1,26–27 noch näher.[28]

Die jüdische Weisheitstradition beurteilt sexuelle Unmoral in den Maßstäben einer jüdischen theonomen Moral. Das Gegenüber für die jüdische Religion und Ethik sind in der Weisheitsschrift allerdings nicht wie heute monotheistische Religionen oder säkulare religiöse Haltungen, sondern eine polytheistische

---

[26] H. Engel, Sophia Salomonos / Sapientia Salomonis / Die Weisheit Salomos, in: M. Karrer, W. Kraus, Septuaginta Deutsch. Erläuterungen und Kommentare zum griechischen Alten Testament, Band II, Stuttgart 2011, 2151.

[27] So wohl zurecht Loader, Philo, Josephus and the Testaments, 427 und 432.

[28] Martin Hengel und Anna Maria Schwemer vermuten ähnlich nahe Beziehungen zu 4 Makk, vgl. Dies., Paulus zwischen Damaskus, 297.

religiöse Umwelt. Sicherlich ist das Religiöse auch für eine heutige theologische und wertebezogene Argumentation eine tragfähige Basis. Aber die Idee, dass irrtümliche religiöse Einstellungen auch zu verkehrten moralischen Haltungen führen, lässt sich nicht ohne Weiteres in die gesellschaftliche Umwelt von heute übertragen. Es gibt viele Menschen, die in ihren ethischen Grundeinstellungen und in ihrem moralischen Handeln überzeugend sind, sich aber keineswegs durch die Zugehörigkeit zu Kirchen oder Religionen gebunden sehen.

Der Zusammenhang von Paulus' Aussagen im Römerbrief

Paulus hingegen teilt diese Sicht. Ob Paulus direkt von der Weisheit Salomos literarisch abhängig ist, lässt sich nicht sicher belegen. Das Weisheitsbuch wird verbreitet zwischen 24. v. Chr. und 41 n. Chr. datiert. Die Paulusbriefe sind später entstanden, daher wäre es möglich. Wahrscheinlicher aber ist, dass Paulus nicht direkt von der literarischen Vorlage des Weisheitsbuches geprägt ist, sondern mit der jüdischen Weisheitstradition in Alexandria vertraut war. Diese war gemeinsames Vorstellungsgut in der jüdischen Diaspora, auf die er ähnlich zurückgreifen konnte wie auf die griechische Toraüberlieferung der Septuaginta.

Auch im Römerbrief stellt Paulus im Abschnitt 1,18–32 den Zusammenhang moralischer Verfehlungen mit einer verkehrten Gotteserkenntnis her – so bereits in dem Vers, der auf seine Verurteilung gleichgeschlechtlichen Handelns folgt (1,28):

> Und da sie nicht annahmen, Gott in Anerkennung zu bewahren, lieferte Gott sie an unannehmbares Denken aus: zu tun, was sich nicht gehört (τὰ μὴ καθήκοντα).

Darauf folgt in 1,29–31 eine Merkliste, die ähnlich kunstvoll rhetorisch formuliert ist wie die in der Weisheit Salomos (14,23–26). Möglicherweise ist hier die übliche Bezeichnung Lasterkatalog allerdings angemessen, denn es handelt sich nicht einfach nur um eine Liste von Toraverstößen. Lasterkataloge sind in der griechischen Literatur seit Plato belegt. Die jüdisch-christliche Literatur hat sich damit eine literarische Form aus der Philosophie angeeignet. In jüdisch-christlicher Literatur wird damit schematisch torafernes Verhalten dem Ethos eines gerechten Lebens gegenübergestellt; allerdings nennt Paulus in 1,29–31 lauter Vergehen, über die er sich auch mit Nichtjuden leicht über deren ethische Problematik verständigen konnte. Und Paulus leitet den Lasterkatalog in 1,28 auch mit einem philosophischen Ausdruck ein. In dem gesamten Abschnitt schildert er τὰ μή καθήκοντα – das, was sich nach den gesellschaftlichen Konventionen ethisch nicht gehört.

Wenn Paulus sich hier Vorstellungen der jüdischen Schulweisheit angeeignet hat, hat er ihnen seinen besonderen Akzent gegeben. Zunächst hält er fest, dass die richtige Erkenntnis Gottes kein jüdisches Privileg ist. Denn in 1,20 formuliert er ein Prinzip der Gotteserkenntnis, das man als eine Magna Charta einer Religionsphilosophie bezeichnen kann:

> Sein unsichtbares (Wesen) nämlich wird seit der Schöpfung der Welt den Werken als Vernunftgemäßes abgeschaut, seine unbegrenzte Macht und Gottheit, so dass sie unentschuldbar sind.

Paulus formuliert reflektiert und vorsichtig: Nicht Gott selbst kann erfahren werden; nichts Sehbares oder Figürliches kann von Gott erkannt werden, aber aus der sichtbaren Schöpfung lässt sich mit der Vernunft sein unsichtbares machtvoll göttliches Wesen verstehen. Seneca hat es kürzer ausgedrückt: *effugit oculos, cogitatione visendus est* – „Was den Augen entflieht, wird mit vernünftigem Denken gesehen."[29] Deshalb können auch diejenigen, die nicht den Gott Israels verehren, mit ihrer moralischen Ungerechtigkeit zur Verantwortung gezogen werden.

Im Folgenden kritisiert Paulus dann nach Martin Ebner verschiedene unmoralische Verhaltensweisen, in deren Beurteilung ihm jüdische Leserinnen und Leser unter seinen Adressaten leicht zustimmen würden. Sie können sich leicht auf das Motto einigen: „Das machen wir Juden nicht, weil wir ja den richtigen Gott gemäß seiner Tora verehren!"[30] Dazu gehören der Herrscher-

---

[29] Seneca, Nat. quaest. VII 30,3.

[30] Ebner, Homosexualität, 56.

kult, die Verehrung von bildlichen Gottesdarstellungen, danach sofort homosexuelle Aktivität, aber dann auch viele andere „Untaten“, die Paulus in dem Lasterkatalog zusammengestellt hat.

In den Kapiteln 2–3 dreht Paulus allerdings „den Spieß um“ (Martin Ebner[31]). Der Punkt, an dem seine Argumentation kippt, lässt sich leicht ausmachen: In 2,1 wendet sich Paulus direkt an seine Adressaten, hier – nach Ebner – vor allem an die Juden unter seinen Lesern:

> Deshalb bist du unentschuldbar, Mensch, und zwar jeder, der richtet. Denn worin du den anderen richtest, darin verurteilst du dich selbst.

Die Argumentation der folgenden Kapitel lautet: Wir Juden haben in der Tora die Weisung als Grundlage für Gottes befreiende Gerechtigkeit erhalten, dennoch verfehlen wir uns. Wir sind nicht besser als die Völker, die diese Quelle der Erkenntnis Gottes nicht haben und infolge ihrer verfehlten Gotteserkenntnis sündigen. Beide – Juden wie Heiden – werden wir nicht durch unser eigenes Handeln gerecht, sondern sind auf eine andere Quelle der Erlösung und Befreiung angewiesen: auf den Glauben an Jesus Christus, der gekreuzigt wurde, und den Gott von den Toten auferweckt hat. Zu diesem Ende seiner Argumentation kommt Paulus erst in 3,21–26.

Nach diesem Textverständnis lässt sich wohl nicht bestreiten, dass Paulus gleichgeschlechtliche sexuelle Aktivität in Römer 1,26–27 verurteilt. Allerdings meint er damit nicht das, was heute mit Homosexualität oder mit gleichgeschlechtlicher Liebe gemeint ist. Eine gleichgeschlechtliche Beziehung, die nicht in einem ungerechten Gefälle zwischen den beiden Partnern besteht, kannte Paulus nicht, und wohl auch nicht Frauen und Männer mit einer homosexuellen Orientierung, die in gerechter Weise nach der Liebe einer Partnerin oder eines Partners suchen. William Loader hat daher vermutlich recht, wenn er meint: Hätte Paulus gewusst, wie folgenschwer seine Entscheidung war, gleichgeschlechtliche sexuelle Aktivität als eines seiner prominentesten Beispiele für moralische Ungerechtigkeit zu wählen, hätte er vermutlich andere Beispiele gewählt. Paulus hat nicht einschätzen

---

31 AaO.

können, wie sehr seine Worte über gleichgeschlechtliches Handeln Menschen moralisch verletzt haben, sonst hätte er wohl unverfänglichere Beispiele genommen, wie einen Vollrausch oder körperliche Gewalt.[32]

Es geht Paulus in Römer 1 nicht nur um ein moralisches Urteil über gleichgeschlechtliche Liebe zwischen Frauen und Männern. Es geht ihm im Zusammenhang um einen „soteriologischen Vergleich" (Ebner)[33]. Die Juden haben in ihrer von Gott geschenkten Erwählung und Erkenntnis Gottes keinen Vorrang vor den Völkern, sondern haben sich genauso moralisch verfehlt. Gleichgeschlechtliches sexuelles Handeln ist für Paulus ein Symptom dafür, dass den Völkern Gottes Gerechtigkeit fehlt. Aber diese fehlt auch den Juden. Interessanterweise illustriert Paulus auch die moralischen Verfehlungen der Juden an einem Beispiel aus dem Bereich der Sexualität. In Römer 2,22 hält er seinen Mit-Juden vor: Sie lehren, nicht die Ehe zu brechen, brechen aber selber die Ehe. Auf beiden Beispielen aus dem Bereich der Sexualität liegt nicht der Hauptakzent von Paulus' Aussagen, sondern darauf, den Glauben als neue Form religiöser und ethischer Gerechtigkeit zu zeigen. Der Glaube schenkt eine Beziehung zu dem Messias Jesus – und diese befreit zu einem gerechten Leben nach der Tora.

Von Sexualität zu Gender

Paulus hat sich also möglicherweise nicht von Anfang an in patriarchalen und heterosexistischen Schemata bewegt. Im Unterschied zu römisch-patriarchalen Vorstellungen und ihren Konstruktionen hegemonialer Männlichkeit ist er allerdings von jüdisch-patriarchalen Denkmustern geprägt. Seine Messiastheologie und -verkündigung – wie auch die eschatologische Hoffnungsbotschaft der gesamten Bibel – lässt sich nicht leicht von dieser patriarchalen Denkstruktur abheben. Dafür sind in der Auslegung Unterscheidungsprozesse notwendig, die ständig neu

32 Vgl. Loader, New Testament on Sexuality, 293.

33 Vgl. Ebner, Homosexualität, 56.

angegangen werden müssen, weil auch die biblische Hoffnung auf umfassende Gerechtigkeit in immer neuen gesellschaftlichen Kontexten weiter verkündet und reflektiert werden muss.

Die Differenz zwischen den sexuellen Aktivitäten, die Paulus in Römer 1,26–27 kritisiert, zu heutigen Vorstellungen von Homosexualität lässt sich nicht deutlich genug unterstreichen. Sie gilt nicht nur für Paulus und die Paulusschule, sondern für die gesamte Antike. David Halperin hat dies bereits 1990 gezeigt: Der Antike in der Umwelt des Neuen Testaments fehlte ein Konzept von Sexualität, das der modernen, westlichen Vorstellung entspricht. Die antike Umwelt hat Sexualität noch nicht als eine konstitutive sexuelle Anziehung unabhängig vom „natürlichen" Geschlecht verstanden, gewöhnlich in einer binären Form, zu einer Person des gleichen oder des anderen Geschlechts.[34] Der antiken Umwelt des Christentums fehlte aber auch die wissenschaftliche Vorstellung, von der die moderne Vorstellung von Sexualität vor postmodernen Dekonstruktionen abhing, nämlich dass es zwei biologische Geschlechter gäbe, und dass das biologische Geschlecht unterschieden vom Gender ist, d. h. den sozialen und gesellschaftlichen Geschlechtsrollen, die sich ein Mensch im Laufe seines Lebens anverwandelt, die aber veränderbar bleiben. Die griechische und römische Umwelt hat sexuelles Handeln als jeweils aktualisierte geschlechtliche soziale und politische Aktivität wahrgenommen. Deshalb war die Performanz der Geschlechtsrolle, nicht aber Sexualität und auch nicht die sexuelle Orieniterung, die eine Frau oder ein Mann spürt, das entscheidende Element, das die Identität ausgemacht hat. Die sexuelle Aktivität sollte den gesellschaftlichen Geschlechtsrollen der Männer entsprechen; Männer sollten auch beim Sex männlich sein. Halperin hatte daher 1990 geschrieben: „Before the scientific construction of ‚sexuality' (…) sex was a manifestation of personal status, a declaration of social identity (…) sexual partners came in two significantly different kinds – not male and female but ‚active' and ‚passive,' dominant and submissive. That is, why the currently fashionable distinction between homosexuality and heterosexua-

---

[34] D. M. Halperin, One Hundred Years of Homosexuality: And Other Essays on Greek Love. New Ancient World, New York 1990, 24–26.

lity (...) had no meaning (...) there were not, so far as they knew, two different kinds of ‚sexuality', two differently structured psychosexual states or modes of affective orientation corresponding to the sameness of difference of the anatomical sexes of the persons engaged in the sexual act."[35]

Der philosophische Einfluss von Michel Foucault auf Halperins Dekonstruktion einer binären Sexualität für die Antike lässt sich nicht von der Hand weisen. Halperin ersetzt für die antike Umwelt des Paulus konsequent Sexualität durch Gender; das entscheidende Kriterium für die Wahrnehmung der Geschlechterrollen in der Antike sind soziale und gesellschaftliche Machtfragen, d.h. Fragen nach Aktivität und Passivität, Selbstbeherrschung und Kontrollverlust, Rationalität und Emotionalität. Sie sind als Beschreibungskategorien für die antike Wahrnehmung von Geschlechtlichkeit besser geeignet als essenzialistische Konzeptionen des Geschlechts und als ein binäres Modell sexueller Orientierungen.

Auch für biblische und jüdische Aussagen zu Sexualität eignen sich Kategorien besser, die von verschiedenen sozialen Geschlechtsrollen ausgehen, als von sexueller Orientierung. Paulus hatte mit dem Ausdruck ἀρσενοκοίτης homosexuelle Aktivität bezeichnet und als Verstoß gegen die Tora abgelehnt. Dieser Verstoß ließ sich sprachlich aus dem Verbot von Homosexualität im Heiligkeitsgesetz in Lev 18,22 und 20,13 nach der Septuaginta ableiten. Boyarin zeigte mit einer Vielzahl von Belegen: Die Sexualvorschriften der Tora von Jüdinnen und Juden in der Umwelt des Paulus wurden eher auf bestimmte als problematisch empfundene soziale Geschlechter-Rollen bezogen als auf ein „System sexueller Orientierungen, die sich über die Objektwahl definieren lassen"[36]. Dies trifft m.E. auch auf Paulus zu. Seine Verwendung des Ausdrucks ἀρσενοκοίτης kann ein solches Verständnis stützen. Es dürfte wohl einen Mann meinen, der einen anderen aktiv penetriert und damit im Geschlechtsverkehr in die Rolle des Unter-

---

35 Halperin, One Hundres Years, 21. 32–33.

36 D. Boyarin, Are There Any Jews in ‚The History of Sexuality'?, in: Journal of the History of Sexuality 5 (1995) (333–335), 335: „a system of sexual orientations defined by object choice".

legenen und Passiven zwingt. Dies lässt sich aber noch deutlicher an dem Gesamtzusammenhang von Römer 1,26–27 in 1,19–32 zeigen.

Menschen aus den Völkern als Adressaten in Röm 1–3?

Eine chronologische Entwicklung der Vorstellungen zur Sexualität von der ersten Verkündigung der Messiasbotschaft bis hin zum späten Paulus im Römerbrief, wie Martin Ebner sie annimmt, lässt sich nicht leicht beweisen – sie wäre durch weitere Untersuchungen zu schärfen. Es stellt sich daran aber noch eine andere Frage: Richtet sich Paulus in Römer 1 tatsächlich an Juden und kann er dabei jüdische Schultradition als sicheren Boden für eine gemeinsame Verständigung mit seinen Leserinnen und Lesern voraussetzen? Im Präskript zum Römerbrief schreibt er von seiner Berufung zum Apostel unter den Völkern und ergänzt an seine Leserinnen und Leser in Rom: „unter denen auch ihr seid, Berufene von Jesus dem Messias" (1,6: ἐν οἷς ἐστὲ καὶ ὑμεῖς, κλητοὶ Ἰησοῦ Χριστοῦ). Er richtet den Brief also zumindest offenbar nicht nur an Juden. In Vers 14 spricht er von „Griechen und Barbaren" (Ἕλλησίν τε καὶ βαρβάροις) in der Perspektive und Sprache der griechisch-römischen Leitkultur. In 1,16 schreibt er von der Basisthese seines Briefs. Das ihm anvertraute Evangelium ist für jeden, der glaubt, eine Kraft zur Rettung. Dabei nennt er tatsächlich zuerst „den Juden, dann aber den Griechen" (Ἰουδαίῳ τε πρῶτον καὶ Ἕλληνι). Einen Juden spricht er aber ausdrücklich erst in 2,17 an. Vorher richtet er sich in 2,1 ganz allgemein an einen Menschen (ὦ ἄνθρωπε). Wenn Paulus in Röm 1,24 vorher mit Reinheitsfragen (εἰς ἀκαθαρσίαν) argumentiert, sieht es auch ganz danach aus, als ob Paulus hier mit jüdischen Leserinnen und Lesern rechnet. Reinheitsfragen spielen gerade mit diesem Ausdruck verbunden eine prominente Rolle im Heiligkeitsgesetz und im Buch Leviticus.[37] Dennoch bleibt m. E. zu fragen: Sind von

---

[37] Zwar ist der Ausdruck gelegentlich auch in moralphilosophischer und medizinischer Literatur belegt (Dem. Or. 21, 119), aber eine deutliche Konzentration hat er in der Septuagintafassung von Lev, und Paulus verwendet

Röm 1,19 an bis 2,16 nicht zumindest Frauen und Männer aus den Völkern in Rom mit angesprochen, wenn nicht sogar besonders im Fokus des Paulus?[38] Mit ihnen bewegt er sich aber nicht so sicher auf der jüdischen Schultradition als einer gemeinsamen Verständigungsbasis wie mit Frauen und Männern, die wie er mit jüdischer Bildung aufgewachsen sind. Deshalb möchte ich hier einem Beitrag von Diana Swancutt[39] folgend noch eine andere Erklärung neben die von Martin Ebner stellen.

Paulus formuliert in Römer 1,19–32 nicht sehr eng an die Tora und jüdische Tradition angelehnt. Das Wort ἀρσενοκοίτης findet sich dort auch nicht. Der gesamte Abschnitt ist rhetorisch kunstvoll und geschickt gebaut. Dreimal hält er fest, dass Gott die Menschen ihrem eigenen unmoralischen Tun überlässt:

1,24: Διὸ παρέδωκεν αὐτοὺς ὁ θεὸς ἐν ταῖς ἐπιθυμίαις τῶν καρδιῶν αὐτῶν
1,26: Διὰ τοῦτο παρέδωκεν αὐτοὺς ὁ θεὸς εἰς πάθη ἀτιμίας
1,28 παρέδωκεν αὐτοὺς ὁ θεὸς εἰς ἀδόκιμον νοῦν

Dabei werden die Kreise der moralischen Verwerflichkeit immer größer: Das Begehren (oder vermutlich besser: die Gier) in 1,24 setzt sich fort in der sexuellen Unordnung in 1,26 und diese wiederum in einem urteilslos gewordenen Verstand in 1,28, dem ein langer Lasterkatalog folgt.

Und dreimal spricht er von einem verhängnisvollen Tausch, mit dem die Menschen Gottes Ordnung verkehrt haben.

1,23: καὶ ἤλλαξαν τὴν δόξαν τοῦ ἀφθάρτου θεοῦ
1,25: οἵτινες μετήλλαξαν τὴν ἀλήθειαν τοῦ θεοῦ
1,26: μετήλλαξαν τὴν φυσικὴν χρῆσιν

---

ihn auch in 1 Thess 4,7 neben πορνεία (Weidemann, Sexualität der Heiligen, 114).

[38] Vgl. allerdings anders: Theobald, Paulus und die Gleichgeschlechtlichkeit, 69 f., Weidemann, Sexualität der Heiligen, 113.

[39] D. M. Swancutt, „The Disease of Effemination": The Charge of Effeminacy and the Verdict of God (Romans 1:18–2:16), in: St. D. Moore, J. Capel Anders, New Testament Masculinities, SBL Semeia-Studies 45, Atlanta, GA, 2003, 193–233.

Auch wenn Paulus hier ähnlich wie das Weisheitsbuch und das Testament Naphtalis von „Tauschen" spricht, ist nicht sicher, dass er beim Sprechen über gleichgeschlechtliche Aktivität die Stellen aus Leviticus 18,22 und 20,13 im Blick hat, an denen die Tora einem Mann untersagt, mit einem Mann wie mit einer Frau zu schlafen.

William Loader hat dies für 1,32 vermutet, wenn Paulus über das vorher beschriebene moralische Übel festhält, dass diejenigen, die dieses tun, den Tod verdienen.[40] Denn in Leviticus 20,13 wird dieses Verbot ebenfalls mit der Todesstrafe sanktioniert. Aber auch hier kann der Zusammenhang nicht ganz überzeugen: Vom Tod als Konsequenz verworfenen Handelns ist in 1,32 auch nicht im Zusammenhang mit gleichgeschlechtlichem Handeln die Rede, sondern es ist das Fazit aus dem gesamten vorangehenden Abschnitt. Eine Anspielung auf die Tora liegt m. E. am ehesten noch in den Ausdrücken für „männlich" und „weiblich" in 1,26–27 vor. Da verwendet Paulus die gleichen Ausdrücke wie in Gen 1,26–27.[41]

Paulus nimmt aber in dem gesamten Abschnitt auch schon von Anfang an starke sprachliche Anleihen an der Stoa, wie sich bereits oben mehrfach gezeigt hat. Auch James Dunn hat über die Gotteserkenntnis aus der Schöpfung in 1,20 festgehalten, dass die gewählten Ausdrücke hier kaum typisch für die Gedankenwelt der frühen christlichen theologischen Reflexion des Paulus und des NT seien: καθοράω und θειότης sind im gesamten NT nur hier belegt; ἀίδιος für „ewig" wird sonst nur in Jud 6 verwendet und ποιήμα nur noch ein weiteres Mal in Eph 2,10. Auch in der griechischen Septuaginta ist ποιήμα – außer in Kohelet – kaum bedeutend. Aber die Ausdrücke sind vertraut aus der Denkwelt der Stoa: Die nächste Parallele findet das Wortspiel mit ἀόρατα und καθόραται in der Kosmologie einer Schrift, die unter dem Namen des Aristoteles überliefert wurde (De Mundo 399b, 14 ff.); θειότης hat seine nächsten Parallelen bei Plutarch (Mor. 398a; 665a). Paulus übernimmt hier griechische, besonders stoische

---

40 Loader, New Testament on Sexuality, 320 (und schon 297); ähnlich Weidemann, Sexualität der Heiligen, 111.

41 So Theobald, Paulus und die Gleichgeschlechtlichkeit, 74.

Vorstellungen über die Wirklichkeit, die von ihrem transzendenten Grund aus von der rationalen Kraft der Vernunft durchdrungen wird.[42]

Eine Kritik gelehrter römischer Beamtenschicht

Ausgehend von diesen Beobachtungen folgerte Diana Swancutt[43] auch für 1,24 und 26–27, Paulus bediene sich hier wie in dem gesamten Abschnitt literarischer Allgemeinplätze[44], mit denen in Rom Beamte, Magistraten und Philosophen parodiert und in ihrer moralischen Glaubwürdigkeit kritisiert wurden. Diese satirische Kritik machte auch vor den Caesaren nicht Halt. So wurde Gaius Iulius Caesar eine Affäre mit dem bythinischen König Nikomedes angehängt. Nach seinem erfolgreichen Feldzug „verbreitete sich die Nachricht, Cäsar hätte dem unterworfenen König als Mätresse gedient, ein gewisser Octavius hätte Cäsar gar als seine ‚Königin' angeredet. (…) Auch den Soldaten sei das Treiben Cäsars nicht verborgen geblieben, hätten sie doch immer wieder gesungen: ‚Gallien unterwarf der Caesar, Nikomedes Caesar

---

[42] J. D. G. Dunn, Romans 1–8, World Biblical Commentary, Waco, TEX, 1988, 57f.: „The language here is scarcely characteristic of earliest Christian thought (kathorao, „perceive" and theiotes, „divinity, divine nature"," occur only here in the NT; aidios, „eternal"elsewhere only in Jude 6; and poiema, „what is made", only here and Eph 2,10). It also for the most part play an insignificant role in the OT. But it is familiar in Stoic thought: the closest parallel to the aorata / kathoratai wordplay comes in Pseudo-Aristotles, de Mundo 399b.14ff. … and for theiotes cfl. particularly Plutarch, Mor. 398A; 665A (…) Paul is trading upon, without necessarily commiting himself to, the Greek (particularly Stoic) understanding of (…) reality known through the rational power of the mind."

[43] Swancutt, Disease of Effemination. Weiterhin: Dies., „Sexy Stoics and the Reading of Romans 1.18–2.16", in: A.-J. Levine, M. Blickenstaff (Hg.), A Feminist Companion to Paul, London 2004, 42–73. Vgl. die Auseinandersetzung mit diesem Verständnis bei Loader, New Testament on Sexuality, 299f., Anm. 25–29.

[44] Vgl. dazu auch: Tiedemann, Erfahrung des Fleisches, 252–263 („Römische Invektiven und Inventionen").

einst.'[45] Diana Swancutt folgert aus ihrer Untersuchung, Paulus' Aussagen in Röm 1,26–27 seien eine Kritik an den selbstherrlichen römischen Vorstellungen von Männlichkeit und damit an Religion und Kultur Roms, wie sie sich in der öffentlichen Propaganda selbst zelebriert.

Die griechischen Worte für Begehren (1,24: ἐν ταῖς ἐπιθυμίαις) und Leidenschaften (1,26: πάθη), für das Natürliche (1,26: τὴν φυσικὴν χρῆσιν εἰς τὴν παρὰ φύσιν, 1,27: τὴν φυσικὴν χρῆσιν) und Geziemende (1,28: τὰ [μὴ] καθήκοντα), für das Ehrbare und Verachtenswerte (1,26: [ἀ]τιμίας, und 1,27: ἀσχημοσύνην) sind Topoi der stoischen Philosophie. Das Leben „nach der Natur" war ein Ideal der stoischen Philosophen, das sich bei Seneca gewissermaßen passim findet: *Nempe propositum nostrum est secundum naturam vivere* – „es ist wirklich unser Vorsatz, nach der Natur zu leben"[46].

Paulus übernahm diese Topoi, um sich in Römer 1,18–2,16 mit den Vorstellungen stoischer Weiser auseinanderzusetzen. Der stoische Gelehrte vertritt hohe elitäre Ideale von Selbstdisziplin und behauptet, der Mensch müsse seine sexuellen Leidenschaften kontrollieren und sich von Geschlechtsverkehr enthalten außer zur Zeugung von Nachkommen. Aber gleichzeitig wird er von römischen Satirikern ins Lächerliche gezogen. Ein schönes Beispiel bietet Horaz: „Kurz und gut: der Weise steht nur dem obersten der Götter im Range nach; Reichtum, Freiheit, Ehre, Schönheit sind sein alleiniges Vorrecht; er ist der König aller Könige, ist auch ein Ausbund von Gesundheit – es sei denn, daß ihn grad der Schnupfen plagt!"[47]

---

[45] Tiedemann, Erfahrung des Fleisches, 261. Tiedemann belegt dies an den Kaiserviten Suetons. Er kommentiert treffend (aaO.): „Ein Cäsar, der den unterworfenen Nikomedes penetriert hätte, wäre kaum der Rede wert gewesen, einer, der sich jedoch eine vermeintlich weibliche Rolle zu eigen macht, wird zum Gespött."

[46] Epistula 5,4.

[47] Horaz, Ep. I, 1, 106–108: *ad summam: spapiens uno minor es Iove, dives, liber, honoratus, pulcher, rex denique regum, praecipue sanus – nisi cum pitvita molesta est.* Übersetzung oben nach Horaz, Sämtliche Werke, H. Färber (Hg.), Tusculum, München 1967. Vgl. Swancutt, Disease of Effemination, 217.

Die stoischen Gelehrten vertraten eine naturgegebene kosmische Hierarchie, die sich in Staat, Familie und menschlichen Beziehungen als göttliche Ordnung widerspiegelt. Zu dieser Ordnung gehörte die selbstverständliche Vormacht des Mannes gegenüber der Frau. Die kosmische Vernunft, der νοῦς, der alles durchwaltet, Universum, Staat, Familie und das Beziehungsleben, war für die Stoiker männlich konnotiert. Körperliche und politische Stärke, Vernunft, Geistesfähigkeit (auch spirituelle), Überlegenheit, Aktivität, Trockenheit und Penetrieren galten der Stoa daher als Eigenschaften von Männern; Frauen verkörperten die gegenteiligen negativen Eigenschaften: körperliche und politische Schwäche, Unvernunft und Emotionalität, fleischliche Lust, Unterlegenheit, Passivität, Feuchtigkeit und Penetriert-Werden.

Eine verbreitete Kritik an den stoischen Weisen war, sie gewönnen gegen ihre eigenen Ideale sexuelle Vorteile von ihren Schülern, und das auch in gleichgeschlechtlichen sexuellen Beziehungen. Damit trugen sie – so die Kritiker – zur Verweiblichung und Dekadenz ihrer Schüler bei. Martial schildert etwa einen Juristen mit dem Namen Maternus.[48] Er zeigt seine heuchlerische Mannhaftigkeit, läuft ordentlich gekleidet herum und kritisiert das offensichtlich schwule Auftreten anderer. Gleichzeitig liebt er Frauenfarben und schaut körperlich gut gebauten jungen Athleten lange nach. Ein anderes Beispiel ist Athenaeus: Er klagt die Stoiker an, dass sie die Natur durch Travestie verkehren und von ihren jugendlichen ἐρώμενοι verlangen, dass sie ihre Körper rasieren bis hin zum außerordentlich hohen Alter von 28 Jahren. Sie verlangen gegen die Natur – παρὰ φύσιν – von ihren Schülern, dass diese sich auftakeln, Parfum anlegen und zarte Kleider tragen, dass sie ihre Brust und ihr Hinterteil rasieren.[49]

---

[48] Martial, Epigramme. Paul Barié (Hg.), Sammlung Tusculum, Düsseldorf 2002, I, 96: Maternus ist dort als ein „*virum mollem*" (Z. 10) bezeichnet, zu vergleichbarem „unmännlichen" Verhalten vgl. auch I,8 und 9 und 24. Swancutt, Disease of Effemination, 222.

[49] Vgl. Athenaeus, Das Gelehrtenmahl XIII, 563e.f: „Ihr haltet nach Knaben Ausschau und eifert nur darin euerm Meister der Weisheit, dem Phoiniker Zenon, nach, der sich nie mit einer Frau abgab, sondern immer mit Knaben (…); ihr sagt, daß man bis zu einem Alter von achtundzwanzig Jahren seine Geliebten behalten solle."; XIII, 605d:„Nun sorgt ihr dafür,

Die verkehrte soziale Ordnung der Geschlechter

Auf eine solche Geschlechterhierarchie nimmt Paulus in Römer 1,26–27 bezug. Deshalb schreibt er zuerst von Frauen und gibt ihnen die aktive Verantwortung für das Durcheinander der naturgegebenen Ordnung (1,26): „Frauen unter ihnen tauschten nämlich den naturgemäßen Gebrauch gegen einen widernatürlichen ein." Dann erst schreibt er von den Männern, dass sie diese Ordnung passiv haben fahren lassen (1,27): „Ebenso gaben auch Männer den naturgemäßen Gebrauch von Frauen auf." Damit ist die stoische Ordnung auf den Kopf gestellt. Auffälligerweise lässt Paulus bei den Frauen aus, wer die Partnerinnen oder Partner ihrer sexuellen Aktivitäten sind. Dies kann in dem sorgfältig formulierten Abschnitt nur bewusst sein: Paulus ist nicht an der Identität ihres sexuellen Gegenübers interessiert, sondern an der Umkehrung der sozialen Geschlechterrollen. Die auf den Kopf gestellte Ordnung der Geschlechter ist auch sprachlich mit παρὰ φύσιν gemeint. Die herrenlos gewordene Ordnung bewirkt einen Exzess der Leidenschaften, den die Verse 24–27 beschreiben. In 1,24 schreibt Paulus allgemein von der „Gier ihrer Herzen" (ἐν ταῖς ἐπιθυμίαις τῶν καρδιῶν αὐτῶν); in 1,26 von „ehrlosen Leidenschaften" (εἰς πάθη ἀτιμίας) bei den Frauen und von den Männern in 1,27, dass sie ohne Kontrolle „in ihrer Lust" aneinander „entbrannten" (ἐξεκαύθησαν ἐν τῇ ὀρέξει αὐτῶν εἰς ἀλλήλους).

Die Verkehrung von Geschlechterrollen ist nach Swancutt auch gemeint, wenn es heißt: „Männer haben mit Männern Schmach bewirkt" oder besser: „getrieben". Die neue Einheitsübersetzung gibt hier wieder: „Männer treiben mit Männern Unzucht". Dies entspricht aber nicht dem griechischen Ausdruck: τὴν ἀσχημοσύνην κατεργαζόμενοι. Das griechische Wort ἀσχη-

---

meine Herren Philosophen, die ihr die Aphrodite *wider die Natur* in Anspruch nehmt und der Göttin gegenüber frevelt, daß ihr nicht auf dieselbe Weise umkommt! Denn Knaben sind nur dann schön, (…), solange sie Frauen ähnlich sind." Übersetzung nach: Athenaios, Das Gelehrtenmahl, Buch XI–XV, Erster Teil. Eingeleitet und übersetzt von Claus Friedrich, kommentiert von Thomas Nothers, BGrL 53, Stuttgart 2000. Vgl. Swancutt, Disease of Effemination, 219 f.

μοσύνη meint nicht „Unzucht“, sondern „Schmach“ oder „Ungehörlichkeit“. Gemeint ist, dass die stoischen Lehrer ihre Schüler durch homosexuelle Aktivität demütigten. Ihre Schüler würden dadurch beschämt, ihre Körper würden dadurch verweiblicht. Am Ende der Aussagen drückt dies den Tiefpunkt der moralischen Erniedrigung aus.

Eine Abrechnung mit der romanitas

Dies führt – wie Paulus weiter schreibt – schließlich zu einem urteilslosen, nutzlos gewordenen νοῦς (1,28: εἰς ἀδόκιμον νοῦν). Auch hier greift Paulus einen zentralen Begriff stoischer Philosophie auf. Aus einer wertlosen Vernunft entspringen dann alle möglichen weiteren ethischen Ungerechtigkeiten. Erst in Römer 2,1 spricht Paulus einen solchen selbstgerecht urteilenden Weisen direkt an und deckt dessen Heuchelei auf:

> Deshalb hast du keine Entschuldigung, Mensch, wer auch immer du bist, wenn du urteilst (ὦ ἄνθρωπε πᾶς ὁ κρίνων). Mit deinem Urteil über den Anderen verurteilst du dich selbst. Denn du tust doch genau dasselbe, auch wenn du es verurteilst.

Paulus überführt hier die gesellschaftlich herrschende Philosophie mit der Karikatur eines selbstgerechten stoischen Weisen. Dies tut er, so Diana Scwancutt, um gegen die strenge Selbstgerechtigkeit der stoischen Beamten und Richter, gegen ihre unterdrückende und ausbeutende Praxis die rettende Kraft seines Evangeliums von Gott als einem gerechten und barmherzigen Richter zu verkünden. Diana Swancutt schreibt: „An eine Stadt also, in der viele Stoiker ihren Dienst als Beamte leisteten und Seneca und Nero die Ideologie von einem Quinquennium als goldenes Zeitalter eines stoischen Herrschers geschaffen haben, schreibt Paulus einen Brief, der mit der Abrechnung mit einem stoischen römischen Richter beginnt, der sich selbst und die Massen ‚wie ein Mädchen‘ beherrsche. Römer 1,18–2,16 ist daher eine beißende Denunziation der *romanitas*.“[50]

---

50 Swancutt, Disease of Effemination, 232: „Thus, into a city in which many

Konsequenzen

All das bedeutet nicht, dass Paulus gleichgeschlechtliche sexuelle Aktivitäten akzeptieren würde. Könnte man ihn fragen, würde er wahrscheinlich auf die Tora verweisen. Allerdings sind Paulus' Aussagen auch tendenzkritisch zu lesen. Luise Schottroff hat dies bereits 1994 deutlich gemacht:

> „Weibliche Menschen müssen sich einem natürlichen Benutztwerden durch männliche Menschen (Röm 1,26.27) unterwerfen. Dabei entbrennen und begehren die Männer die Frauen (so implizit Röm 1,27). Die natürliche Biologie schreibt also Aktivität für Männer und Passivität für Frauen fest. Frauen, die sich diesem Benutztwerden durch Männer entziehen und einen ‚widernatürlichen' Gebrauch von ihrem Körper machen, sind den Leidenschaften hingegeben, die Unehre bringen, sagt Paulus. Weiblichkeit wird hier über Heterosexualität aus der Perspektive eines patriarchalen Geschlechterdualismus definiert."[51]

Nicht nur weibliche Geschlechterrollen werden über Ausschluss der männlichen konstruiert und umgekehrt. Auch gleichgeschlechtliches sexuelles Handeln wird bei Paulus über die Differenz zu andersgeschlechtlichem sexuellen Handeln als „gegen die Natur" verurteilt und als Perversion dissoziiert. Indem gleichgeschlechtliche sexuelle Aktivität diskriminiert wird, werden umgekehrt heterosexuelle Standards etabliert und zum religiös-gesellschaftlichen Norm- und Idealfall erhoben.

Wenn Diana Swancutts Rekonstruktion zutrifft, lässt dies den sozialgeschichtlichen Kontext noch genauer erkennen: Im Römerbrief schreibt Paulus von pädosexuellen oder hierarchisierten sexuellen Beziehungen, die er gleichgeschlechtlich versteht. In diesen Beziehungen sieht er einen Selbstwiderspruch zwischen stoischer Lehre und Lebenspraxis und sieht darin sicher auch

Stoics served as magistrates and Seneca and Nero crafted the ideology of the quinquennium as the golden age of a Stoic ruler, Paul sent a letter inaugurated by a censure of a Stoicized Roman judge for governing himself and the masses ‚like a girl.' Romans 1:18–2:16 is therefore a biting denunciation of *Romanitas*" (Übersetzung oben AW).

[51] Schottroff, Lydias ungeduldige Schwestern, 64.

die Tora verletzt. Eine homosexuelle Orientierung macht Paulus aber auch an dieser Stelle nicht dafür verantwortlich.

Um Paulus' Aussagen zu verstehen, ist heute zu berücksichtigen, dass er mit der Bibel allgemein Homosexualität und Heterosexualität als mögliche Varianten sexueller Orientierung noch nicht kennt. Die gesamte antike Umwelt der Bibel kannte allenfalls in Ansätzen ein Konzept von Sexualität, mit dem die Humanwissenschaften heute das konstitutive Angezogensein von einem bestimmten Geschlecht beschreiben. Die Bibel und ihre Umwelt wussten aber wohl darum, dass Männer wie Frauen in ihrem sexuellen Verhalten soziale Rollen zum Ausdruck brachten, die ihnen gesellschaftlich vorgegeben waren.

Pädosexualität

Im Römerbrief, möglicherweise auch bereits im Korintherbrief sind auch pädosexuelle Verhaltensweisen angesprochen. Deshalb sei zum Schluss dieses Abschnitts auf die Frage danach in der Umwelt des Paulus noch einmal eingegangen. Bei Pädosexualität ist der sexuelle Wunsch eines Erwachsenen gegenüber einem Kind in einem Verhältnis gegeben, das immer hierarchisiert ist. In der griechischen Kultur wurde dafür das Wort Päderastie verwendet, zusammengesetzt aus den Bestandteilen παίς für „Kind" oder „Jugendlicher" und ἐράω für „Liebe".[52] Im griechischen Bereich war Päderastie akzeptiert, im Unterschied zum Judentum, das sie wohl durchweg abgelehnt und zum Teil scharf kritisiert hat.

Der Liebhaber wurde im Griechischen ἐράστης genannt; der Geliebte, der in Alter und/oder sozialer Hierarchie deutlich niedriger stand, ἐρώμενος. Die biblischen Schriften kennen dieses Wortfeld nicht. In griechischer Philosophie war Päderastie dagegen als Beziehung zwischen Lehrer und Schüler akzeptiert. Bezeugt ist sie vor allem für gehobene Gesellschaftsschichten,

---

52 Vgl. dazu im Folgenden: A. Lear, Ancient Pederasty: An Introduction, in: Companion to Greek and Roman Sexualities, 102–127.

was nicht bedeutet, dass sie in niedrigeren Gesellschaftsschichten nicht vorkam. Harmodios und Aristogeiton waren ein päderastisches Paar[53]; sie wurden in Athen als Befreier gefeiert, weil sie 514 v. Chr. gemeinsam den Tyrannen Hipparchos ermordeten und die Stadt von seiner Herrschaft befreiten. Als Heroen erfuhren sie kultische Verehrung. Jeder, der die Agora betrat, ging an ihrer Statue vorbei, die Mahlzeiten ihrer Nachfahren wurden von der Stadt finanziert. Die Verehrung des Paares zeigt, dass ihre päderastische Beziehung akzeptiert oder zumindest kein Hindernis für ihre gesellschaftliche Verehrung war.

Allerdings wurde Päderastie auch bereits unter Philosophen problematisiert. Eine diskutierte Frage war, bis zu welchem Alter des Jugendlichen sie zulässig war: Häufig wurde angegeben, bis der Bartwuchs einsetzt. Die Frage allerdings, ab welchem Alter – bzw. bei welchem Altersunterschied – eine sexuelle Beziehung keine hierarchisierte Gewalt darstellt, scheint nicht diskutiert worden zu sein. Wohl wurde allerdings bereits in der Antike und im philosophischen Diskurs des Hellenismus die defizitäre Reziprozität einer päderastischen Beziehung kritisiert.

Päderastische Praxis und das dazugehörige Affektleben legten weder den Erastês noch den Erômenos auf eine bestimmte sexuelle Orientierung fest. Sokrates war bekanntlich gut verheiratet. Plato erzählt aber recht selbstverständlich, dass Sokrates auch von Jungen erotisch angezogen ist (z. B. Plato, Charmides 155d, Symposion 116c–119d).[54] Allerdings nutzt Sokrates die Anziehung, um mit den Jungen in ein philosophisches Gespräch einzutreten. Bei anderen blieb es nicht beim gemeinsamen philosophischen Dialog. Päderastie bleibt trotz der Kritik eine verbreitete Praxis bis in die römische Kaiserzeit hinein.

Päderastie würde heute unter den Begriff der Pädosexualität fallen. Denn mit Pädosexualität lässt sich heute eine „besondere Form sexueller Beziehungen zwischen Erwachsenen und Kindern"[55] definieren, die in der wissenschaftlichen Literatur und in

---

53 Lear, Ancient Pederasty, 109–112, mit Abbildung 7.7, S. 111.

54 Lear, Ancient Pederasty, 113–114.

55 M. Dannecker, Pädosexualität, in: D. Bange, W. Körner (Hg.), Handwörterbuch Sexueller Missbrauch, Göttingen, Bern, Toronto, Seattle 2002

der Alltagssprache oft „Pädophilie“ bezeichnet wird. Pädophilie enthält das griechische Wort φιλία, das im Neuen Testament für die Beziehung im Rahmen der frühchristlichen Freundschaftsethik verwendet wird.[56] Eine Beziehung zwischen Erwachsenen und Kindern erfüllt aber nie die vorausgesetzte Gleichheit der Partnerinnen und Partner in einer Freundschaft. Der Ausdruck Pädophilie verschleiert außerdem, dass es sich heute „bei der Liebe der Erwachsenen zu Kindern um eine ihr immer unterlegte bewusstseinsfähige und häufig auch bewusste Sexualisierung der Kinder durch die Erwachsenen handelt“.[57] Genau in diesem Punkt unterscheiden sich pädosexuelle Beziehungen aber von homo- oder heterosexuellen Beziehungen. Denn die Sexualisierung geschieht in einer pädosexuellen Beziehung einseitig von dem Erwachsenen her, sie wird von dem Kind als Gegenüber nicht geteilt. Die Reziprozität, die homo- und heterosexuelle Beziehungen kennen, ist in einer pädosexuellen Beziehung nicht möglich. Das stellt sie auch ohne das Dazukommen von Gewalt unter eine ethische Problematik. Für viele sexuelle Aktivitäten in hierarchisierten Beziehungen gilt die gleiche ethische Problematik: In jedem Fall sind auch da Beidseitigkeit und Einvernehmlichkeit der sexuellen Wünsche auf einer gleichberechtigter Ebene nicht gegeben. Einvernehmlichkeit würde auch im Sinne von Paulus Augenhöhe und die Aufhebung sozialer Unterschiede in einer sexuellen Beziehung voraussetzen.

Die Bibel[58] *und auch Paulus stellen keinen Zusammenhang zwischen sexualisierter Gewalt in hierarchisierten Beziehungen zu einer*

(390–394), 390. Die sozial-psychologischen Grundlagen im Folgenden fußen auf diesem Beitrag.

[56] Genauer gesagt, das Verbum φιλέω und das Substantiv φιλός, beides vor allem im Johannesevangelium, vgl. M. Zimmermann, R. Zimmermann, Freundschaftsethik im Johannesevangelium: Zur öffentlichen und politischen Reichweite eines ethischen Konzepts, in: R. Zimmermann, S. Joubert, Biblical Ethics and Application IX, WUNT 384, Tübingen 2017, 163–183.

[57] Martin Dannecker, Pädosexualität, 390.

[58] Zum alttestamentlichen Zusammenhang: I. Müllner, Erzählen gegen das Schweigen. Narrative Darstellungen sexueller Gewalt im Alten Testament, in: M. Jacobs (Hg.), Missbrauchte Nähe. Sexuelle Übergriffe in Kirche und Schule, Freiburg, CH, 2011, (31–91) 81 f.; I. Müllner, A. Reese-Schnitker,

bestimmten sexuellen Orientierung her. Aber auch pädosexuelle Beziehungen in der Bildungsschicht der antiken Umwelt der Bibel lassen keinen Rückschluss auf eine homosexuelle Orientierung zu. Das liegt aber zum großen Teil auch daran, dass die Bibel und ihre antike Umwelt ein Konzept sexueller Orientierungen noch nicht kannten.

Ein wichtiges Moment pädosexueller Beziehungen sind allerdings die sozial ungleichen Rollen der Geschlechter, und dafür hatten auch Paulus sowie seine jüdische und hellenistische Umwelt ein feines Sensorium. Paulus setzt bei den sozialen Rollen Reziprozität als entscheidendes ethisches Kriterium voraus. In der Ehe ist nach Paulus das sexuelle Zusammenkommen nicht durch die sonst bestehenden hierarchischen Ordnungen der geschlechtlichen Rollenmuster bestimmt, sondern als reziproke Beziehung beschrieben (1 Kor 7,3–4 und 5 und 7,12–13). Für Paulus ist das wohl eine Folge seiner Sicht der Beziehung zwischen Frau und Mann, die sich aus der Relativierung ihrer geschlechtlichen Rollen in der Tauftheologie nach Gal 3,28 ergibt.[59] Auch das Eschaton erwartet Paulus offenbar nicht mehr als geschlechtlich und sexuell hierarchisiertes Zusammenleben, sondern als „Gott, der alles in allen" (1 Kor 15,28) ist. Diese Freiheit sollte auch in einer Ehe zwischen getauften Messiasglaubenden schon erfahrbar sein.

Freiheit, Einvernehmlichkeit und Gegenseitigkeit sind Werte, die in menschlichen Beziehungen fragil und einer Reihe von Gefährdungen ausgesetzt sind; eine davon ist das Begehren. Es kann eine psychologische Dynamik entfalten, die selbst bei gutem Willen Menschen in Unfreiheit führt. Mit ihrem liebenden Begehren geraten Menschen dann in einen Konflikt mit den Bedürfnissen ihres Gegenübers. Darum weiß auch Paulus, und darum soll es im nächsten Abschnitt gehen. Um Paulus' Aussagen zu verstehen,

---

N. Spiering-Schomborg, Schweigen überwinden. Lehren und Lernen in der Spur biblischer Darstellungen sexualisierter Gewalt, in: M. Meyer, K. Ziepprecht, J. Mayer (Hg.), Lehrerausbildung in vernetzten Lernumgebungen, Münster, New York 2018, 163–178.

[59] Es gibt allerdings auch parallele Entwicklungen in griechisch-römischen und hellenistischen Texten, vgl. dazu Horn, Nicht wie die Heiden, 291.

werden dabei nicht nur jüdische Schöpfungsvorstellungen relevant sein, sondern auch der Dekalog. Dieser Grundtext biblischer Moral ist nicht nur identitätsbildend für Paulus' ethische Vorstellungen, sondern eine wichtige Grundlage für christliche Ethik bis heute.

Begehren, Sex und der Dekalog (Römer 7)

Begehren hat viele Aspekte: Die Bewegungen zum Gegenüber in der Liebe drängen nach einer emotionalen und körperlichen Vereinigung mit ihm oder ihr, das gehört zum Begehren.[1] Viele Menschen erleben dies als Glückserfahrung, auch in der Bibel. Nach der Schöpfungsüberlieferung hat Gott Menschen mit diesem sexuellen Begehren geschaffen. Aber Begehren kann auch bedrängend werden. In Römer 1,26–27 hatte Paulus über gleichgeschlechtliche sexuelle Aktivität gesprochen. Aber bereits vorher hielt er fest, dass Gott die Menschen, die seine Kraft und sein unsichtbares Wesen nicht anerkennen, den „Begierden ihrer Herzen" (ἐν ταῖς ἐπιθυμίαις τῶν καρδιῶν αὐτῶν) ausliefert (1,24). Menschen können erfahren, dass sexuelles Begehren Macht über sie gewinnt und zu Verhaltensweisen führt, die sie nicht mehr unter Kontrolle haben. Dabei denkt auch Paulus sicherlich nicht nur an gleichgeschlechtliche sexuelle Aktivität; seine verschiedenen Merklisten von Toraverstößen sprechen von unterschiedlichsten Erfahrungen, denen Frauen und Männer vor allem in der breiten Unterschicht und in vielfältigen Abhängigkeitsverhältnissen der römischen Gesellschaft ausgesetzt waren: sexuelle Gewalt, Prostitution, Hintertreppenabtreibungen.[2]

In Römer 1,24 spricht Paulus das Begehren als eine zwingende, freiheitsraubende Kraft an, die Menschen erleiden; der erste Thessalonicherbrief spricht von den πάθη ἐπιθυμίας (1 Thess 4,5, vgl. auch Kol 3,5). Begehren kann auch für heutiges Erleben ein Problem werden, nicht nur in einer kirchlichen Sexualethik im „lange(n) Schatten des Augustinus"[3]. „Der Trieb- und Bedürfnisnatur des Menschen wohnt tatsächlich ein hohes destruktives

[1] S. Farley, Just Love, 186–196.

[2] Vgl. Schottroff, Erster Korintherbrief, 115–117.

[3] Vgl. den bereits zitierten gleichlautenden Artikel von Eberhard Schockenhoff.

Potenzial inne"[4], diagnostiziert Eberhard Schockenhoff mit Blick auf Traumatisierungen durch sexualisierte Gewalt. Liebendes Begehren kann in der Sexualität Glück und Erfüllung finden, es kann aber auch der Selbstkontrolle entgleisen und in Missbrauch und sexueller Gewalt Menschen zutiefst verletzen. Die „destruktiven Formen sexueller Gewalt und sexuellen Missbrauchs stellen ohne Zweifel eine unmittelbare Bedrohung der Menschenwürde ihrer Opfer dar."[5] Ist das Begehren auch für Paulus und sein Denken ein Problem geworden?

Die bedrängende Seite des Begehrens ist der Auslöser für seine Überlegungen in Röm 7,7–25. Auch hier spricht Paulus offenbar wieder unter Einfluss der Schöpfungsüberlieferungen im Buch Genesis. Wenn er in den Versen 8 bis 11 in der 1. Person Singular spricht, entsteht der Eindruck, dass er hier nicht oder zumindest nicht *nur* von sich spricht, sondern von der Versuchung durch die Sünde im Garten Eden. Das Verb, mit dem Paulus in 7,11 schreibt, dass er durch die Sünde getäuscht worden sei (ἐξηπάτησέν με), klingt nach einer Anspielung auf Evas Täuschung durch die Schlange in Gen 3,13: ὁ ὄφις ἠπάτησέν με.[6] Erstaunlicherweise wird die Täuschung der Frau hier zu der eigenen Erfahrung des männlichen Ich, mit dem er schreibt. In diesen Versen finden sich noch weitere Anspielungen auf die Schöpfungsüberlieferung[7], akzentuiert auch durch die jüdische Paraphrase der Genesis im Targum Neofiti. Denn nach dem aramäi-

---

[4] Schockenhoff, Der lange Schatten des Augustinus, 200.

[5] Schockenhoff, ebd.

[6] Vgl. S. Krauter, Eva in Röm 7, ZNW 99 (2008) 1–17; Ders., Röm 7: Adam oder Eva?, ZNW 101 (2010) 145–147; Ders. (Hg.), Perspektiven auf Römer 7, BThS 159, Neukirchen-Vluyn 2016, und die Beiträge dort.

[7] Vgl. R. H. Gundry, The Moral Frustration of Paul before His Conversion. Sexual Lusts in Romans 7:7–25, in: Ders., The Old is better: New Testament essays in support of Traditional Interpretations, WUNT 178, Tübingen 2005 (252–271) 256. Gundry ist trotz der Belege, die er zusammenstellt, von dem Genesisbezug nicht überzeugt. Eine neuere und präzisere Zusammenstellung der Anspielungen mit einer entsprechenden Bewertung findet sich bei J. Spaeth, Das „Ich" in Röm 7,7–25, in: Krauter, Perspektiven auf Römer 7, (161–204) 191–199.

schen Targum wird Adam in den Paradiesgarten gestellt, um Gottes Tora zu bewahren.[8]

Gen 2,15, Targum Neofiti Adam wird in den Garten Eden gestellt, um das Gesetz zu bewahren.	Römer 7,7–20: Bewahrung des Gesetzes als Aufgabe des Menschen
Gen 2,16–17: Adams Leben ohne das Gesetz	Röm 7,9a–b: Leben des Menschen ohne das Gesetz
Gen 2,16–17: Gottes Gebot über die beiden Bäume	Römer 7,7: „Du sollst nicht begehren!" als Zentrum der ethischen Weisung der Tora
Gen 3,4–6 Begehrlichkeit des Baumes durch das Gebot	Römer 7,9 Sünde lebt mit der Begehrlichkeit durch das Gebot auf.
Gen 3,13 Die Täuschung der Schlange	Römer 7,11 Die Täuschung durch die Sünde (vgl. 2. Kor 11,3)
Gen 3,19 Das Ergebnis der Täuschung: Tod	Römer 7,10 Die Sünde bewirkt den Tod.

Paulus' Anspielungen legen nahe: Das Begehren entsteht im menschlichen Ich, mit dem Paulus spricht, nach den gleichen urmenschlichen, psychologischen Dynamiken, wie sie bereits den Schöpfungserzählungen zugrundeliegen.

Wie in Röm 1,24 bezeichnet er das Begehren mit dem griechischen Substantiv ἐπιθυμία; kurz danach verwendet er auch das Verb ἐπιθυμέω und zitiert dabei den Dekalog. Substantiv wie Verb hängen im Griechischen mit einem Wort θυμός zusammen,

[8] Der aramäische Targum paraphrasiert Gen 2,15: „Und der Herr Gott nahm Adam und ließ ihn im Garten Eden verweilen, zu arbeiten *im Gesetz* und zu bewahren *die Gebote*." Die Begriffe „Gesetz" und „Gebote" sind ergänzt (Jakob Spaeth, Das „Ich" in Röm 7,7–25, 195, dort auch die Übersetzung des Targum). Spaeth hält allerdings fest: „Der Text ist Zeugnis einer Tendenz, schon in der Paradiesgeschichte die Tora explizit oder auch nur implizit einzutragen. Ob es diese Tendenz schon zur Zeit des Paulus gab, ist unklar, da der Targum nicht exakt zu datieren ist" (ebd.).

das in seiner Grundbedeutung Brodeln, Wallen oder auch Rauchen bedeutet. Zusammengesetzt meint das Wort ἐπιθυμία das körperliche Bedürfnis nach Nahrung oder auch nach geschlechtlicher Befriedigung. Für die stoischen Philosophen gehört das Begehren nach der Schrift Zenons „Über die Leidenschaften" zu den vier Hauptaffekten des Menschen: Begehren, Freude, Furcht und Betrübnis. Alle vier sind Affekte, die für die antike Anthropologie wie für die Erfahrungen heutiger Menschen auch im sexuellen Leben vorkommen.

Für Paulus ist „Begehren" bereits ein theologisch gefüllter Ausdruck, dessen Bedeutung durch die jüdisch-hellenistische und biblische Überlieferung geprägt ist. Wenn er in Römer 7,7 vom Begehren spricht, stehen Substantiv und Verb in einer parallelen Formulierung:

> Aber die Sünde hätte ich nicht erkannt,
> wenn nicht durch das Gesetz.
> Denn auch die Begierde (ἐπιθυμίαν) hätte ich nicht gekannt,
> wenn das Gesetz nicht gesagt hätte: «Du wirst nicht begehren! (οὐκ ἐπιθυμήσεις)» (Röm 7,7d–g)

Begehren im Dekalog

„Du wirst nicht begehren" ist ein verkürztes Gebot (Ex 20,17; Dtn 5,21). Paulus zitiert mit diesen Worten das Ende des Dekalogs, offenbar nach der Fassung der Septuaginta, allerdings nur den Anfang des Gebots; die weiteren Bestimmungen des Begehrens lässt er aus. Genauso zitiert er es auch in Röm 13,9, dort allerdings im Zusammenhang mit anderen Geboten des Dekalogs. „Begehren" kann bei Paulus auch, allerdings nicht oft, in positivem Sinn verwendet werden (vgl. Phil 1,23; 1 Thess 2,17 und deuteropaulinisch: 1 Tim 3,1). Bei einer negativen moralischen Wertung ist es meist durch ergänzende Bemerkungen zusätzlich qualifiziert, so auch im Römerbrief in 1,24. Wenn Paulus negativ vom Begehren spricht, ließe es sich im Deutschen sprachlich besser differenziert mit „Gier" übersetzen. In Römer 7,7 allerdings hat es nicht von vornherein negative Aspekte; die weniger wertende Übersetzung mit „Begehren“ trifft Paulus’ Aussage und lässt auch im Deutschen noch die Ebene theologischer Reflexion anklingen, die Paulus hier anspricht.

Philo zitiert das letzte Gebot des Dekalogs ähnlich abgekürzt wie Paulus einfach mit οὐκ ἐπιθυμήσεις – ohne ein Objekt. Beide folgen offenbar einer Zitiergewohnheit, die im hellenistischen Judentum verbreiteter war. Auch in 4 Makk 2,6 ist sie belegt.[9] Das Begehren ist für Philo nicht ausschließlich sexuell, sondern kann sich auch auf andere Objekte beziehen: „Durst (δίψαν), Hunger (πεῖναν) (...) Geld (χρημάτων), Ruhm (δόξης), Machtstellungen (ἡγεμονιῶν), Schönheit (εὐμορφίας) und all die (den) zahllose(n) Dinge(n), die sonst im Menschenleben Ziele des Strebens und Ringens bilden“ (Spec leg IV, 82).

Bei der Verortung des Begehrens im menschlichen Körper bedient sich Philo der platonischen Einteilung der drei Sinneskräfte: Die Vernunft hat ihren Sitz im Kopf, das mutvolle Streben hinter der Brust, das Begehren nahe beim Nabel und dem Zwerchfell. Da das Begehren am wenigsten Anteil an der Vernunft hat, ist auch sein Platz im Körper am weitesten von ihr entfernt. Es sei das „unersättlichste und zügelloseste aller Pfleglinge und habe an derselben Stätte ihren Wohnsitz wie Ernährung und Begattung. Mose sei es gelungen, diese Leidenschaft abzulegen und er habe sie verabscheut als das „Hässlichste“ (κακὸν ὑπερβάλλον) und als „Quell des Hässlichsten“ (ἁπάντων πηγὴ τῶν κακῶν) (Spec. Leg. IV, 84). Deshalb habe er die Begierde aufs Strengste untersagt, da sie ein Belagerungswerkzeug für die Seele sei.

Derart scharfe Äußerungen finden sich bei Paulus nicht, dennoch zieht sich das Thema des Begehrens durch alle paulinischen Briefe: 1 Thess 4,3–6; 1 Kor 10,6–8; Gal 5,16–17; Römer 1,24; Römer 6,12; Römer 7,7–8; Römer 13,14. Am ausführlichsten aber spricht Paulus vom Begehren im Römerbrief; in diesem Rahmen nimmt das 7. Kapitel einen besonderen Platz ein. Für den Kontext und Paulus’ ethische Vorstellungen vom sexuellen Begehren schiebt sich damit neben die Schöpfungsüberlieferungen der

[9] Loader, Septuagint, Sexuality, 21.

Dekalog als ein weiterer entscheidender biblischer Bezugstext, dessen Hintergrund Paulus' Vorstellungen über Begehren und sexuelle Aktivität wesentlich geprägt hat.

Der Dekalog

In der hebräischen Bibel ist der Dekalog zweimal überliefert, in Exodus 20,1–17 und in Dtn 5,6–21. Beide Fassungen unterscheiden sich nur leicht, wobei die kleinen Unterschiede und narrativen Einbettungen bedeutungsvoll sind. In Exodus 20 ist der Dekalog das erste Wort Gottes am Sinai – und das erste Gotteswort, welches das gesamte Volk ohne Mose als Mittler empfängt. Allein die Tafeln des Dekalogs sollen in die Bundeslade gelegt werden als Urkunde des Bundes zwischen Gott und dem Volk (Dtn 34). Im Buch Deuteronomium erinnert Mose das Volk in einer umfassenden Gesetzesparänese an diese Gottesoffenbarung auf dem Sinai.

Die deutsche Bezeichnung als „Zehn Gebote" gibt treffend wieder, wie Paulus als hellenistisch gebildeter Jude den Dekalog verstanden hat. In Kapitel 7 in den Versen 8–13 nennt er das vorangegangene Dekalogzitat ἐντολή, das geläufige griechische Wort für „Gebot". Und auch in 13,9, wo er das Gebot ebenfalls abgekürzt zitiert, verwendet er dieses Wort im Zusammenhang mit dem Dekalog. Paulus hat die einzelnen Teile des Dekalogs also als „Gebot" verstanden.[10]

Die ursprüngliche Bezeichnung „Dekalog" spricht allerdings nicht von Geboten, sondern wörtlich von δέκα λόγοι, also „zehn Worten".[11] Der Dekalog umfasst auch nicht nur Gebote. Er beginnt mit einer Selbstvorstellung Gottes (Ex 20,2 und Dtn 5,6), der das Volk Israel zunächst an seine grundlegende Befreiungserfahrung erinnert: Gott hat das Volk aus dem Sklavenhaus in

[10] Vgl. auch 1 Kor 7,19 und 14,37.

[11] An sich ist die Zehnzahl nicht leicht nachzuvollziehen, denn weder in Exodus 20 noch in Dtn 5 zählt man zehn Gebote, sondern 12 oder 13, dazu kommt dann noch die Selbstvorstellung. Das Judentum zählt im Dekalog daher 14 Gebote – und mit 14 Geboten einschließlich der Selbstvorstellung Gottes geht der Dekalog in die Gesamtzahl der 613 Gebote ein.

Ägypten geführt, um es in gerechter Weise leben zu lassen; dafür gibt Gott dem Volk die „zehn Worte" als Weisungen mit.[12] In Dtn 4,13 und in 10,4 spricht auch der Bibeltext von „zehn *Worten*", die Mose auf dem Berg auf Steintafeln geschrieben erhalten hat. Ex 34,28 bezeichnet die zehn Worte auf zwei Steintafeln als „*Worte* des Bundes". Erst Mitte des 2. Jhdt.s werden die zehn Worte im Ptolemäusbrief dann im Singular δεκάλογος, „Zehn-wort", genannt (Ptolemaeus, Brief an die Flora 5,3). Der römische Lehrer Ptolemäus ist vermutlich von alexandrinischer Theologie beeinflusst; er unterscheidet im Dekalog zwischen Geboten und Verboten, hält sie für „reine" aber noch nicht vollkommene Gebote, weil sie erst noch der weiteren Erfüllung durch den Retter (d. h. Jesus) bedurften. Wenig später findet sich die gleiche Bezeichnung auch bei Irenäus (Aversus Haereses 4,15). Auch Paulus hat in Römer 13,9 allerdings bereits die Absicht, die einzelnen Dekaloggebote alle in einem Wort zusammenzufassen (ἐν τῷ λόγῳ).

Der Dekalog wurde also in der Bibel selbst und in seiner frühen Rezeption im antiken Christentum als ein Gesamtzusammenhang wahrgenommen, aus dem einzelne Gebote nur künstlich herausgeschnitten werden können. Anderseits legt auch der biblische Text bereits eine Einteilung des Dekalogs in zwei Teile nahe – entsprechend der beiden Steintafeln (Ex 31,18, vgl. 34,28). Dabei werden schon früh Exodus 20,2–12 als erster Teil betrachtet, als religiöse Gebote, die mit den Geboten auf der ersten Tafel gleichgesetzt werden, und die folgenden Gebote Exodus 20,13–17 als soziale Gebote, die zur zweiten Tafel gehören.[13] „Du wirst nicht

---

[12] So versteht ihn auch das Katechismus der Katholischen Kirche (KKK 2057): „Der Dekalog ist zunächst im Zusammenhang mit dem Auszug aus Ägypten zu verstehen, jener im Zentrum des Alten Bundes stehenden großen Befreiungstat Gottes."

[13] Unabhängig von seiner Einbettung in den Erzählablauf des Pentateuchs ist der Dekalog als selbstständiger Text schon in vorchristlicher Zeit bezeugt. Handschriftlich findet sich seine älteste Überlieferung im Papyrus Nash, einem hebräischen Papryus aus dem 2. oder 1. Jhdt. v. Chr. Bis zur Entdeckung der Qumranhandschriften galt der Papyrus als die älteste bekannte Bibelhandschrift. Sie enthält aber nur den Dekalog in einer Fassung, die die unterschiedlichen Varianten in Exodus 20,1–17 und Dtn 5,6–21 miteinander harmonisiert. Zusätzlich zum Dekalog findet sich im Papy-

begehren" wurde also als Ende und Zielaussage der sozialen Gebote des Dekalogs verstanden, so zitiert es Paulus auch in Röm 13,9.

Der Dekalog in der Septuaginta

Paulus und die Messiasgemeinden, denen er schreibt, haben den Dekalog in einer griechischen Fassung gelesen. Die griechische Septuagintaübersetzung hat die Gebote, die den Bereich menschlicher Sexualität betreffen, im Vergleich zur hebräischen Vorlage stärker in den Vordergrund gerückt. Die veränderten Sinnakzente in der Septuaginta lassen sich an drei Gesichtspunkten beobachten: (a) der Voranstellung des Ehebruchverbots, (b) der Umakzentuierung und (c) der Übersetzung im letzten Gebot.[14]

(a) Voranstellung des Ehebruchverbots: In Römer 13,9 führt Paulus vier Gebote aus dem Dekalog an, die alle der zweiten Tafel der Gebote angehören: τὸ γὰρ οὐ μοιχεύσεις, οὐ φονεύσεις, οὐ κλέψεις, οὐκ ἐπιθυμήσεις – „Die (Gebote): *Du wirst nicht die Ehe brechen, du wirst nicht töten, du wirst nicht stehlen, du wirst nicht begehren*". Paulus folgt dabei der Septuaginta mit einer anderen Reihenfolge der Gebote als im hebräischen Text. In den heute verbreiteten Druckfassungen der Septuaginta beginnen die sozialen Gebote in Ex 20,13 mit οὐ μοιχεύσεις. Es folgt auf das letzte Gebot der ersten Tafel, die Eltern zu ehren. Darauf folgt im Buch Exodus das Verbot des Diebstahls und erst dann steht das Verbot, zu morden (Exodus 20,13–15):

(13) οὐ μοιχεύσεις (14) οὐ κλέψεις (15) οὐ φονεύσεις

Im Buch Deuteronomium folgt in der Septuaginta das Ehebruchverbot ebenfalls unmittelbar auf das Gebot, die Eltern zu ehren. Allerdings weicht das Buch Deuteronomium in der Septuaginta

rus noch das „Höre Israel" aus Dtn 6,4–5. Der Dekalog ist offenbar zusammen mit dem „Höre Israel" bereits in vorchristlicher Zeit zu katechetischen und liturgischen Zwecken verwendet worden. Vgl. Loader, Septuagint, Sexuality, 6 f.

[14] Loader, Septuagint, Sexuality, 5–15.

dann vom Buch Exodus ab. Tötungsverbot und Diebstahlverbot stehen in umgekehrter Reihenfolge – zuerst das Tötungsverbot und danach das Diebstahlverbot (Dtn 5,17–19):

(17) οὐ μοιχεύσεις (18) οὐ φονεύσεις (19) οὐ κλέψεις

Dies hat zur Folge, dass das Ehebruchverbot bei einer Aufteilung der Gebote auf zwei Tafeln an die erste Stelle der Gebote auf der zweiten Tafel rückt. Paulus ist also bei der Reihenfolge in Röm 13,9 vermutlich der Septuagintafassung des Deuteronomiums gefolgt.[15] Das Verbot des Ehebruchs steht als erstes in der Reihenfolge der sozialen Gebote des Dekalogs, erst dann folgen die Verbote von Mord und von Diebstahl. Damit folgt er vermutlich einer griechischen Textüberlieferung, die im Diasporajudentum verbreitet war. Sie lässt sich auch noch an anderen Stellen im NT

[15] Vgl. zum Vorangehenden Loader, Septuagint, Sexuality, 5–8. Ganz sicher ist dies allerdings nicht, denn auch der schon erwähnte Papyrus Nash folgt mit seinem hebräischen Text des Dekalogs der Fassung der Septuaginta im Buch Deuteronomium. Auch dort steht der Ehebruch vor dem Mord und dem Diebstahl. Es kann also auch sein, dass Paulus nicht direkt von der Septuaginta beeinflusst ist, sondern von einer hebräischen katechetischen Tradition, die weiter verbreitet war als die Septuaginta. Möglicherweise hatte die Septuaginta daher auch bereits eine andere hebräische Fassung des Dekalogs als die hebräischen Textüberlieferungen der Masoreten, die die heutigen Bibelübersetzungen zugrunde legen.
In der Umgebung Jesu und Paulus' war offenbar auch die Reihenfolge des hebräischen Textes noch bekannt. Davon zeugt etwa Mt 19,18: Dort gibt Jesus dem reichen Mann die Gebote in der Reihenfolge des späteren masoretischen hebräischen Textes wieder – Mord, Ehebruch, Diebstahl. Auch die Reihenfolge der Antithesen in der Bergpredigt, vom Töten (Mt 5,21–26) und von Ehebruch und Ehescheidung (5,27–32) setzt die hebräische Reihenfolge voraus. Matthäus wird häufiger von der Exegese mit einem aramäischsprachig-judenchristlichen Milieu in Verbindung gebracht. Möglicherweise war die masoretische Reihenfolge der Gebote dort üblich. Beide Reihenfolgen waren demnach nebeneinander in Gebrauch, was auch die unterschiedlichen Textversionen von Mk 10,19 erklärt. Dort folgen einige Handschriften der masoretischen Reihenfolge Mord – Ehebruch – Diebstahl, andere aber der Reihenfolge: Ehebruch – Mord – Diebstahl, wie sie in der Septuaginta im Buch Deuteronomium belegt ist und im Papyrus Nash, vgl. Loader, Septuagint, Sexuality, 6.

nachweisen (Mk 10,19 in einigen Handschriften; Lk 18,20; Jak 2,11).

(b) Umakzentuierung bei dem letzten Gebot:[16] Die letztgenannte ist nicht die einzige Umakzentuierung, die die Septuaginta bei der Übersetzung der hebräischen Dekalogfassungen vorgenommen hat: Die zweite betrifft das Gebot, das in Römer 13,9 als viertes zitiert wird, und bereits in Röm 7,8 von Paulus als einziges Gebot angeführt: „Du sollst nicht begehren". Hier gibt die Septuaginta dem Dekalog im Vergleich zum hebräischen Text eine andere Betonung. Der hebräische Text lautet dort:

> לֹא תַחְמֹד, בֵּית רֵעֶךָ; לֹא-תַחְמֹד אֵשֶׁת רֵעֶךָ, וְעַבְדּוֹ וַאֲמָתוֹ וְשׁוֹרוֹ וַחֲמֹרוֹ, וְכֹל, אֲשֶׁר לְרֵעֶךָ.

> Du sollst nicht begehren das Haus deines Nächsten,
> du sollst nicht begehren die Frau deines Nächsten und seinen Sklaven oder seine Sklavin, und sein Rind und seinen Esel und nach allem, was deinem Nächsten ist. (Ex 20,17)

Der hebräische Text zählt als erstes das Haus des Nächsten auf. Es ist der Oberbegriff zu allem, was dann folgt. Dann setzt der hebräische Text neu an und zählt als erstes die Frau auf: Als Nächster ist offenbar an einen anderen Mann aus Israel gedacht, das eine solidarische Sozialgemeinschaft darstellte, und die Ehefrau zählt nach der vorausgesetzten patriarchalen Denkweise als erstes zum Hausstand des Nächsten. Deshalb werden die folgenden Substantive mit einem *waw* angeführt und auf gleicher Ebene aufgezählt. Eigentlich sind die beiden Gebote offenbar eigentlich als eines gemeint, das zweite Gebot erklärt das erste. Das Haus ist als Oberbegriff zuerst angeführt und danach alles, was dazu gehört.

Die Septuaginta hat diesen Text folgendermaßen übersetzt:

> οὐκ ἐπιθυμήσεις τὴν γυναῖκα τοῦ πλησίον σου
> οὐκ ἐπιθυμήσεις τὴν οἰκίαν τοῦ πλησίον σου οὔτε τὸν ἀγρὸν αὐτοῦ οὔτε τὸν παῖδα αὐτοῦ οὔτε τὴν παιδίσκην αὐτοῦ οὔτε τοῦ βοὸς αὐτοῦ οὔτε τοῦ ὑποζυγίου αὐτοῦ οὔτε παντὸς κτήνους αὐτοῦ οὔτε ὅσα τῷ πλησίον σού ἐστιν

[16] Vgl. zum Folgenden: Loader, Septuagint, Sexuality, 8 f.

> Du wirst nicht begehren die Frau deines Nächsten,
> du wirst nicht begehren das Haus deines Nächsten, auch nicht sein Feld, und nicht seinen Knecht und nicht seine Magd, und nicht sein Vieh, und nicht sein Lasttier und kein einziges Haustier und alles nicht, was deinem Nächsten ist.

Auch hier ist mit dem Nächsten ein männlicher Israelit gemeint. Als erstes ist aber seine Ehefrau aufgezählt, erst danach das Haus, und alles, was zum Haus dazugehört. Vermutlich handelt es sich bei der Voranstellung im Buch Exodus um eine Angleichung an den Dekalogtext des Deuteronomium. Denn dort ist auch im hebräischen Text bereits die Frau vorangestellt und dem folgen das Haus des Nächsten mit dem, was dazugehört:

וְלֹא תַחְמֹד אֵשֶׁת רֵעֶךָ
וְלֹא תִתְאַוֶּה בֵּית רֵעֶךָ, שָׂדֵהוּ וְעַבְדּוֹ וַאֲמָתוֹ שׁוֹרוֹ וַחֲמֹרוֹ וְכֹל אֲשֶׁר לְרֵעֶךָ

> Du sollst nicht begehren die Frau deines Nächsten,
> du sollst nicht verlangen das Haus deines Nächsten, nicht sein Feld, seinen Sklaven oder seine Sklavin, sein Rind oder seinen Esel und nach allem, was deinem Nächsten ist. (Dtn 5,21)

Allerdings hat das Buch Deuteronomium darunter offenbar zwei verschiedene Gebote verstanden. Dies entspricht auch manchen heute verbreiteten Zählungen der Gebote. Dem ist die Septuaginta bei der Übersetzung auch im Buch Exodus gefolgt.

Die Ehefrau des Nächsten gehört damit nicht mehr zum Hausstand des Nächsten, sondern ist als Objekt verbotenen Begehrens eigens genannt. Das Haus wird durch die Verhältnisse eines landwirtschaftlichen Betriebs näher beschrieben. Dazu gehören Feld, mitarbeitende Knechte und Mägde, das gesamte Vieh und alles, was in den Besitz des Hausherrn fällt. Die Frau des Nächsten wird durch die gesonderte Erwähnung aufgewertet, gleichzeitig aber erhält das Begehren der Frau durch die Voranstellung ein besonderes Gewicht.

(c) Die Übersetzung des letzten Gebots:[17] Eine dritte Umakzentuierung nimmt die Septuaginta im Dekalog vor, wenn sie das hebräische Verbot לֹא תַחְמֹד mit οὐκ ἐπιθυμήσεις übersetzt. In Exodus 20,17 steht das hebräische Verb zweimal und die Septuaginta

[17] Loader, Septuagint, Sexuality, 10 f.

übersetzt entsprechend. Im Deuteronomium finden sich im hebräischen Text zwei verschiedene Verben: וְלֹא תַחְמֹד und וְלֹא תִתְאַוֶּה. Auch diese sind dort in der Septuaginta einheitlich wortgleich mit οὐκ ἐπιθυμήσεις übersetzt. Die beiden hebräischen Verben sind zwar weitgehend synonym; durch die verschiedenen Verben werden im Deuteronomium im Hebräischen die beiden Gebote aber noch deutlicher voneinander unterschieden. Diese Unterscheidung fällt durch die einheitliche Übersetzung mit ἐπιθυμήσεις in der Septuaginta weg.

Das hebräische Verb חמד bezeichnet ein zielstrebiges Aussein auf etwas, ein auf Inbesitznahme drängendes Verlangen. Dieses ist gewöhnlich durch einen Anreiz von außen ausgelöst. Das sexuelle Begehren ist nur eine von verschiedenen Strebe-Bewegungen im Menschen, ist aber schon im Hebräischen mitgemeint. Das Hebräische kennt dabei durchaus auch legitimes Begehren, das Erfüllung finden darf (z. B. Hohelied 2,3). Das hebräische Verb im Dekalog hat noch keine theologische moralisch disqualifizierte Bedeutung. Bei dem Verbot des Begehrens im Dekalog liegt daher der Akzent darauf, dass das angestrebte Gut nicht das eigene, sondern das des Nächsten ist. Das Hebräische betont damit im Dekalog, dass das Begehren nach dem Besitz eines anderen Volksgenossen mit gleichen Rechten strebt: nach seinem Haus, seinem Feld, seinen Sklaven und seinen Tieren. Die Aufmerksamkeit des Gebotes richtet sich also nicht auf den Akt des Diebstahls oder des Ehebruchs selber. Diese sind ja jeweils durch ein eigenes Gebot untersagt. Untersagt wird mit dem וְלֹא תַחְמֹד vielmehr bereits die erste zustimmende Antwort, die die Attraktion von fremdem Gut auslöst.

Die Übersetzung des wertneutraleren hebräischen Verbum חמד mit ἐπιθυμήσεις muss daher nicht die Bedeutung unkontrollierbaren Begehrens erhalten. Wahrscheinlich war dies durch die Septuaginta-Übersetzung auch nicht intendiert. Die Übersetzung hatte die Exodusfassung des Dekalogs einfach stärker dem Deuteronomium angepasst. Durch diese Vereinheitlichung konnte der Dekalog leichter der Katechese dienen. Gleichzeitig ist die Septuaginta aber in einem gesellschaftlichen Umfeld entstanden, in dem die Familie für das Judentum einen höheren Stellenwert bekommen hat. Deshalb bedurfte dieser Lebensraum einen stärkeren

Schutz durch ethische Regulierung. So konnte das Verbot der Scheidung vor die anderen Gebote der zweiten Dekalogtafel treten. Auch das betonte Untersagen des Begehrens der Frau vor den Gütern des Nächsten schützt stärker den Innenraum der Familie. In der späteren Rezeption bewirkten beide Umakzentierungen dann aber eine stärkere Sexualisierung der Gebote.

Das griechische ἐπιθυμέω kommt dem hebräischen Verb sehr nahe, konnte aber ein Bedeutungsspektrum eröffnen, das über dessen gewöhnliche Bedeutung hinausgeht. Dieses zeigt sich vor allem dort, wo das griechisch-sprachige Judentum unter den Einfluss hellenistischer Popular-Philosophie wie etwa der Stoa geriet. Deutlich wird das bei Philo von Alexandrien.

Die Dekalogauslegung bei Philo

Philos Werk ist stärker als die Briefe des Paulus durch einen philosophisch-schriftgelehrten Schulbetrieb geprägt. Philo bezog seine theologische Vorstellungswelt aber aus den gleichen hellenistisch-diasporajüdischen Wurzeln der Tora wie Paulus. Unter platonisierendem Einfluss und geprägt von der Wertewelt der Stoa legt Philo Israels Weisheit als den besten Weg rechten Lebens vor Gott aus. Dazu gehörten eine reflektierte Religionsphilosophie, ein geordnetes Leben und die Einübung im Management der Leidenschaften – besonders der sexuellen.[18]

Dem Dekalog hat sich Philo in zwei Schriften gewidmet, in einer eigenen Schrift, *De Decalogo*, und als Rahmen in seiner Schrift *De specialis legibus*, in der er die gesamte Tora und verschiedene ihrer einzelnen Gesetze einer systematischen Erklärung unterzogen hat. Da diese Schrift mit der Beschneidung beginnt, ist möglich, dass er sie für Proselyten und mit dem Judentum sympathisierende Hellenen im Umfeld der Synagoge geschrieben hat.

In seiner Schrift über den Dekalog begründet Philo, warum das Verbot des Ehebruchs auf der zweiten Dekalogtafel an erster Stelle steht. Die zweite Reihe der sozialen Gebote „beginnt der

---

[18] Vgl. Loader, Making Sense of Sex, 6.

Gesetzgeber mit dem Verbot des Ehebruchs, weil er der Ansicht ist, dass dieser das größte der Verbrechen ist" (Decal. 121). In der Schrift über die Einzelgesetze begründet Philo die erste Stellung des Gebotes „Du wirst nicht die Ehe brechen" ausführlicher und entwickelt daraus eine anthropologische Gesamtperspektive. Der Ehebruch stehe deshalb an erster Stelle, weil er von der Lust – griechisch ἡδονή – bewegt sei. Und die Lust strebt nach einer Macht, die Philo in der gesamten Natur wahrnimmt:

> Weil allenthalben auf Erden (πανταχοῦ τῆς οἰκουμένης) die Lust sich spreizt und nicht auf der Erde, nicht im Meere, nicht in der Luft irgend etwas ihrer Herrschaft sich hat entziehen können; denn Land-, Luft- und Wassergeschöpfe sind ihr allesamt (πάντα διὰ πάντων) in Ehrfurcht ergeben und folgen willig ihren Geboten, beachten jeden ihrer Blicke und Winke, mag sie sich auch vor Übermut aufblähen, und kommen ihren Befehlen beinahe zuvor in der eifrigen und unverzüglichen raschen Dienstleistung. (De specialis legibus III, 8)

Bei seiner Beobachtung in der Natur erkennt Philo die Lust, die alle Lebewesen in ihrem Verhalten steuert, bei Tieren und allen Landlebewesen, Vögeln und Fischen nimmt er sexuelle Lust wahr. Die Lust wird zu einem personalen Wesen. Ähnlich sieht auch Paulus in Römer 7,7–25 personalisierte Kräfte, die den Menschen gegen die Tora aufbringen; bei Paulus ist es allerdings nicht die Lust, noch nicht einmal das Begehren, sondern die Schreckensherrschaft der „Sünde"[19]. Bei Philo gibt die Lust den natürlichen Wesen ihre Gebote, blickt sie an und gibt ihnen ihre Winke, und die natürlichen Wesen geben sich ihr eifrig hin.

Auch Philo sieht in der Lust an sich noch keinen verurteilenswerten Tatbestand, sondern kann sie als natürliche Lust oder Freude, ἡ κατὰ φύσιν ἡδονή, verstehen. Nicht die Lust oder Freude an der Sexualität an sich sieht er als moralisches Problem, sondern die Übertreibung und Unordnung der Lust. Allerdings ist der Punkt, an dem natürliche Lust in Übertreibung übergeht

[19] L. Schottroff, Die Schreckensherrschaft der Sünde und die Befreiung durch Christus nach dem Römerbrief des Paulus, in: Dies., Befreiungserfahrungen. Studien zur Sozialgeschichte des Neuen Testaments, Theologische Bücherei 82, München 1990, 57–72.

oder umschlägt, für den Menschen schwer auszumachen. Deshalb können alle Lebewesen der Machtentfaltung der Lust kaum Widerstand leisten, und Philo hält ein Übermaß der Lust sogar in geordneten ehelichen Verhältnissen für verwerflich. Er vergleicht den übermäßigen Appetit beim Essen mit der übermäßigen sexuellen Lust. Die mangelnde Kontrollmöglichkeit der Menschen über die Lust erklärt er mit Regelabläufen, die er antiken anthropologisch-naturwissenschaftlichen Modellen entnimmt:

> Der Vorwurf (übermäßigen Genusses) trifft aber mehr den Körper als die Seele, da dieser (im ersten Falle von übermäßigem Essen) zu viel Feuer enthält, das die dargebotene Nahrung rasch aufzehrt und sehr bald nach anderer verlangt, und (im zweiten Fall von übermäßiger sexueller Aktivität) zu viel Feuchtigkeit hat, deren Fluss durch die Geschlechtsorgane abgeleitet wird und beständiges Kitzeln, Stechen und Jucken hervorruft. (De specialis legibus III, 10)

Offenbar hat er die dynamische Vorstellung, dass sexuelle Lust und übermäßige sexuelle Aktivität im Menschen einen wahrnehmbaren Druck aufbauen, der nur durch erneute sexuelle Aktivität wieder abgeleitet werden kann.[20] Er hält übermäßige sexuelle Lust daher auch für eine medizinisch diagnostizierbare Krankheit. Wenn Männer von ihr befallen sind, können sie seiner Ansicht nach nicht anders, als ihre sexuelle Lust abzureagieren. Mit diesen naturwissenschaftlichen Argumenten begründet Philo daher auch die Todesstrafe, die die Tora für Ehebruch verlangt.

> Menschen aber, die ihre Raserei auf die Frauen anderer, bisweilen gar auf die ihrer Verwandten und Freunde richten, die zur Schmach ihrer Nächsten leben, ganze Geschlechter mit großer Menschenzahl zu verfälschen sich unterfangen, die die Wünsche für ihr eheliches Leben in Fluch verwandeln und die Hoffnungen auf Kindersegen unerfüllt lassen, diese leiden an unheilbarer Seelenkrankheit und müssen daher als gemeinsame Feinde des gesamten Menschengeschlechts mit dem Tode bestraft werden (Leviticus 18,20 und vor allem: Leviticus 10,20 und Dtn 22,22). (De specialis legibus III, 11)

---

[20] Vgl. William Loader, Philo, Josephus, and the Testaments on Sexuality, 191.

Das Begehren, die ἐπιθυμία, sieht Philo als Quelle allen Übels (Spec. Leg. IV 84: ἁπάντων πηγὴ τῶν κακῶν). Es führt zu destruktiven Verhaltensweisen in allen Bereichen menschlichen Lebens. Vergnügen am intimen sexuellen Zusammenkommen ist angemessen, um Nachkommen zu erzeugen, aber selbst dann sieht Philo sexuelle Lust weitgehend negativ.

Für seine pessimistische Sicht des Begehrens hat Philo eine kosmologisch-anthropologische Erklärung. Wie Paulus in 1 Kor 6,16 verwendet auch Philo Gen 2,24 und überträgt es auf eine andere Beziehung als die eheliche zwischen Mann und Frau. Er sieht darin eine kosmologische Allegorie für die irdisch-menschliche Existenz[21]: Das Ein-Fleisch-Werden ist die Verbindung, die der Geist mit der sinnlichen Wahrnehmung eingeht. Der Geist verlässt „den Vater des Alls, Gott, und die Mutter aller Dinge, die Tugend und Weisheit Gottes"; er verbindet sich mit der sinnlichen Wahrnehmung und löst sich in ihr auf. So werden die beiden, Geist und Sinnlichkeit, ein Fleisch und eine Leidenschaft (μία σάρξ καὶ ἕν πάθος). Die Vereinigung des Mannes mit der Frau versteht er dabei misogyn als Verbindung des Besseren (τὸ κρεῖττον), des Geistes, mit dem Schlechteren (τῷ χείρονι), der Sinnlichkeit, dem Fleischlichen.

Das positive Kontrastbeispiel ist für Philo Levi, der sich für die entgegengesetzte Vereinigung entscheidet: Der Jakobssohn und Vater des priesterlichen Geschlechts in Israel wird eins mit dem Geist. Er verlässt Vater und Mutter, die materielle Einbindung seiner körperlichen Existenz, um den einen Gott zum Anteil zu bekommen (vgl. Dtn 33,9 und 10,9). Und Philo folgert: „Wer also die Leidenschaft liebt, gewinnt die Leidenschaft zum Anteil; wer aber Gott liebt, wie Levi, dessen Anteil ist Gott."[22] Philos allegorische Exegese von Gen 2,24 verläuft inhaltlich parallel zu Paulus in 1 Kor 6,17: „Der sich (mit) dem Herrn verbindet, ist ein Geist (mit ihm)." Nur sieht Paulus die moralische Opposition nicht wie Philo zwischen Ehe und priesterlicher Askese, sondern zwischen einer sexuell ungeordneten Beziehung zu einer Prostitu-

---

[21] Vgl. zum Folgenden Philo, Leg. All. II, 49–50; Loader, Septuagint, 14; Ders., Philo, Josephus, and the Testaments, 29.

[22] Philo, Leg. All. II, 52; Loader, Philo, Josephus, and the Testaments, 29.

ierten und dem gerechten Leben der Christus-Glaubenden im Geist.

Philo verknüpft seine Tora-Interpretation mit Vorstellungen aus dem Mittelplatonismus und der Stoa, um seiner sexualethischen Sicht in seiner hellenistischen Umgebung Plausibilität zu verleihen. Der Einfluss der Septuaginta lässt sich durch die Bedeutung von Ehebruch und sexuellen Sünden in Philos Sichtweisen nicht übersehen. Bei der Frage nach der Beurteilung des Begehrens ist die Einschätzung komplexer, aber auch hier konnte Philo anhand der Septuaginta seine Überlegungen mit vielen popularphilosophischen Begründungsmustern in Beziehung setzen.

Und Paulus?

„Du sollst nicht begehren" – den Abschluss des Dekalogs zitiert Paulus in Römer 7,7–25 und in 13,9. Bei ihm liegt Gottes Tora nicht im Widerstreit mit dem Begehren, sondern zusammen mit der Vernunfteinsicht des Menschen im Kampf mit der Sünde. In der Mitte von Vers 7 beginnt Paulus seine Rede in der 1. Person Singular. Mehrfach spricht er eigens mit dem Personalpronomen von „ich" – ἐγώ, in Vers 9 und in Vers 10, obwohl die 1. Person Singular im Griechischen bereits durch die grammatikalische Form im Verb enthalten ist. Am Ende in 25b spricht er sogar nochmal betont mit dem Personalpronomen: αὐτὸς ἐγώ. Hier greift er das οὖν aus Vers 7 wieder auf und fasst den gesamten Abschnitt noch einmal zusammen: „Also diene ich selbst mit der Vernunft Gottes Gesetz, mit dem Fleisch aber dem Gesetz der Sünde."

Spricht Paulus in Römer 7 über seine eigene Versuchbarkeit mit sexueller Lust vor seiner Bekehrung?

In 7,5–6 verbindet Paulus für seine Überlegungen ein Beispiel aus dem jüdischen Eherecht mit seinem biblischen Menschenbild:

> (5) Als wir nämlich im Fleisch (ἐν τῇ σαρκί) waren, haben die Leidenschaften der Sünden (τὰ παθήματα τῶν ἁμαρτιῶν) durch die Tora (i. e. dem Gesetz) (τὰ διὰ τοῦ νόμου) in unseren Gliedern (ἐν

> τοῖς μέλεσιν ἡμῶν) gewirkt (ἐνηργεῖτο), um Frucht zu bringen für den Tod.
> (6) Jetzt aber sind wir als Gestorbene der Tora (i. e. dem Gesetz) entbunden, in der wir niedergehalten wurden, so dass wir in der neuen Lebenswirklichkeit des Geistes Sklavendienste leisten und nicht mehr der alten des Buchstaben.

Paulus greift das Fruchtbringen aus dem gewagten Beispiel einer Ehefrau in den Versen vorher (7,1–4) auf.[23] Nach dem patriarchalen Eheverständnis ist die Frau, solange ihr Mann lebt, in Unterordnung an ihn gebunden. Mit seinem Tod ist sie aber frei geworden, sich einem neuen Mann zu vermählen und ihr Leben neu zu ordnen. Mit dieser Freiheit vergleicht er das neue Leben der Messias-Glaubenden: Der Messias hat sie von dem todbringenden Urteil der Tora befreit, was Paulus mit dem Wortspiel ausdrückt, dass sie dem Gesetz gestorben sind. Jetzt können sie ihr Leben für Gott fruchtbar machen. Ist mit dem Fleisch (σάρξ), dessen Grenzen das frühere Leben der Glaubenden geprägt haben, die sexuelle Natur des Menschen gemeint? Das hebräische Wort für Fleisch בָּשָׂר kann schon in der hebräischen Bibel für den Penis des Mannes verwendet werden.[24] Meint Paulus, wenn er von „unseren Gliedern" (ἐν τοῖς μέλεσιν ἡμῶν) spricht, auch die Geschlechtsorgane?

Robert Horton Gundry verstand unter dem Begehren in Römer 7 sexuelles Begehren.[25] In Römer 7,7–13 spreche Paulus von der Zeit, als er selber als Jude zum Gehorsam unter dem Gesetz herangewachsen ist. Wenn Paulus in Vers 9 von einer Zeit spricht, in der er „ohne Gesetz" gelebt habe, passe dies am besten auf die Zeit, in der er vor der Bar-Mitzwa nach jüdischer Vorstellung noch nicht zu vollem Gehorsam gegenüber dem Gesetz verpflichtet gewesen sei. Als Beleg für Paulus' Ringen mit dem Gebot der Tora als Heranwachsender verweist Gundry auf ein Wort aus dem

---

[23] Zum Folgenden: Loader, The New Testament on Sexuality, 229.

[24] Etwa in Gen 17,11, vgl. Boyarin, Paul, 77: „Σάρξ, בשר, flesh has two well attested metaphorical usages in Jewish parlance. It refers on the one hand to the penis and on the other hand to the physical connection of genealogy of filiation and of family relationship."

[25] Gundry, Moral Frustration, 252–271.

Mischnatraktat über die Vätersprüche (MAbot 5,21): „Mit fünf Jahren ist jemand für die Schrift geeignet, mit zehn Jahren für die Mischna, mit 13 für die Erfüllung aller Gebote."

Mit dem Dekalogzitat „Du wirst nicht begehren" in 7,7e. würde Paulus sein sexuelles Begehren ansprechen, das er als heranwachsender Jugendlicher mit der Pubertät gespürt habe Damit habe er sich in einem verzweifelten Konflikt mit der Tora gesehen, zu der er mit der Bar Mitzwa in Gänze verpflichtet gewesen sei. Die verzweifelte Not, seiner sexuellen Gefühle Herr zu werden, habe seine Bekehrung begünstigt. Erst in seiner Begegnung mit Christus habe er eine Zuwendung erfahren, die er im Gesetz nicht gegeben sah. Die Erfahrung der Gnade in Christus habe Paulus dann zu dem kritischen Verständnis des Gesetzes geführt, das er in seinen Briefen darlege.[26] Gundry beruft sich mit seiner Deutung auf den frühen Augustinus und meint, sein Verständnis von Römer 7 nähere Paulus wieder mehr an den jungen Luther und dessen Ringen mit dem kirchlichen Moralgesetz an: „a correct reading of Romans 7:7–25 makes him (Paulus) more like the early, conscience-stricken Luther than the New-Perspective allows"[27].

An Gundrys Renaissance eines traditionellen Verständnisses von Römer 7 erheben sich verschiedene Fragen zu dem in der neutestamentlichen Exegese viel diskutierten Abschnitt; etwa über die Identität des Ich[28], mit dem Paulus hier spricht: Wenn Paulus' Ich hier autobiographisch gemeint ist, scheint er seine eigene Entwicklung durch die Brille der biblischen Schöpfungsüberlieferungen verstanden zu haben. Die eigene Versuchbarkeit hat er in der Evas und Adams in Gen 2–3 wiedererkannt. Allerdings ist das Ich hier sicherlich nicht nur autobiographisch gemeint, sondern eröffnet den Leserinnen und Lesern im Stil der Diatribe eigene Identifikationsmöglichkeiten. In dem Ich spricht

---

[26] Ebd., 262: „Even under a wider view of ‚every [sort of] lust,' sexual lusts would be included and would connect both with the unset of sexual urges at puberty and with a concurrent coming into adult responsibility to keep the whole law (…)."

[27] Ebd., Moral Frustration, 271.

[28] W. N. Timmins, Romans 7 and Christian Identity, Cambridge 2017.

eine „jedermann'-Figur"[29], die am Ende in einer ausweglosen Situation um Rettung ruft (7,24). In 8,2 wird dieser Figur dann mit dem „du" ihre Befreiung zugesprochen. Paulus spricht damit seine Leserinnen und Leser, die sich vorher mit der Jedermann-Figur identifiziert haben, auf ihre Befreiung zur Tora an. Diese Befreiung entfaltet er dann in Röm 8 in der neuen Beziehung der Glaubenden zu Gott, die ihnen durch die Kraft von Gottes lebensschaffendem Geist geschenkt wird.

Eine weitere Frage ist, ob das Ringen mit den Forderungen der Tora Erfahrungen wiedergibt, die vor Paulus Bekehrung liegen – so Gundry. Damit geht er allerdings von Voarannahmen aus, die für Paulus nicht stimmen: Paulus empfand seine Bekehrung nicht als Bruch mit der Tora. Sie wurde später allerdings oft antijüdisch so stilisiert. Dagegen spricht etwa 1 Kor 10: Dort, in 1 Kor 10,1–13, führt Paulus das Volk Israel in der Wüste als Beispiel aus der Tora an, und schließt sich auch nach seiner Bekehrung in 10,6 mit dem „wir" unter diejenigen ein, die durch das Begehren versucht werden: „Sie sind uns zu Beispielen geworden, damit wir nicht nach bösen (Dingen) begierig sind (εἰς τὸ μὴ εἶναι ἡμᾶς ἐπιθυμητὰς κακῶν), wie jene begierig waren (ἐπεθύμησαν)."

Die angesprochenen Fragen lassen sich hier nicht vertiefen; für Paulus Sicht menschlicher Sexualität ist aber wichtig, ob er mit dem Dekaloggebot in Römer 7,7 eine Fokussierung auf sexuelles Begehren verbindet. So hat Augustinus Paulus mit einer breiten Auslegungstradition verstanden.[30] Meint Paulus mit dem Begehren sexuelle Lust?

---

[29] Krauter, Römer 7: Adam oder Eva, 145, vgl. dort auch für den Gedanken im Folgenden.

[30] W. G. Kümmel, Römer 7 und die Bekehrung des Paulus, in: Untersuchungen zum Neuen Testament 17, Leipzig 1929, 90–99. Als Beleg vgl. etwa Augustinus, Schriften gegen die Pelagianer, IV, 1, Gegen Julian VI Bücher. Text und Übersetzung (übertrg. R. Habitzky, bearb. u. herausgeg. T. G. Ring OSA), Würzburg 2005, III, 716, 27 (236–238): „Wenn das Maß dieses Verlangens *(appetitum)* in das Ermessen der Ehrbarkeit gehört; das Ermessen welches ehrbaren Verheirateten wollte wohl, daß dieses Verlangen sich regt, außer wenn es nötig ist? (...) Und dennoch kann er nicht, was er will (vgl. Röm 7,15–19). Aus diesem Grund ruft der Mensch: «Das Wollen liegt bei mir, aber das Vollbringen des Guten entdecke ich

Eine Apologie für die Tora

Τί οὖν ἐροῦμεν; ὁ νόμος ἁμαρτία; – „Was sollen wir also sagen: Ist das Gesetz Sünde?" So fragt Paulus in Römer 7,7. Die Frage nach der Bedeutung von „Gesetz"[31] zeigt einen wesentlichen weiteren Rahmen an als die Erfahrung sexueller Lust. Der Abschnitt ist sprachlich wieder im Stil der Diatribe gestaltet. Mit der Frage in 7,7 gibt Paulus das Thema an: Das griechische Wort für Gesetz νόμος bezieht sich hier wie im Folgenden auf die Tora, also den ersten Teil des Kanons der jüdischen Schrift, der für Paulus und die von ihm gegründeten Messiasgemeinden ihr Zentrum ausmachte. Die Tora umfasst für Juden zur Zeit des Paulus nicht nur Gesetzestexte, ihre Geschichte geht von der Schöpfung bis zum Tod des Mose, und in ihrer Mitte steht die Befreiungserfahrung des Exodus. Für Paulus kann aber auch die gesamte Schrift Tora, nämlich „Weisung" (Martin Buber) Gottes sein. Der Dekalog war für Paulus eine Art Konzentrat dieser Gottesweisung. Er fasst die gesamte Tora typisch für einen Teil jüdischer Auslegung seiner Zeit im Dekalog zusammen (Röm 13,8–9). In jedem Fall ist νόμος für Paulus und für Juden seiner Zeit auch die entscheidende Schrift, mit der sie ihr ethisches Urteil bildeten. Jüdisches Leben war geprägt durch die Ge- und Verbote der Tora (d. h. 613 Gebote, davon 248 Gebote und 365 Verbote). Diese einzelnen Ge- und Verbote nennt Paulus in Römer 7,7–25 ἐντολή, die Tora nennt er νόμος. Die Tora, der νόμος, ist mit ihren Geboten, den ἐντολαί, für

---

nicht.» *(Velle adiacet mihi, perficere autem bonum non inuenio)*. Wenn er also gerade in der Regung (des Verlangens) keinerlei Maß gemäß der Entscheidung unseres Willens kennt, in der der Auswirkung (des Verlangens) in wachsamem Kampf Maß auferlegt wird, was bedeutet es dann, daß ihr es (das Verlangen) lobt, ihr schlechten Menschen, und nicht zu Gott ruft: «Erlöse uns von dem Bösen»?" Vgl. auch den Sermo 154 zu Römer 7 (Sermo 154, 12 Sp. 838); in der italienischen Internetausgabe seiner Predigten: https://www.augustinus.it/latino/discorsi/discorso_198_testo.htm (Zugriff: 14. 06. 2020).

[31] Vgl. Wolter, Paulus, 351–354. Wolter unterscheidet vier Begriffe von „Gesetz" bei Paulus: a) die Rechtsforderungen der Tora, b) als literarischer Begriff den ersten Teil des Kanons der jüdischen Schrift, c) den allgemeinen Gattungsbegriff „Gesetz", und d) eine metaphorische Bedeutung im Sinne von „Gesetzmäßigkeit".

Paulus auch nach seiner Bekehrung Grundlage seiner Theologie und seiner Ethik geblieben. Luise Schottroff fasst zusammen: „Paulus hat Befreiung vom Tun der Ungerechtigkeit unter der Herrschaft der Sünde verkündet, nicht Befreiung von der Tora und der Erfüllung ihrer Weisungen. Es geht also um *Befreiung zur Tora*, nicht von der Tora."[32]

Paulus ist Jude geblieben, aber er hat durch seine Begegnung mit dem Messias Jesus ein kritisches Verhältnis zu den Geboten der Tora erhalten. Dies ist aber nicht allein durch die Gnadenerfahrung in der Begegnung begründet, die die Apostelgeschichte legendarisch darstellt. Paulus sieht sich in der Tradition der biblischen Propheten gesendet, den Gott Israels und seine Tora bis an die Grenzen der Erde bekannt zu machen. Der Gott Israels ist nicht der Gott allein eines bestimmten Volkes, sondern der eine Gott aller Völker und Nationen. Ihnen soll die gleiche Erfahrung der Freiheit zukommen wie Israel einst im Exodus. Deshalb misst Paulus die Weisungen der Tora gemäß seiner Sendung daran, ob sie sich auch für Nichtjuden als Maßstab gerechten Handelns eignen. Kriterium für seine Ethik der Tora ist also ihre potenzielle Universalisierbarkeit.[33]

Als Paulus den Römerbrief schrieb, hat er diese Sicht der Tora wohl am weitesten entwickelt. Paulus geht in diesem Brief auf beide ein, Juden wie Nichtjuden. In 1,5–6 richtet er sich an Nichtjuden, und in 1,19–21 schreibt er über Leute, die nicht bereits durch die Schrift Kenntnis von Gott haben. In anderen Abschnitten spricht er aber wieder auch jüdische Leserinnen und Leser an, z. B. in 2,17. Auch in Römer 7 spricht er jüdische Leserinnen und Leser an. Er schreibt über sie in 7,1 γινώσκουσιν γὰρ νόμον λαλῶ, spricht also zu solchen, die „das Gesetz kennen", d. h. dass sie mit

[32] Schottroff, Erster Korintherbrief, 10.

[33] Dies ist die Leitfrage der ertragreichen Dissertation von Johanna Körner (Dies., Sexualität und Geschlecht): Vertritt Paulus mit seinen sexualethischen Auffassungen eine exklusive Ethik der Christusglaubenden, oder öffnet er auch dort die ethischen Werte gegenüber dem Umfeld der Völker? Ihre differenzierte Antwort stellt Körner in den Schlusbetrachtungen in 23 Thesen dar (ebd., 293–303). Zu dem Ansatz Michael Wolters: ebd., 6–17; dazu auch: Weidemann, Sexualität der Heiligen, 88 f.

der Tora vertraut sind. Seine Frage in Röm 7,7–25 ist also die nach der Bedeutung der Tora.[34]

In Vers 7 nimmt Paulus dabei ein fremdes Argument als eigene Frage auf. Die Frage ergibt sich aus seinen eigenen vorangegangenen Ausführungen: Die Zeit vor der Begegnung mit dem Messias war Sklaverei unter der weltweiten Herrschaft der Sünde. Schon in dieser Zeit haben seine jüdischen Leserinnen und Leser aber nach der Tora gelebt. Die Tora bleibt für sie als νόμος auch nach ihrer Begegnung mit dem Evangelium des auferstandenen Messias die größte religiöse und ethische Autorität. Deshalb stellt sich die Frage, wie es denn zu beurteilen ist, dass die Tora vorher dennoch in die Sklaverei der Sünde geführt hat. Ist die Tora also doch ein Aspekt der Sklaverei der Sünde? So wendet sich Paulus als mögliches Argument gegen sich selber ein. Seine Frage erhält dabei eine umfassend anthropologische Bedeutung; es geht nicht mehr nur um die Tora, sondern um das gesetzmäßig verfasste Leben von Menschen in Gemeinschaft allgemein. Im Fleisch (ἐν τῇ σάρκι) zu sein (7,5), gehört zu den begrenzten Bedingungen der Menschen, die ihr Leben nach der Tora gestalten. Warum bewirkt das Gesetz an sich noch nicht, dass Menschen auch ethisch

[34] Paulus beginnt das siebte Kapitel mit einem Bild aus dem damaligen jüdischen Eherecht (7,1–3). Er vergleicht die neue Freiheit der jüdischen Leserinnen und Leser vom jüdischen Gesetz mit einer Frau, die nach dem Tod ihres Ehemannes frei von den Bindungen an ihn ist. Der Vergleich ist schwer verständlich, vor allem im weiteren Zusammenhang, mit dem Abschnitt, der in Vers 7 beginnt. Paulus zeichnet ein patriarchales Bild von der Ehe, und spricht offenbar aus der Perspektive der Frau. Die Ehefrau ist eine ὕπανδρος γυνή (7,2). Die Frau gilt als Teil des Haushalts unter der Macht des Mannes. Diese Besitzverhältnisse sind aber mit dem Tod des Mannes beendet. Deshalb kann Paulus Jüdinnen und Juden mit ihrer neuen Freiheit gegenüber der Tora durch den Messias Jesus mit der Freiheit der Frau vergleichen, wenn ihr Mann gestorben ist. Der Vergleich ist allerdings mit den folgenden Überlegungen zusammen kaum zu verstehen, weil Paulus danach über die bleibende ethische Weisung der Tora schreibt. So stellt sich die Frage, ob Paulus hier tatsächlich logisch und konsequent ist. Sein lebhaftes und manchmal auch sprunghaftes Schreiben in der Form der Diatribe führt ihn an mehreren Stellen an die Grenze der Verstehbarkeit: M. Mayordomo Marín, Argumentiert Paulus logisch? Eine Analyse vor dem Hintergrund antiker Logik, WUNT 188, Tübingen 2005.

gerecht handeln? Ist es etwa selbst Sünde? Paulus weist diese Frage gleich mit einem klaren μὴ γένοιτο zurück, wie er es im Brief schon häufiger verwendet hat (Römer 3,4; 3,6; 3,31, 6,2; 6,15 und in 1 Kor 6,15).

In den folgenden Versen 7d bis 12 zeichnet Paulus dann einen biblisch-anthropologischen Zusammenhang zwischen Tora und Sünde nach. Die Tora bewirkt die Sünde nicht, sie lässt vielmehr die Sünde erkennen. Sobald sie aber erkannt ist, löst die Sünde auch einen Reiz aus. Dies veranschaulicht Paulus am Beispiel des Verbots des Begehrens: Dieses Verbot ist ein Auslöser für die Sünde, weil es die Sünde diagnostiziert, aber zugleich begehrenswert macht. Denn oft verbindet sich mit der Sünde ein begehrenswertes Gut: eine Ehefrau, ein Haus, Eigentum, ein funktionierender Wirtschaftsbetrieb. Alles dies sind Güter, die ein Mensch begehren kann. Begehren ist daher ein typisches Modell-Hindernis. Ein Mensch lernt das Begehren modellhaft am Vorbild anderer Menschen[35]: Ohne dass ein Mensch bestimmte Zustände, Emotionen, Erfahrungen oder Sachen begehrt, kann er nicht leben, z. B. Angenommen-Sein, Nahrung, Vertrauen, sexuelle Begegnungen. Gleichzeitig ist das Begehren ein Hindernis: Indem ein Mensch bestimmte Sachen begehrt, tritt er in Konkurrenz zu anderen. Das Begehren meldet nicht selten einen Wunsch nach etwas an, das eigentlich dem Anspruch oder sogar Rechtsanspruch eines anderen Menschen untersteht. Wenn sich die Konkurrenz zwischen Wunsch und Recht nicht ethisch oder rechtlich lösen lässt, ergibt sich aus dem Begehren ein Konflikt. Mit seinem Begehren kann der Mensch so einem anderen oder auch sich selbst schweres Unrecht zufügen. Denn gleichzeitig erfährt das Ich, wie das

---

[35] Der Gedanke oben stammt von René Girard, ohne dass ich damit allerdings die für Girard damit verbundene anthropologisch-theologische Theorie mit übernehme (vgl. R. Girard, Das Ende der Gewalt. Analyse des Menschheitsverhängnisses, Freiburg, Basel, Wien 1983, 22–31; Ders., Das Ende der Gewalt. Analyse des Menschheitsverhängnisses. Erkundungen zu Mimesis und Gewalt mit Jean-Michel Oughourlian und Guy Lefort, Freiburg, Basel, Wien 2009, 337–353). Näher an dem Verständnis des Römerbriefs ist S. Lyonnet, L'histoire du salut selon le chapitre VII de l'épître aux Romains, in: Ders., Études sur l'Épître aux Romains, AnBib 120, Rom 1989, 203–230, vor allem 223–227.

Begehren in ihm ständig anwächst und so nahezu unkontrollierbar wird: Es beginnt mit einem leisen Wunsch und kann dann als Drängen immer heftiger werden, bis hin zur Abhängigkeit oder Sucht.

Paulus deutet nicht an, dass er sich mit seinen Überlegungen auf sexuelle Erfahrungen konzentriert.[36] Sexuelles Begehren kann ein Feld für die Erfahrung werden, wie Sünde ihre Macht im Menschen entfaltet, aber es ist bei Weitem nicht das einzige. Mit der Wiederholung fast der gleichen Worte zeigt Paulus sprachlich das Wachsen als Dynamik der Sünde:

> 6a: ἀφορμὴν δὲ λαβοῦσα ἡ ἁμαρτία διὰ τῆς ἐντολῆς
> 11a: ἡ γὰρ ἁμαρτία ἀφορμὴν λαβοῦσα διὰ τῆς ἐντολῆς
> „Als die Sünde aber einen Anlass durch das Gebot gehabt hat."

Die Wiederholung rahmt nach dem Vorbild damaliger Rhetorik die Argumentation. Die Sünde nimmt ihren ersten Impuls aus der Erkenntnis des Gebots und stößt das Begehren an (7,8). Von da aus entfaltet sie ihre Macht so stark, dass sie die verantwortungsbewusste Vernunft des Menschen zum Verstummen und Ersterben (7,11) bringen kann.

Die Tora mit ihren Weisungen und Geboten ist also nicht Sünde, aber sie steht mit der Sünde in einer ständigen Wechselwirkung, weil sie diese enttarnt, Menschen aber auch durch sie verführbar macht. In Vers 12 folgt daraus die Antwort auf die Frage, die Paulus in Vers 7 gestellt hat: Die Tora ist heilig, und ihre Gebote sind heilig, gerecht und gut. Nicht die Tora bringt das Böse in die Welt, sondern die Sünde. In Römer 7 schreibt Paulus eine „Apologie für die Tora" (Michael Wolter).[37]

---

[36] Loader, The New Testament on Sexuality, 230: „Nothing in these verses (...) suggests a sexual theme."

[37] M. Wolter, Der Brief an die Römer (1–8), EKK VI/1, Neukirchen-Vluyn, Ostfildern 2014, 466. Günther Bornkamm hat von einer „Apologie des Gesetzes" gesprochen, vgl. Ders., „Sünde, Gesetz und Tod (Röm 7)" in: Ders., Das Ende des Gesetzes. Paulusstudien; Gesammelte Aufsätze / Bd. 1, München² 1952 (51–69), 54.

Die Macht der Sünde

Wenn Paulus in den Versen 7–13 in der Ich-Form schreibt, spricht er wohl weniger autobiographisch, sondern von allgemein menschlicher Erfahrung. Dabei geht allerdings ein, dass Paulus selbst die Erfahrungen, von denen er spricht, als Jude macht, der mit der Tora aufgewachsen ist.

In den folgenden Abschnitten führt Paulus die Apologie der Tora weiter und veranschaulicht ihre Bedeutung wieder an seiner eigenen Erfahrung. In Vers 13 folgt eine weitere Frage: Ist die Tora, die gut ist und von Gott kommt, denn dann Ursache für meinen Tod? Auch diese Frage lässt sich auf der Folie der Schöpfungsüberlieferung in Genesis 1–3 leichter nachvollziehen. In Gen 3,19 spricht Gott in seinem Urteilsspruch vom künftigen Sterben der Menschen. Konnte Gottes Tora im Paradies zum Tod des Menschen führen? Wieder lehnt Paulus dies sofort mit einem klaren μὴ γένοιτο ab.[38]

In zwei Gedankengängen (14–17 und 18–20) wird dies weiter entfaltet. Im ersten Gedankengang nimmt Paulus seine jüdischen Leserinnen und Leser mit, wenn er in die 1. Person Plural wechselt (οἴδαμεν) und über die Tora schreibt: „Wir wissen nämlich, dass das Gesetz geistlich ist". Der zweite Gedankengang beginnt mit dem gleichen Verb, jetzt aber in der 1. Person Singular (οἶδα): „Ich weiß nämlich, dass in mir, das heißt in meinem Fleisch, nicht Gutes wohnt." Beide Gedankengänge enden mit dem wörtlich gleichen Schluss, dass nicht das gute Gesetz den Tod bringt, sondern die im Ich wohnende Sünde:

> 7,17b: ἀλλὰ ἡ οἰκοῦσα ἐν ἐμοὶ ἁμαρτία.
> 7,20c: ἀλλὰ ἡ οἰκοῦσα ἐν ἐμοὶ ἁμαρτία.
> „sondern die in mir wohnende Sünde"

Nicht die ethische Weisung der Tora, sondern die Sünde, die im Ich ihre Wohnung bezogen hat, ist der Grund für den Tod. Von Vers 8 an ist die Sünde – mit dem griechischen Wort ἁμαρτία –

[38] In Röm 7,13c–e zeigt Paulus die Qualität der Tora als ethisches Gesetz auf: Diese liegt in ihrer diagnostischen Kraft. Ihre Weisung lässt die Sünde als eine Macht erkennen, die als Ergebnis Tod bringt.

nicht einfach nur eine verurteilenswerte Tat. Paulus beschreibt sie als eine personifizierte Macht: „sie bewirkt" (8b), sie „lebt auf" (9b), sie „täuscht" (11b), sie „bewirkt Tod" (12d), sie entwickelt sich zu einer selbstständigen Macht im Ich (17b und 20c), das hier spricht, denn das fleischliche Ich ist unter die Sünde verkauft (14b).

Deshalb kann Paulus dann im letzten Abschnitt in einer *traductio* zeigen, dass nicht nur die Tora mit dem Willen Gottes dem Ich gegenübertritt, sondern auch die Sünde. Wenn sie sich im Ich niederlässt, übt sie einen ähnlichen Machtanspruch auf das Ich aus wie das Gesetz; das Ich verfügt mit dem inneren Menschen und der Vernunft nicht über die geeigneten Mittel, sich der Macht der Sünde zu widersetzen. Deshalb endet diese Apologie des Gesetzes mit dem Ausruf des elenden Ich: Es erkennt zwar den ethischen Anspruch der Tora, kann ihm aber mit den eigenen Mitteln nicht genügen.

In Römer 7 geht es Paulus also um mehr als um sexuelles Begehren. Die allgemeine menschliche Erfahrung, die Paulus sich hier mit dem Ich angeeignet hat, hat Sünde längst nicht nur in der Sexualität erfahren, sondern in Wirtschaft, Politik und Krieg, als Diebstahl, Gewalt und Mord, als Lüge, Verleumdung und Unaufrichtigkeit. Paulus geht es um eine allgemeine Erklärung der Dialektik zwischen Gottes Weisung als Gesetz und der Sünde als gesetzwidriger Macht: Warum kann die gerechte Tora sich als ethisches Gesetz trotz ihrer Herkunft von Gott im Ich des Menschen nicht durchsetzen? Paulus erklärt sich diese Frage mit der existenziellen Dynamik der Sünde: Sünde ist die Macht, die der umfassenden Gerechtigkeit des Reiches Gottes entgegensteht und Menschen mit der Anziehungskraft des Begehrens in die Sklaverei führt. Einen Ausweg aus der weltweiten Macht der Sünde zeigt Paulus erst im nächsten Kapitel des Römerbriefs auf, in Römer 8. Erst die Kraft von Gottes Geist hilft den Messiasglaubenden, die Gerechtigkeit der Tora wirklich zu leben. Auch hier wird noch einmal deutlich, dass die Dynamik des Fleisches für Paulus mehr umfasst als sexuelle Unmoral: Was durch die Tora allein nicht möglich war, weil sie sich angesichts der Begrenztheit der *conditio humana* nicht als mächtig genug erwiesen hat, das wird durch Gottes Sohn erfüllt und durch alle, die nach seinem Vorbild zu Kindern Gottes geworden sind. Die Kraft des Geistes steht ihnen bei, so dass das Recht der Tora unter ihnen gelebte Wirklichkeit wird (Röm 8,3–4).

Der Dekalog bei Paulus

Der Dekalog ist für Paulus' Sendung, den Völkern Gottes befreiende Tora zu bringen, nicht weniger wichtig als ihre Schöpfungsüberlieferungen. Er ist allerdings – wie die Schöpfungserzählungen auch – längst nicht nur für die Sexualethik bedeutsam, sondern für den Gesamtbereich religiöser, sozialer und familiärer Werte. Jüdinnen und Juden konnten darin ein Kompendium ihrer religiösen und ethischen Identität wiederfinden. Wenn sie von der Tora – oder von dem νόμος – sprechen, war die Tora für sie im Dekalog noch einmal auf ein dichtestes Kondensat zusammengefasst. Dieser war auf den beiden Gesetzestafeln von Mose in der Bundeslade als Israels Gottesgesetz deponiert. Die Bedeutung des Dekalogs wird in Römer 13 deutlich. Die Reihe der Gebote endet mit einer Klimax in dem abgekürzt zitierten letzten Gebot. Im Dekalog konnte das letzte Gebot als eine noch weiter kondensierte Quintessenz der gesamten Tora gelten.[39] Aber Paulus sieht auch dieses noch einmal in dem Liebesgebot erfüllt, das für ihn das Zentrum der Tora ist, welches Juden wie Nicht-Juden in ihre ethische Pflicht nimmt.

> Niemandem schuldet ihr irgendetwas (nichts), außer den Nächsten zu lieben.
> Der den Nächsten Liebende hat das Gesetz erfüllt.
> Denn das „du wirst nicht ehebrechen, du wirst nicht töten, du wirst nicht stehlen, du wirst nicht begehren (οὐκ ἐπιθυμήσεις)", und welches andere Gebot auch immer, wird in dem einen Wort aufgegipfelt: du wirst deinen Nächsten lieben wie dich selbst.

---

[39] Vgl. H. Lichtenberger, Das Ich Adams und das Ich der Menschheit. Studien zum Menschenbild in Römer 7, WUNT 164, Tübingen 2004, 131. Nach Martin Hengel und Anna Maria Schwemer geht dies und die nochmalige Konzentration der gesamten Tora im Liebesgebot auf die Gemeinde in Antiochien zurück, vgl. Hengel, Schwemer, Paulus zwischen Damaskus, 304.

> Die Liebe tut dem Nächsten nicht Böses,
> Die Liebe ist also Erfüllung des Gesetzes.

Im ersten Satz formuliert Paulus negativ sein Verständnis von Gerechtigkeit, einem Schlüsselbegriff der paulinischen Theologie: Auch wenn Paulus' Verständnis natürlich viel umfassender ist, und erst von Gottes Gerechtigkeit ihr eigentliches Profil erhält, meint Gerechtigkeit auch für ihn wie für sein antikes Umfeld, jeder und jedem zu geben, was ihr oder ihm gebührt.[40] Negativ formuliert heißt das bei Paulus: Gerecht sind die Menschen, die niemandem das Seine schuldig bleiben. Darin sieht Paulus Gerechtigkeit und darin besteht daher das Gesetz. Paulus erklärt das, was Christinnen und Christen den anderen schulden, aber auch positiv als Liebe. Mit Liebe – im Griechischen ἀγάπη – meint Paulus keine romantische Liebe oder ein Verliebtsein; diese moderneren Konzepte von Liebe wurden in der religiösen und intellektuellen Umgebung des Paulus weitgehend nicht so positiv gewertet wie heute. Erst die gesellschaftliche Entwicklung zur Liebesheirat im westlichen Kulturbereich hat Liebe in dieser Weise aufgewertet und zum zentralen Wert in der Sexualität werden lassen.

Für Paulus ist Liebe vielmehr eine ethische Grundforderung in menschlichen Beziehungen[41], nicht nur unter Christglaubenden. Denn Liebe ist die Haltung, die im Menschen danach strebt, einer jeden Frau das Ihre und einem jeden Mann das Seine zu geben. Liebe als Grundforderung der Tora kann sich daher auf die religiösen Gebote beziehen, die im ersten Teil des Dekalogs formuliert sind: das Verbot anderer Götter neben dem Gott Israels, das Bilderverbot oder das Sabbatgebot. Nach dem Hauptgebot im Buch Deuteronomium, dem „Höre Israel", soll das Volk Israel Gott lieben (Dtn 6,4). In diesem Gebot lassen sich die religiösen Gebote des Dekalogs zusammenfassen.

---

[40] So schon früh bei Plato in der Politeia IV, 433e, vgl. auch schon IV, 433a. Von der δικαιοσύνη θεοῦ spricht Paulus bereits 2 Kor 5,21, in Röm 3,5 erhält sie auch distributiven Sinn, s. Wolter, Paulus, 389–395; D. Zeller, Der Brief an die Römer, RNT, Regensburg 1985, 45–50.

[41] Vgl. dazu: Zimmermann, Logik der Liebe, 282–291.

Aber Liebe erfordern auch die sozialen Gebote im zweiten Teil des Dekalogs. Liebe meint den Respekt gegenüber dem anderen. Dieser Respekt achtet seine Wahrheit, sein Leben, seinen Leib und seinen Besitz. Das griechische Wort, das Paulus dabei für Liebe verwendet, kann zwar auch erotische, sexuelle Bedeutung haben. Sie könnte in einigen Geboten des Dekalogs auch mitgemeint sein. Das Verbot, die Ehe zu brechen, verlangt eine Exklusivität der sexuellen Beziehung im Sinn einer moralischen Pflicht, Ehepartnerinnen und Ehepartnern die sexuelle Liebe zukommen zu lassen, die ihnen zusteht. Liebe hat aber keine generelle sexuelle Bedeutung. Sexualität ist vielmehr eingebettet in die gerechte Liebe gegenüber Gott und den Familienangehörigen, Nachbarn und Mitbürgern. Deshalb sieht Paulus auch die Dekalog-Gebote, die er in Vers 9 zitiert, alle erfüllt in dem einen Gebot der Liebe.

Zu behaupten, Paulus relativiere hier die Gebote des Dekalogs, wäre falsch. Vielmehr gibt er ihnen mit dem Liebesgebot eine theologische Ausrichtung, in der sie verstanden werden können. Das Liebesgebot steht für Paulus wohl auch im Hintergrund, wenn er in Römer 7 davon spricht, das Gute zu tun. Denn auch in Römer 7,8 zitiert Paulus ja bereits den Dekalog, wenn auch nur den Anfang des einen letzten Gebotes: οὐκ ἐπιθυμήσεις – „du wirst nicht begehren". Die beiden Textzusammenhänge über das Gesetz Römer 7–8 und Römer 13 sind zusammen zu lesen und interpretieren einander wechselseitig. Mit einem zügellos gewordenen Begehren können Menschen einander zutiefst verletzen; Begehren kann zur fundamentalsten Missachtung des Nächsten werden, wenn es ihn für die eigenen Ziele instrumentalisiert. Die Achtung und Liebe zum Nächsten ist die Kraft, die Gottes Geist den Messiasglaubenden schenkt, und sie hilft auch das Begehren so zu kultivieren, dass es nicht seine destruktive Kraft entfaltet.

Der existenzielle Kampf des Ich

Das siebte Kapitel im Römerbrief ist eines der beeindruckendsten, weil Paulus dort auch über sein Ringen mit dem erklärten Willen Gottes im Gesetz, in der Tora, schreibt und über seine Zerrissenheit. Er sieht den Sinn des Gesetzes und die Vernunft seiner Vorschriften ein, sieht sich aber gleichzeitig verzweifelt und nicht in der Lage, das Gesetz zu erfüllen. Mit den Mitteln der Diatribe verleiht er seinen Ausführungen einen lebendigen Ausdruck. In 7,7d wechselt Paulus von der ersten Person Plural (noch in 7,7a) in die erste Person Singular. Die Ich-Rede hält er bis auf 7,14 bis zum Schluss des Kapitels bei. In Vers 24 bricht er in einen dramatischen Ausruf über seine elende Situation aus und schließt dann in Vers 25 mit einer Art Rückblick ab.

In den Versen 14–25 wird die Zerrissenheit des sprechenden Ich besonders deutlich. Paulus kehrt in Vers 14 kurz zum „wir" zurück, führt dieses aber sogleich im „ich" weiter. Dadurch entsteht eine leichte Zäsur im Text. In den Versen 21–23 spricht das Ich dann von einem Gesetz in seinen Gliedern, das mit dem Gesetz von Tora und Vernunft im Widerstreit liegt.

> (21) Ich finde also das Gesetz:
> ich, der ich das Gute tun will,
> dass mir das Schlechte zuhanden ist.
> (22) Denn ich freue mich mit dem Gesetz Gottes nach dem inneren Menschen.
> (23) Ich sehe aber ein anderes Gesetz in meinen Gliedern,
> es führt Krieg mit dem Gesetz meiner Vernunft
> und nimmt mich mit dem Gesetz der Sünde gefangen, das in meinen Gliedern ist.

Das Ich spricht hier von der Erfahrung, dass die Gefühle Macht über es bekommen. Es erfährt sie als so mächtig, dass es sie sogar mit dem gleichen griechischen Wort bezeichnet wie die Tora: νόμος. Auch hier lässt sich wieder Paulus' Vorliebe zum Wortspiel erkennen. Er verwendet νόμος von Anfang an für die Tora, gleitet aber dann mit einer *traductio* zu einer anderen Wortbedeutung über: Die Macht der Affekte in seiner körperlichen Existenz empfindet das Ich so wirkkräftig wie das moralische Sollen der Tora, gegen das die Affekte ankämpfen.

Die moralische Zerrissenheit des Ichs, mit dem Paulus hier spricht, ist in der antiken Literatur vor allem in der Figur der Medea verkörpert.[42] Euripides hat den Stoff im 4. Jhdt. v. Chr. in der klassischen Zeit Athens in einer Tragödie verarbeitet: Medea war zusammen mit Jason nach Korinth gezogen. Dort hatte sie Jason aber verlassen. Aus Rache an Jason will Medea deshalb ihre gemeinsamen Kinder töten. Obwohl sie weiß, dass sie damit Böses tut, wird sie von ihren Affekten besiegt. In einem inneren Monolog schildert Medea vor der Tat ihre Gefühle (Euripides, Medea, 1077–1080):

> Jedoch werde ich besiegt vom Bösen.
> Und ich begreife zwar, welches Böses zu tun ich im Begriff bin,
> doch ist die Leidenschaft (θυμός) stärker als meine Überlegungen,
> die Ursache ist der größten Übel für die Sterblichen.

Medea nennt die Leidenschaft hier mit dem griechischen Ausdruck θυμός – vom gleichen Wortstamm wie die ἐπιθυμία, von der Paulus in Röm 7,7 spricht. Die ἐπιθυμία gehört zu der Affektwelt, die das Ich des Paulus beherrscht. In Medea kämpfen Rachegefühle gegen die bessere ethische Erkenntnis. Im antiken Drama konnten es aber auch sexuelle Affekte sein, die mit dem inneren moralischen Urteil im Ringen liegen.

In Euripides' Drama Hippolytos Stephanophorus etwa hat sich Phaedra in ihren Stiefsohn verliebt, ein ähnlicher Fall, wie Paulus ihn in der Gemeinde von Korinth in 1 Kor 5 anspricht, allerdings aus der Sicht der Frau. Phaedra weiß, dass ihre sexuellen Wünsche sich damit auf Unrechtes richten, aber dennoch kann sie sich ihrer Wünsche nicht wehren (Euripides, Hippol. 377–383):

> … nicht nach der Natur des Erkennens tut man das Schlechtere.
> Denn gut zu denken ist vielen gegeben. Aber man muss es so sehen:

[42] Für die im Folgenden angeführten Texte und ihre Übersetzung, vgl. Wolter, Römerbrief (1–8), 447–451.

> Das Zuträgliche wissen und erkennen wir,
> wir führen es aber nicht aus, die einen aus Trägheit,
> die anderen, weil sie stattdessen die Lust vorziehen anstelle des Guten.

Beide Stoffe des Euripides sind in der zeitlichen Nähe zum Neuen Testament in gebildeten Schichten bekannt. Der stoische Philosoph Seneca und Tutor des Kaisers Nero bearbeitete Medea und Phaedra in den gleichen Jahren, in denen Paulus seine Briefe schrieb, auch in eigenen Stücken. In seiner Medea-Bearbeitung lässt Seneca Medea sprechen, nachdem sie ihr erstes Kind getötet hat (Seneca, Med. 989–992):

> Schon ist der Zorn geschwunden. Ich bereue, ich schäme mich der Tat. Was habe ich Elende getan? Ich Elende! Mag ich sie bereuen, ich habe sie getan. Große Lust überkommt mich wider Willen und siehe, sie wächst.

Dieser Elendsruf steht dem Ausruf des Ichs, das in Röm 7,25 spricht, sehr nahe. Und auch die menschliche Erfahrung, von der Leidenschaft besiegt zu werden, ist Paulus' Thema in Römer 7. Auch Phaedras sexuellen Gefühle sind so mächtig, dass sie sich ihrer nicht erwehren kann (Seneca, Phaedra):

> 178–180 Raserei zwingt mich, das Schlechtere zu befolgen. Mein Sinn geht wissend in den Abgrund und kehrt vergeblich um, gesunde Ratschlüsse anstrebend. (…)
> 184–185 Was vermag die Vernunft? Die Raserei hat gesiegt und regiert, und mächtig herrscht über all mein Denken der Gott. (…)
> 604–605 Euch rufe ich zusammen als Zeugen an, Himmlische, dass ich nicht will, was ich will. (…)

Paulus war vermutlich mit der Diskussion der moralischen Problematik vertraut. Vor allem die Verse 15 und der Vers 19 erinnern in Römer 7 an die Übermacht der Affekte, wie sie in den beiden Dramen beschrieben werden. Dazu muss Paulus Euripides' Dramen nicht im Original gekannt haben. Medea und Phaedra waren im ethischen Diskurs der damaligen Gesellschaft verbreitete Topoi.

Auffällig ist, dass Paulus das Ich in 7,14–25 in Rollenmustern sprechen lässt, die in der antiken Literatur Frauenfiguren zugeschrieben werden: Medea und Phaedra. Auch das ethische

Problem der „Willensschwäche“, die ἀκρασία, wird in der griechisch-römischen Literatur im Umfeld des Paulus an den Beispielen dieser Frauenfiguren behandelt. Schon die Anspielungen auf die Genesiserzählung in 7,7–12 fokussieren sich auf die Versuchung Evas. Die klarsten Bezüge auf Gen 2–3 stellt Paulus in diesen Versen zur Täuschung Evas her, und zwar zu ihrer eigenen Aussage nach 3,13:

Röm 7,11 ἡ ἁμαρτία ἐξηπάτησέν με
Die Sünde hat mich getäuscht.
Gen 3,13 ὁ ὄφις ἠπάτησέν με
Die Schlange hat mich getäuscht.

Paulus' Aussage in 7,11 eröffnet zwei weitere Bezugspunkte zur Versuchung Evas: Dass das Gebot der Auslöser für die Täuschung ist (Röm 7,11), erinnert daran, wie die Schlange das Gebot Gottes in Gen 3,1 mit einer entscheidenden Akzentverschiebung zitiert. Gott hatte nicht verboten, von „allen Bäumen des Gartens“ zu essen (Gen 3,1), sondern nur vom Baum der Erkenntnis (Gen 2,17). Und das Gebot, nicht zu begehren (Röm 7,11), lässt sich als Anspielung auf die in Eva angeregte Lust nach der Frucht (Gen 3,6) verstehen.[43] Auch hier laden die Identifikationsangebote des Jedermann-Ich also dazu ein, sich mit einer Frauenfigur zu identifizieren, diesmal einer biblischen: der versuchten Eva.

Allerdings tragen die Identifikationsmomente mit Frauenfiguren in Römer 7,7–25 keine misogynen Züge; das auktoriale Ich des Paulus wird durch das literarische Jedermann-Ich vielmehr nicht vollständig aufgesogen. Auch Paulus spricht als versuchbarer Mann, der sich den Affekten gegen Gottes Tora-Gerechtigkeit erlegen weiß. Damit nimmt Paulus selbst die Position ein, die in dem zitierten semiotischen Quadrat der politischen Genderrollen die Position der Unterlegenen (nicht B und nicht A) ist:

[43] Vgl. Krauter, Eva in Römer, 3.

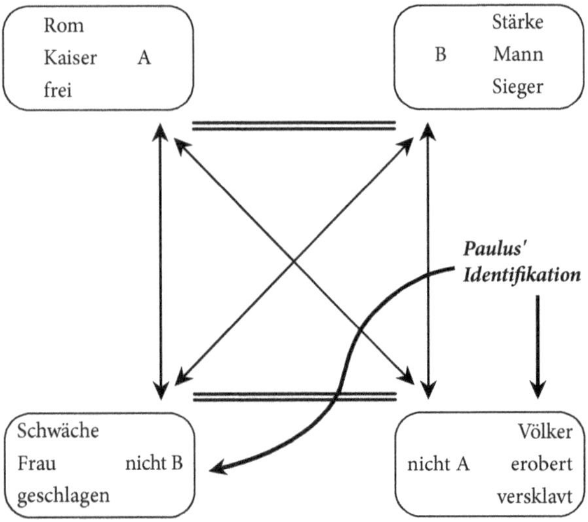

Diese Beobachtung wird durch den letzten Anruf des Ich aus seiner ausweglosen Bedrängnis noch weiter gestützt (7,24).

> Ich geschundener Mensch.
> Wer wird mich diesem Körper des Todes entreißen?
> Ταλαίπωρος ἐγὼ ἄνθρωπος
> τίς με ῥύσεται ἐκ τοῦ σώματος τοῦ θανάτου τούτου;

Der Elendsruf, die griechische Wendung ῥύομαι ἐκ und die Erwähnung der Todesgefahr berühren sich eng mit sprachlichen Ausdrücken, welche die Notsituation militärischer Niederlagen und drohender Sklaverei beschreiben. Marion Hauck hat dies in einem instruktiven Beitrag zu Römer 7 gezeigt.[44] Paulus fleht hier also mit seinem literarischen Ich um Rettung mit ähnlichen Worten, wie sie aus Hilferufen in Notlagen, militärischer Niederlage und Unterdrückung bekannt waren, die die von Rom eroberten Völker erfahren haben.[45]

---

44 M. Hauck, „Wer wird mich dem Tode entreißen?" Zur semantischen Anschlussfähigkeit der paulinischen Formulierung ῥύομαι (+ Akk.) ἐκ (+ Gen.) (Röm 7,24b) an den (profan-)griechischen Sprachgebrauch, in: Krauter, Perspektiven auf Römer 7, 83–111.

45 Marion Hauck nennt als Beispiele die Bedrohung der Stadt Theben von

Inhaltliche und sprachliche Parallelen zu Philo zeigen, dass Juden in der Unterdrückung Israels durch Ägypten vergleichbare Erfahrungen in ihrer Geschichte aus der Tora kannten. In der Sklaverei in Ägypten hatten sie auf Israels Gott als Retter vertraut. In seinen Abhandlungen über das Buch Exodus schreibt Philo:

> In Ägypten wurde das Geschlecht der Hebräer nicht beschnitten. Während sie aber wegen aller Leiden, welche die Grausamkeit der Bewohner des Landes den Fremden zufügte, geplagt wurden, lebten sie mit Selbstbeherrschung und Geduld (ἐγκρατείᾳ καὶ καρτερίᾳ), nicht mit Zwang (οὐκ ἀνάγκῃ), mehr als mit bereitweilliger (freier Gewissheit), weil sie ihre Zuflucht in Gott, dem Retter hatten (διὰ τὴν ἐπὶ τὸν σωτῆρα θεὸν καταφυγήν), *der die Bittsteller aus ausweglosen und schwierigen (Not-)Lagen befreite* (ὃς ἐξ ἀπόρων καὶ ἀμηχάνων ἐπιπέμψας τὴν εὐεργέτιν δύναμιν, ἐρρύσατο τοὺς ἱκέτας). Deshalb fügt er dies hinzu: „Ihr kennt (nämlich) das Leben der Fremden" (ὑμεῖς [γὰρ] οἴδατε τὴν ψυχὴν τοῦ προσηλύτου). (Quaestiones in Exodum 2,2).

Auch Paulus dürfte sich aus Israels Erfahrung von Unterdrückung und Befreiung mit den Erfahrungen der von Rom eroberten Völker verbunden gefühlt haben. Die Rettung, die er am Ende von Kapitel 7 erfleht, ist aber nicht die aus der römischen Macht, sondern die von der weltweit und innerlich um sich greifenden Herrschaft der Sünde. Dennoch nimmt er mit seinem Ich hier kommunikative Muster von Unterlegenheitsrollen an, die oft mit politisch unterdrückten Völkern und mit gedemütigten Frauenfiguren assoziiert wurden. Auf diese Beobachtung werde ich noch zurückkommen. Zunächst behandelt der nächste Abschnitt eine ethische Paränese, in der er die Gemeinde in Korinth zur Einhaltung gesellschaftlich verbreiteter Rollenmuster ermahnt.

---

dem Joch der Sklaverei in Sieben gegen Theben von Aischylos (aaO., 90–94) oder die Bewahrung der Ionier vor Sklaverei nach Herodot (aaO., 98–100).

Wozu braucht eine Frau eine Macht über ihrem Kopf? (1 Korinther 11,2–16)

(2) Ἐπαινῶ δὲ ὑμᾶς ὅτι πάντα μου μέμνησθε καί, καθὼς παρέδωκα ὑμῖν, τὰς παραδόσεις κατέχετε.	(2) Ich lobe euch aber, weil ihr euch an alles von mir erinnert, und weil ihr, wie ich euch überliefert habe, die Überlieferungen einhaltet.
(3) Θέλω δὲ ὑμᾶς εἰδέναι ὅτι παντὸς ἀνδρὸς ἡ κεφαλὴ ὁ Χριστός ἐστιν, κεφαλὴ δὲ γυναικὸς ὁ ἀνήρ, κεφαλὴ δὲ τοῦ Χριστοῦ ὁ θεός.	(3) Ich will aber, dass ihr wisst: Das Haupt jedes Mannes ist Christus, der Mann aber das Haupt einer Frau, das Haupt aber Christi ist Gott.
(4) πᾶς ἀνὴρ προσευχόμενος ἢ προφητεύων κατὰ κεφαλῆς ἔχων καταισχύνει τὴν κεφαλὴν αὐτοῦ.	(4) Jeder Mann, der betet oder prophezeit und etwas vom Haupt (bedeckt) hat, beschämt sein Haupt.
(5) πᾶσα δὲ γυνὴ προσευχομένη ἢ προφητεύουσα ἀκατακαλύπτῳ τῇ κεφαλῇ καταισχύνει τὴν κεφαλὴν αὐτῆς ἓν γάρ ἐστιν καὶ τὸ αὐτὸ τῇ ἐξυρημένῃ.	(5) Jede Frau aber, die betet oder prophezeit mit unbedecktem Haupt beschämt ihr Haupt. Ein und dasselbe ist (sie) nämlich mit der Kahlgeschorenen.
(6) εἰ γὰρ οὐ κατακαλύπτεται γυνή, καὶ κειράσθω εἰ δὲ αἰσχρὸν γυναικὶ τὸ κείρασθαι ἢ ξυρᾶσθαι, κατακαλυπτέσθω.	(6) Wenn nämlich eine Frau sich nicht bedeckt, soll sie sich auch (die Haare) scheren lassen. Wenn es der Frau aber hässlich ist, die Haare scheren zu lassen oder kahlrasiert zu werden, soll sie sich bedecken.

(7) Ἀνὴρ μὲν γὰρ οὐκ ὀφείλει κατακαλύπτεσθαι τὴν κεφαλὴν εἰκὼν καὶ δόξα θεοῦ ὑπάρχων ἡ γυνὴ δὲ δόξα ἀνδρός ἐστιν.	(7) Ein Mann muss das Haupt nicht bedecken, weil er ein Ebenbild und Abglanz Gottes ist. Die Frau jedoch ist Abglanz des Mannes.
(8) οὐ γάρ ἐστιν ἀνὴρ ἐκ γυναικός ἀλλὰ γυνὴ ἐξ ἀνδρός	(8) Nicht nämlich ist der Mann aus der Frau (genommen worden), sondern die Frau aus dem Mann.
(9) καὶ γὰρ οὐκ ἐκτίσθη ἀνὴρ διὰ τὴν γυναῖκα ἀλλὰ γυνὴ διὰ τὸν ἄνδρα.	(9) Auch nämlich ist der Mann nicht wegen der Frau geschaffen worden, sondern die Frau wegen des Mannes.
(10) διὰ τοῦτο ὀφείλει ἡ γυνὴ ἐξουσίαν ἔχειν ἐπὶ τῆς κεφαλῆς διὰ τοὺς ἀγγέλους.	(10) Deshalb muss die Frau eine Macht über dem Haupt haben wegen der Engel.
(11) πλὴν οὔτε γυνὴ χωρὶς ἀνδρὸς οὔτε ἀνὴρ χωρὶς γυναικὸς ἐν κυρίῳ	(11) Jedoch (lebt) eine Frau nicht ohne einen Mann, und ein Mann (lebt) nicht ohne eine Frau im Herrn.
(12) ὥσπερ γὰρ ἡ γυνὴ ἐκ τοῦ ἀνδρός, οὕτως καὶ ὁ ἀνὴρ διὰ τῆς γυναικός τὰ δὲ πάντα ἐκ τοῦ θεοῦ.	(12) Wie nämlich eine Frau aus dem Mann (genommen wurde), so (wird) der Mann durch die Frau (geboren). Das alles aber ist aus Gott.
(13) Ἐν ὑμῖν αὐτοῖς κρίνατε πρέπον ἐστὶν γυναῖκα ἀκατακάλυπτον τῷ θεῷ προσεύχεσθαι;	(13) Urteilt unter euch selbst! Ist es anständig, dass eine Frau unbedeckt zu Gott betet?
(14) οὐδὲ ἡ φύσις αὐτὴ διδάσκει ὑμᾶς ὅτι ἀνὴρ μὲν ἐὰν κομᾷ ἀτιμία αὐτῷ ἐστιν,	(14) Lehrt euch nicht die Natur selbst: (für) ein(en) Mann, wenn er langes Haar trägt, ist es für ihn eine Ehrlosigkeit;
(15) γυνὴ δὲ ἐὰν κομᾷ δόξα αὐτῇ ἐστιν; ὅτι ἡ κόμη ἀντὶ περιβολαίου δέδοται [αὐτῇ].	(15) (für) eine Frau aber, wenn sie langes Haar trägt, ist es ein Glanz für sie. Denn das lange Haar ist ihr als Umhüllung gegeben.

(16) Εἰ δέ τις δοκεῖ φιλόνεικος εἶναι, ἡμεῖς τοιαύτην συνήθειαν οὐκ ἔχομεν οὐδὲ αἱ ἐκκλησίαι τοῦ θεοῦ.	(16) Wenn jemand aber meint, streitbar zu sein, eine solche Sitte kennen wir nicht, und auch nicht die Versammlungen Gottes.

In diesem Abschnitt geht Paulus auf praktische Fragen im Ausdruck der Geschlechterrollen von Frau und Mann in der öffentlichen Versammlung der Gemeinde ein. Es geht also nicht um die Beziehung zwischen Frau und Mann im Rahmen der häuslichen Gemeindschaft, des οἶκος, sondern um öffentliche Versammlungen. Auch wenn er im folgenden Abschnitt (1,17–26)[1] weiter von den Mahlversammlungen spricht, sind öffentliche Mahlversammlungen der Gemeinde gemeint. In diesen Versammlungen gab es Konflikte (vgl. 1,10). Bei den Mahlversammlungen waren sie wohl dadurch bedingt, dass die Armen sich durch ein selbstgefälliges Verhalten der Wohlhabenden gedemütigt sahen. In den folgenden Kapiteln 12–14 wird er weiter über Konflikte in den Versammlungen sprechen, die mit charismatisch-pneumatischen Gaben einzelner Gruppen und Personen in der Gemeinde zu tun haben. In diesem Abschnitt haben sich die Konfliktlinien durch ein bestimmtes Auftreten von Frauen in der Versammlung ergeben. Für seine Antwort greift er im Zentrum des Abschnitts in den Versen 7–10 wieder auf die Schöpfungsüberlieferung in der Tora zurück. In seiner Antwort geht er einerseits auf die praktischen Fragen des Auftretens der Frauen ein, anderseits bleibt für ihn unstrittig, dass Frauen wie Männer in der Versammlung öffentlich beten und prophetisch sprechen können.

[1] Vgl. die parallele Einleitung einmal positiv: Ἐπαινῶ δὲ ὑμᾶς (11,2) und einmal negativ οὐκ ἐπαινῶ (11,17).

Die Bedeutung von κεφαλή

Martin Ebner meinte, Paulus würde sich in 11,2–16[2] mit verschiedenen Arten der Haartracht beschäftigen. Tatsächlich hängen Haartracht und Genderrollen oft zusammen. Die gesellschaftliche Bewegung nach 68 hat deshalb die Geschlechterzuordnungen durch Frisuren bewusst konterkariert. Im Musical Hair singt ein US-Soldat aus der Hippiebewegung:

> She asks me why
> I'm just a hairy guy
> I'm hairy noon and night
> Hair that's a fright
> I'm hairy high and low
> Don't ask me why
> Don't know
> It's not for lack of bread
> Like the Grateful Dead
> Darling

Die lange Haartracht bei Männern oder die kurzen Haare bei Frauen sollten die Geschlechterzuordnungen nivellieren, und zwar solche Zuordnungen, die Paulus offenbar auch in den Versen 13–15 voraussetzt. Es ist aber fraglich, ob es hier wirklich um die Frage der richtigen Haartracht geht.

In den Versen 7 bis 10 spielt Paulus auf die Schöpfungserzählungen aus dem Buch Genesis an und verbindet sie mit seinem Hauptthema in diesem Abschnitt, der Frage nach der κεφαλή. Das griechische Wort κεφαλή verwendet Paulus das erste Mal schon in Vers 3:

---

[2] Dieser Abschnitt ist wegen seiner Überlegungen zur Stellung der Frau in den vergangenen Jahren sehr umstritten gewesen. Radikale Positionen neigen sogar dazu, den Abschnitt für eine sekundäre Interpolation oder für ein Zitat der Korinther zu halten. Dafür gibt es aber weder im Text noch in der handschriftlichen Überlieferung einen Anhalt. Der Abschnitt scheint vielmehr ähnlich gut eingebunden wie der in 1 Kor 6. In 11,2 setzt Paulus zu einem Lob der Gemeinde in Korinth an und spricht über verschiedene Verhaltensweisen in den gottesdienstlichen Versammlungen der Gemeinde. In 11,17 setzt er dann mit einer Kritik der Versammlungen an und tadelt die Verhältnisse beim gemeinsamen Mahl der Gemeinde.

Ich will aber, dass ihr wisst:
Die κεφαλή jedes Mannes ist Christus,
der Mann aber die κεφαλή einer Frau,
die κεφαλή aber Christi ist Gott.

Das Wort meint im Griechischen gewöhnlich nicht einfach „Kopf", sondern überhaupt den obersten Teil oder den äußersten Teil einer Sache, z. B. den äußersten einer Landspitze im Meer. Beim menschlichen Körperbau bezeichnet es daher den obersten Teil, den Kopf. In dieser wörtlichen Bedeutung ist κεφαλή in den Versen 4 und 5 gemeint. In den Versen 7–10 geht es dann um den Kopfschmuck von Männern und Frauen. Offensichtlich ist mit κεφαλή auch hier der Kopf gemeint.

In sozialen Gruppen und Gesellschaften bezeichnet κεφαλή aber die hierarchische Führungsspitze der jeweiligen Gruppe – wie das deutsche Wort „Oberhaupt". In der Bedeutung „Herrscher", „Anführer", „Leiter" wird auch das hebräische Wort ראש in der Bibel oft verwendet. In dieser besonderen Bedeutung übersetzt die griechische Bibelübersetzung das Wort oft mit anderen griechischen Worten als κεφαλή, dennoch war diese sozial-hierarchische Bedeutung auch für griechische Leserinnen und Leser nachvollziehbar. In der Philosophie hatte das geistige Prinzip, das den Menschen beherrschen sollte, die Vernunft, der νοῦς, seinen Sitz im Kopf; auch deshalb war die soziale hierarchische Bedeutung leicht nachvollziehbar.

In der neueren Exegese wird gegen ein hierarchisches Verständnis von Vers 3 häufiger eingewendet, dass κεφαλή nicht die soziale Vorrangstellung meine, sondern den Ursprung. Es würde die „Quelle" meinen und die Funktion, welche die Quelle für den Fluss hat.[3] Diese Bedeutung legt sich in den Versen 8–9 nahe, in denen Paulus auf das Buch Genesis zurückgreift.

---

[3] Vgl. auch Baumert, Frau und Mann, 168. Eine bedenkenswerte Anregung zu diesem Vers habe ich von Studierenden im Theologischen Studienjahr in Jerusalem bekommen: Als Ziel der drei sozialen Beziehungen nennt Paulus in 3d Gott als κεφαλή des Messias Jesus. Diese Beziehung ist aber etwa in 1 Kor 8,6 nicht als Unterordnung sondern als gleichberechtigte Beziehung zwischen dem „Vater" und dem „Kyrios" beschrieben, denen die Christglaubenden ihr Leben in unterschiedlicher Weise verdanken. Sollte Paulus also mit diesem Zielsatz auch angeben, dass die Beziehungen zwischen Mann

> (8) Nicht nämlich ist der Mann aus der Frau (genommen worden),
> sondern die Frau aus dem Mann.
> (9) Auch nämlich ist der Mann nicht wegen der Frau geschaffen worden,
> sondern die Frau wegen des Mannes.

In Genesis 2 schafft Gott dem Mann die Frau als eine Hilfe. Deshalb wird sie aus dem Körper des Mannes genommen. Dies muss auf der Ebene des Buches Genesis aber nicht unbedingt soziale Unterordnung bedeuten, daher könnte hier tatsächlich die Bedeutung von „Quelle" oder „Ursprung" gemeint sein.[4]

In 11,3, wenn Paulus das Wort κεφαλή in diesem Abschnitt das erste Mal verwendet, folgt aber in Vers 4 und 5 unmittelbar die wörtliche Bedeutung von „Kopf", daher dürfte auch in Vers 3 bereits eine Bedeutung von sozialer Überlegenheit und Autorität gemeint sein. In jedem Fall beschreibt Paulus in Vers 3 eine soziale Reihenfolge, die eine Abstufung in der sozialen Bedeutung beinhaltet: Christus, Mann, Frau. Selbst wenn man von der Bedeutung „Quelle" ausgeht, würde diese Abstufung bleiben.

Der Schriftbezug in den Versen 7–10

Der ausdrückliche Bezug auf die Schöpfungserzählung findet sich allerdings erst in den Versen 7 bis 10:

> (7) Ein Mann muss das Haupt nicht bedecken,
> weil er ein Ebenbild und Abglanz Gottes ist.
> Die Frau jedoch ist Abglanz des Mannes.
> (8) Nicht nämlich ist der Mann aus der Frau (genommen worden),
> sondern die Frau aus dem Mann.
> (9) Auch nämlich ist der Mann nicht wegen der Frau geschaffen worden,

---

und Frau in der Gemeinde ähnlich gleichberechtigt zu gestalten sind, wie sie in 1 Kor 8,6 zwischen Gott und dem Messias vorausgesetzt ist?

[4] Vgl. M. Gielen, Beten und Prophezeien mit unverhülltem Kopf? Die Kontroverse zwischen Paulus und der korinthischen Gemeinde um die Wahrung der Geschlechtsrollensymbolik in 1 Kor 11,2–16, in: Dies., Paulus im Gespräch – Themen paulinischer Theologie, BzWANT 186, Stuttgart 2009 (159–186) 178–180.

> sondern die Frau wegen des Mannes.
> (10) Deshalb muss die Frau eine Macht über dem Haupt haben wegen der Engel.

Diese Verse bilden eine kleine Untereinheit. Paulus machte dies durch die rhetorischen Mittel seiner Zeit deutlich, indem er das Wort κεφαλή im ersten und im letzten Satz dieser Untereinheit nennt. Damit hat er eine *inclusio* geschaffen, die diese Untereinheit mit dem Thema der größeren Einheit in 2 bis 16 verbindet. In Vers 7 spielt Paulus mit dem griechischen Wort für Bild εἰκών auf die Genesiserzählungen an. In Gen 1,26 ist es einer der beiden Ausdrücke für die Gottesebenbildlichkeit des Menschen. Dort allerdings ist es auf den Menschen (Gen 1,26: ἄνθρωπον) bezogen, nicht auf den Mann, wie hier bei Paulus.

Daniel Boyarin hat die biblischen Gender-Bezüge in 1 Kor 11,2–16 zusammengestellt. Die entscheidenden Verse sind für ihn 3, 7–9 und 11–12:

> (3) Ich will aber, dass ihr wisst:
> Das Haupt jedes Mannes ist Christus,
> der Mann aber das Haupt einer Frau,
> das Haupt aber Christi ist Gott.
>
> (7) Ein Mann muss das Haupt nicht bedecken,
> weil er ein Ebenbild und Abglanz Gottes ist.
> Die Frau jedoch ist Abglanz des Mannes.
> (8) Nicht nämlich ist der Mann aus der Frau (genommen worden),
> sondern die Frau aus dem Mann.
> (9) Auch nämlich ist der Mann nicht wegen der Frau geschaffen worden,
> sondern die Frau wegen des Mannes.
>
> (11) Jedoch (lebt) eine Frau nicht ohne einen Mann,
> und ein Mann (lebt) nicht ohne eine Frau im Herrn.
> (12) Wie nämlich eine Frau aus dem Mann (genommen wurde),
> so (wird) der Mann durch die Frau (geboren).
> Das alles aber ist aus Gott.

Boyarin meint, Paulus würde hier zwei einander entgegengesetzte Konzepte von Mann und Frau zusammenbringen: eines, in dem Mann und Frau ausdrücklich hierarchisch verstanden sind, und ein zweites, in dem es keine hierarchischen Unterschiede gibt. Das hierarchische Konzept sieht er in Vers 7 bis 9 und das egalitäre Konzept in den Versen 11 und 12. Paulus würde den Unterschied zwischen den beiden Konzepten durch die Qualifizierung „im Herrn" kennzeichnen, die die Verse 11–12 auszeichnet. Tatsächlich steht der Ausdruck ἐν κυρίῳ im Griechischen in Vers 11 hervorgehoben am Ende des Satzes. Das griechische Wort κύριος bezieht sich hier wie schon im Briefeingang auf Jesus als Messias (1,3). Als befreiender Kyrios stellt er alle Herrschaftsverhältnisse, des kaiserlichen Imperium wie des patriarchalen Oikos, in eine neue Ordnung.

Für Boyarin hat das „im Herrn"die gleiche Bedeutung wie das „in Christus" in Gal 3,28. Beide Abschnitte hat er so verstanden, dass sie die Androgynie einer egalitären Gemeinschaft beschreiben, die auf der Ebene des Geistes existiert, gleich welche hierarchischen Beziehungen auf der Ebene des Fleisches, d. h. im gesellschaftlichen Leben, weiter herrschen. Boyarin hat weiter gemeint, dass diese beiden Konzepte bereits in den beiden Schöpfungserzählungen in Genesis 1 und Genesis 2 präsent seien. Die Auflösung der Gender-Differenzen mit „es gibt nicht mehr männlich noch weiblich", entspricht dem androgynen Bild des Menschen in Genesis 1, während die hierarchische Reihenfolge von Gott, Mann und Frau in den Versen 7–9 auf die Erzählung in Genesis 2 verweist. „Im Herrn" in 1 Kor 11,11 würde so viel bedeuten wie „nach dem Bild Gottes" aus Genesis 1,26 ff. Boyarin stützt seine Schlussfolgerung mit einer Beobachtung von Karen King über die beiden unterschiedlichen Mythen in Genesis 1 und 2: Beide Mythen über die menschlichen Geschlechtsrollen „seien weitgehend vereinbar, weil sich beide als Ideal vorstellen, ein einheitliches Selbst zu sein, sei es männlich, sei es androgyn, dessen Natur in einer transzendenten Ontologie und in einer Epistemologie der unterschiedlichen Ursprünge des Menschen gründet.[5]

[5] Boyarin, A Radical Jew, 195: „The two myths of gender are quite compatible in that both imagine the ideal to be a unitary self, wether male or androgynous, whose nature is grounded in an ontology of transcendence and an epistemology of origins."

Vermutlich konnte die Gottesebenbildlichkeit in Gen 1 zur Zeit Jesu und des Paulus in einem androgynen Sinn verstanden werden. Und tatsächlich dürfte ein Unterschied gegenüber heutigen Vorstellungen darin liegen, dass die Gottesebenbildlichkeit dann im Sinne eines einheitlichen Vorbildes der Existenz des Menschen gesehen wurde, einer geistigen Form, nach der alle menschliche Existenz geprägt ist. Demnach waren die Geschlechtsrollen für Frauen und Männer bereits im transzendenten Bereich Gottes als einheitliche Ideen vorgeprägt.

Boyarins Sicht bringt allerdings auch einige Probleme mit sich. Das griechische Stichwort für Bild εἴκων stammt aus dem ersten Schöpfungsbericht, aus Gen 1,26 f.; Paulus verwendet es aber im Zusammenhang mit der hierarchischen Beschreibung der Geschlechterordnung in Vers 7, also an der Stelle, die Boyarin dem zweiten Schöpfungsbericht zuordnet. Ein weiteres Problem ist, dass bereits Vers 3 eine hierarchische Folge darstellt: Christus, Mann, Frau. Diese Ordnung ist von Paulus allerdings als christliche Existenz dargestellt. Die Zugehörigkeit zum Χριστός ist der Maßstab, und für Paulus und seine Adressaten ist klar: Jesus ist dieser Χριστός.

Der Vers reflektiert auch nicht die Erklärungen für die Geschlechterrollen aus den Schöpfungsmythen in der Genesis; diese kann daher wohl auch nicht mehr einfach als „jüdisch" bezeichnet werden. Paulus beschreibt hier die sozialen Rollen in der christlichen Gemeinde. Nach den imperialen römischen gesellschaftlichen Geschlechts-Konstruktionen, die sich für den öffentlichen, gesellschaftlichen Raum zur Zeit des Paulus ausmachen lassen, stellt sich die Situation so dar: Das männliche Geschlecht gilt nach diesem Vers als Normalform. Das weibliche Geschlecht ist sekundär zum männlichen. Daher ist die Ekklesia als dominant männlicher Raum gegendert.

Paulus Aussagen lassen sich leichter daher verstehen, dass er in den Versen 7–9 wiederum die Schöpfungsüberlieferung nach der Septuaginta voraussetzt. Dabei greife ich auf die Überlegungen in der Einleitung meiner Untersuchung zurück und wiederhole sie noch einmal: Nach Gen 2,18 und 2,20 will Gott dem Mann eine Hilfe schaffen, die ihm entspricht. Das Hebräische verwendet in den beiden Versen den gleichen Ausdruck für die Hilfe: עֵזֶר כְּנֶגְדּוֹ.

Das Griechische hingegen hat die Stelle stärker an den ersten Schöpfungsbericht angeglichen. In 2,20 variiert das Griechische den Ausdruck für die Hilfe für den Mann und nennt sie eine βοηθὸς ὅμοιος αὐτῷ. Dies nimmt den zweiten Ausdruck für die Ebenbildlichkeit Gottes in Gen 1,26 auf: καθ' ὁμοίωσιν. Die Hilfe für den Mann soll also nach dem Bild des Mannes sein, so wie Mann und Frau nach Gen 1,26f. nach dem Bild Gottes waren. In 1,26 sagt Gott im Hebräischen: „Ich will ihm eine Hilfe machen"; im Griechischen ist dies in eine Pluralform gesetzt: ποιήσωμεν. Diese Pluralform stand in Gen 1,26 im hebräischen und im griechischen Text als Audruck für die Entscheidung Gottes, den Menschen als sein Abbild zu schaffen. Beides legt nahe, dass die Frau nun nach dem Bild des Mannes geschaffen wird. Die Erzählung lässt sich jetzt im Sinne einer ontologischen Rangordnung unter den Geschlechtern verstehen. Auch der Verlust des hebräichen Wortspiels mit אִישׁ (*'îš*) und אִשָּׁה (*'iššâ*) in Gen 2,21 konnte in diesem Sinne wirken. Ein Verständnis im Sinne einer ontologischen Rangordnung ist also auch hier verstärkt.

Die Ebenbildlichkeit Gottes, die in Gen 1,27 vom Menschen als Mann und Frau ausgesagt wird, beschränkt er auf den Mann. So hat es wiederum auch die Septuaginta in 5,1 verstanden. In Gen 1,26f. und 5,1 spricht zwar bereits das Hebräische von אָדָם. Es meint mit Adam aber die gesamte Menschheit, wie aus dem Zusammenhang in 1,26 und 27 deutlich ist (und ebenfalls 5,1 und 2). Die griechische Übersetzung verwendet Adam dagegen nur als Eigennamen für den Mann, das erste Mal in 2,16. In 5,1 übersetzt sie dann mit dem Eigennamen für den Mann: Adam ist nach dem Bild Gottes geschaffen. Die Erschaffung der Menschheit in ihrer geschlechtlichen Differenzierung von Mann und Frau in 5,2 wirkt wie ein zweiter Schritt.

Genesis 5,1–2 Übersetzung des hebräischen Textes	Genesis 5,1–2 Übersetzung des griechischen Textes
Dies ist die Geschichte der Menschenkinder (סֵפֶר תּוֹלְדֹת אָדָם).	Dies ist das Buch der Enstehung der Menschen (βίβλος γενέσεως ἀνθρώπων).
An dem Tag, als Gott die Menschheit (אָדָם) erschuf, machte er sie (עָשָׂה אתו) als Ebenbild Gottes. Männlich und weiblich wurden sie geschaffen ...	An dem Tag, an dem Gott Adam (τὸν Αδαμ) machte, machte er ihn nach dem Bild Gottes (κατ᾽ εἰκόνα θεοῦ). Männlich und weiblich macht er sie ...

Paulus übernimmt die patriarchale Rangordnung der Geschlechter in 1 Kor 11 also offensichtlich aus seiner griechischen Lektüre des Buches Genesis.

Das Haupt bedecken wegen der Engel

Ein weiteres Argument gegen Boyarins Vorschlag, dass Paulus in 1 Kor 11 auf zwei unterschiedliche Gender-Konzepte in den Schöpfungserzählungen Bezug nimmt, ist seine Begrenzung der Untereinheit auf die Verse 7–9. Den rhetorischen Gepflogenheiten zur Zeit des Paulus scheint es wegen der *inclusio* mit κεφαλή sinnvoller, Vers 10 in die Untereinheit einzubeziehen. Er fügt sich mit διὰ τοῦτο als Konsequenz aus der Schriftbegründung an, nimmt aber gleichzeitig am Ende noch einmal auf die Schrift bezug.

Der Vers scheint im Ganzen rätselhaft:[6]

> Deshalb muss die Frau eine Macht über dem Haupt haben wegen der Engel.

Zu der Wendung am Ende des Satzes διὰ τοὺς ἀγγέλους wird oft auf Gen 6,2 verwiesen. Dieser Vers steht im Zusammenhang einer kurzen Erwähnung in 6,1–4, die nicht weniger rätselhaft ist als der Vers aus der Feder des Paulus.

Nach Gen 6,1 haben sich die Menschen auf der Erde vermehrt und ihnen wurden Töchter geboren – ein Hinweis, dass der

[6] Einen ordnenden Überblick über die breite, unübersichtliche Diskussion der verschiedenen Deutungen gibt Zeller, Erster Korintherbrief, 358–360.

Fruchtbarkeitssegen am Ende von Genesis 1 durch die verschiedenen Verstöße und Vergehen durch Adam und Eva, Kain und Abel keine Minderung erfahren hat. In 6,3 heißt es dann:

> Die Gottessöhne sahen, wie schön die Menschentöchter waren, und sie nahmen sich von ihnen allen Frauen, die sie auswählten.

Darauf entscheidet sich Gott, seinen Geist vom Menschen zurückzuziehen und dessen Lebensalter zu begrenzen. Danach werden Riesen erwähnt, die möglicherweise aus der Vereinigung zwischen Gottessöhnen und Menschentöchtern hervorgegangen sind; diese werden die „Helden der Vorzeit" genannt. Die biblische Erzählung fährt dann mit der Verderbtheit menschlichen Verhaltens fort. Die Sintflut ist Gottes Antwort auf die angesammelte Bosheit der Menschen. Nur Noah und eine Schar auserwählter Menschen, Tiere und Pflanzen werden errettet.

Weil „Gottessöhne" als Engel galten, wird auf diesen Zusammenhang in Gen 6 verwiesen. In der kurzen Nachricht von Gen 6,3 sah man zur Zeit des Paulus einen Verstoß der Engel gegen ihre göttlichen Anordnungen. Die Nachricht gehört zu den mythischen Erklärungen der Genesis über die Entstehung menschlicher Sexualität. Dahinter verbarg sich eine ursprünglich komplexere Überlieferung, die zum Zeitpunkt der Entstehung der biblischen Schriften verbreitet war.

Der Mythos im Äthiopischen Henochbuch

Eine spätere Fassung dieser Überlieferung lässt sich im Ersten Henochbuch lesen, einer Schrift, die ursprünglich unter Juden in der Zeit des beginnenden Hellenismus auf Aramäisch entstanden ist. Es ist eine Offenbarungsschrift, die sich, wie andere Apokalypsen, als Offenbarung eines biblischen Patriarchen ausgibt. Über Henoch wird in Gen 5,22 f. gesagt: Er wandelte mit Gott und Gott hat ihn deshalb von der Erde zu sich aufgenommen.

Die Schrift ist nur noch auf Ge'ez erhalten und in einigen Fragmenten in den Qumranrollen. Der erste und älteste Teil dieser Schrift heißt „Das Buch der Wächter" und ist etwa im 4. Jhdt.

v. Chr. entstanden. Darin sind verschiedene Überlieferungen zu einem kosmologischen und anthropologischen Mythos von der Entstehung der Welt komponiert.[7] Im Zentrum des Mythos steht die sexuelle Vereinigung zwischen den Wächtern und Menschenfrauen. Gottessöhne wurden gewöhnlich als Engel verstanden, die Wächter sind eine Klasse der Engel. In seiner frühesten Form stellt der Mythos in den Kapiteln 1 Henoch 6–11 die sexuelle Begegnung zwischen den Wächtern und den Menschenfrauen dar: Die Engel fanden die Menschenfrauen sexuell anziehend. Sie verschwören sich deshalb auf dem Berg Hermon und entschließen sich gemeinsam, vom Himmel herabzusteigen, Sex mit den Menschenfrauen zu haben und Kinder zu zeugen. Semyaza heißt der Anführer dieser Engel und er steigt mit 200 anderen Engeln zu den Menschenfrauen herab. Als sie sich mit ihnen vereinten, lehrten sie die Menschenfrauen Zaubermittel und Beschwörungen. Aus den Vereinigungen mit den Menschenfrauen gehen die Riesen hervor, die auch im biblischen Bericht bereits erwähnt sind. Den Riesen wird die Nahrung auf der Erde zu wenig, deshalb beginnen sie andere Lebewesen zu fressen: Menschen, Tiere, Vögel, Fische. Schließlich fressen sie ihr eigenes Fleisch und trinken ihr eigenes Blut. Beides sind schlimme Greuel. Das Ende des ersten Mythos verletzt also abgrundtief das Schamgefühl.

Daneben schiebt sich eine zweite Überlieferung um einen anderen Führer der Wächterengel, der den Namen Azaz'el trägt. Er lehrt die Menschen die Herstellung von Kriegsgeräten und Waffen und bringt ihnen die verschiedenen Bearbeitungsweisen von Metallen bei, so auch von Armspangen und Schmuck – dazu dann auch verschiedene Weisen, sich zu schminken und so die körperliche Attraktivität zu steigern. Dadurch verbreiten sich Gottlosigkeiten und sexuelle Unmoral.

Das verbreitete Unrecht vor der Sintflut entspricht dem biblischen Bericht. Es wird von den vier Engeln Michael, Suriel, Rafael und Gabriel aufgedeckt. Drei von ihnen sind auch aus den biblischen Schriften bekannt und werden in der christlichen Frömmigkeit als Erzengel verehrt; hier ist noch ein vierter genannt, dessen Name unsicher ist, und möglicherweise mit Uriel

---

[7] Vgl. Loader, Making Sense of Sex, 23–30.

zu tun hat, der auch in jüdisch-christlicher Tradition vorkommt. Diesen Suriel – oder Uriel – schickt Gott zu Noah herab, um ihn auf die Sintflut vorzubereiten; Raphael wird gesandt, um Azazel zu fesseln, in die Finsternis zu werfen und in ein Loch in der Wüste Dudael zu verbannen. Gabriel soll den Bastarden aus der Vereinigung der Menschenfrauen mit den Engeln ein Ende bereiten, indem er sie gegeneinander aufbringt und sie sich im Krieg untereinander selbst vernichten. Michael soll die übrigen Engel fesseln und unter den Hügeln der Erde gefangen halten, bis das ewige Gericht Gottes über sie gehalten wird. Durch das Eingreifen der Erzengel wird die Welt in ihrem Bestand gerettet. Jedoch gibt es jetzt Waffen zum Krieg.

Auch die mythische Nacherzählung der kurzen biblischen Nachricht bleibt in vielen Punkten rätselhaft. Schon in der kurzen biblischen Nachricht erregen Frauen sexuelle Wünsche auch in der nichtmenschlichen Welt; die Engel sind durch die Schönheit der Frauen angezogen. Der Verkehr zwischen Engeln und Frauen war für jüdisches religiöses Empfinden ähnlich abstoßend wie der zwischen Menschen und Tieren. Im Henoch-Mythos stehen Frauen jetzt die kosmetischen Mittel zur Verfügung, ihre Attraktivität sogar noch zu steigern und aktiv zur sexuellen Begegnung zu verführen. Auch im Testament Rubens ist die sexuelle Attraktivität von Frauen Teil ihrer Kriegsstrategie gegen die Vormacht der Männer. Deshalb warnt Ruben seine Nachkommen vor der Schönheit der Frauen. Wahrscheinlich wurde die Schuld für die Bedrängnisse, die das menschliche Zusammenleben nach der apokalyptischen Schrift treffen, bei ihren Leserinnen und Lesern misogyn den Frauen und nicht den Engeln zugeschrieben. Die populäre Rede von den „Waffen der Frau" verrät ähnliche Denkmuster bis heute.

In der ursprünglichen biblischen Erzählung scheinen die Frauen Opfer der sexuellen Gewalt der Gottessöhne zu sein; in der Rezeption wird dabei jedoch oft ihnen die Schuld an der Grenzüberschreibung zugewiesen.[8] Der Mythos hatte eine ver-

---

[8] Dies ist ein häufiger Mechanismus, der auch in Erfahrungen mit sexualisierter Gewalt vorkommt. Oft sieht darin der Peiniger (oder auch die Peinigerin) die oder den Betroffenen als das Gegenüber, das ihn (sie) eigent-

breitete Erklärungskraft für das Empfinden von Menschen in ihrer Welt und ihrer Umgebung.[9] Sie sahen sich in einer Welt, die von Gott geschaffen war, in der sie sich aber an allen Punkten ihres Lebens von Dämonen und Geistern umgeben fühlten, und von menschlichen Wesen, die zu Kriegsmonstern werden konnten oder zu gefährlichen Trägern vergifteter Ideen und verführerischer Vorstellungen. Eine frohe Botschaft, ein „Evangelium", war für diese Menschen, dass diesen Wesen ihre Macht genommen wird. Deshalb traten Heiler auf und vollzogen Exorzismen zur Befreiung von Dämonen und überirdischen Wesen. Das öffentliche Wirken Jesu, seine Verkündigung, dass Gottes Reich angebrochen ist, und Jesu Exorzismen lassen sich vor diesem Hintergrund noch besser verstehen.

In verschiedenen frühchristlichen Schriften lässt sich zeigen, dass sie das Henochbuch und seinen Mythos als bekannt voraussetzen (Barn, ApcPetr, Justin, Tatian, Athenagoras, Minucius Felix, Irenäus, Clemens Alexandrinus, Julius Africanus, Origenes, Cyprian, Hippolyt u. a.). Tertullian nennt das äthiopische Henochbuch im 3. Jhdt. einen Teil der Bibel und klagt die Juden an, dass sie dieses Buch verwerfen, die Kirche müsse es aber in den Kanon aufnehmen. Der Mythos erklärt, warum Sexualität und sexuelle Vereinigung Menschen auch Angst machen können. Sexuelle Wünsche sind Teil des emotionalen Lebens, über das der Mensch nicht immer in freier Weise verfügt. Sie können bedrohlich, verletzend und verletzlich werden. Auch Erfahrungen von Frauen und Männern, die durch sexuelles Zusammenkommen körperlich-geistig verwundet und verletzt worden sind, könnten in diesen Überlieferungen verarbeitet sein. Solche Erfahrungen haben

---

lich mit seinen sexuellen Reizen angezogen hat; er stilisiert sie oder ihn bisweilen sogar zum Sex-Monster, dem er sich nicht mehr erwehren kann, und diese Schuldzuweisung wird hinterher oft von den Betroffenen übernommen. Sie erfahren sich selbst als schuldig, weil sie mit dem Täter, der ihnen an Alter, Autorität und gesellschaftlicher Anerkennung überlegen ist, unerlaubt sexuell intim geworden sind. Betroffene fühlen sich danach als unerlaubte Eindringlinge in den Bereich der Achtung und Würde ihres Peinigers.

[9] Vgl. zum Folgenden: Loader, Making Sense of Sex, 26.

häufig dazu geführt, dass Menschen Sexualität und damit dann auch ihre ganze Umwelt dämonisiert haben.

Dass Paulus diesen Mythos gekannt hat und dessen Kenntnis bei seinen Leserinnen und Lesern voraussetzt, lässt sich aus 1 Kor 6,3 schließen. Dort hält er fest, dass Christen kraft des Heiligen Geistes auch die Vollmacht haben, über Engel Gericht zu halten (s. o.). Mit den Engeln hat Paulus wahrscheinlich die Wächterengel aus dem Henochbuch gemeint. Die neue umfassende Gerechtigkeit, die die Messiasglaubenden in ihrer Bekehrung geschenkt bekommen, hilft ihnen nicht nur, den unterdrückerischen Mächten ihrer Umwelt entgegenzutreten, sondern auch denen, die sie im übermenschlichen Bereich als mächtig erfahren, und dazu hat Paulus wohl auch πορνεία gezählt, also ausbeuterische, menschenverachtende sexuelle Praktiken.

Mit 1 Kor 11 schließt Paulus am Ende von Vers 10 mit dem Verweis auf die Engel seinen Rückblick auf die Schöpfungsüberlieferung aus der Tora ab. Die Messiasgemeinde wusste sich als Gemeinschaft der Heiligen im Gottesdienst mit den Engeln um Gottes Thron vereint. In dieser Gemeinschaft hat sie die Vollmacht, über die gefallenen Engel zu richten. Gleichzeitig bleiben die gefallenen Engel aber eine latente Gefahr, solange sie noch nicht endgültig überwunden sind.[10] Auch wenn ihre Macht durch die Erzengel niedergeworfen und gefesselt worden ist, durchdringen die bösen Geister, die sie hervorgerufen haben, weiter die Räume menschlichen Lebens.[11]

---

[10] Dies stellt erst 1 Kor 15,24–28 in Aussicht.

[11] Zeller (Ders., Erster Korintherbrief, 360, Anm. 67) zitiert zwei jüdische Überlieferungen, die von der Gefahr dieser Engel für Frauen zeugen: „Böse ist der Engel, der Usiel genannt wird, wenn er eine Frau bloßen Hauptes sieht. (…) Wenn das Haupt einer Frau nackt ist, kommen böse Geister, nehmen von ihr Besitz und verderben alles, was im Haus ist." Zeller verweist damit auf Wettstein, der seinerseits zitiert. Allerdings sind diese Zitate nur noch schwer auszumachen (Zeller: „aus obskurer Quelle"). Eine alternative Erklärung findet sich bei Norbert Baumert, der meint mit den Engeln seien gute Engel gemeint, die für die Ordnung in der Versammlung sorgen. Die Frauen in der Gemeinde sollten sich daher an diese Ordnung halten und die Kontrolle über ihren Kopf behalten (ἐξουσίαν ἔχειν ἐπὶ τῆς κεφαλῆς), d. h. nicht mit einer theatralischen Kopfhaltung oder Frisur auftreten (vgl. Ders., Frau und Mann, 172, und Sorgen des Seelsorgers, 161–165).

Richtet sich Paulus gegen ein bestimmtes Hair-Styling?

Der Anlass, auf den Paulus mit seinen Ausführungen reagiert, findet sich in den parallelen Versen 4 und 5. Paulus nennt gender-gerechte Verhaltensweisen bei der gottesdienstlichen Versammlung: Auf die unterschiedlichen Arten von Frauen und Männern bei Versammlungen, den Kopf zu bedecken oder nicht, kann sich offenbar die gesamte Gemeinde verständigen. Deshalb kann Paulus hier sagen: Wer sich nicht an die Gepflogenheiten hält, beschämt sich vor der gesamten Gesellschaft. Kleidung, die in der jeweiligen Gesellschaft nicht passt, war offensichtlich in Korinth nicht weniger peinlich als heute.

Paulus bringt hier die Frage nach Scham und Ehre ein, die elementare Werte in der kaiserzeitlichen Gesellschaft waren, um ein bestimmtes Verhalten zu beurteilen: Werde ich mit meinem Verhalten mich, meine Familie, die Gruppen, in denen ich mich bewege, beschämen? Oder werde ich durch ein bestimmtes Handeln öffentliche Ehre und Ansehen erhalten, und nicht nur ich, sondern auch die Menschen, die mir wichtig sind? Ehre und Scham sind also Beziehungsgrößen. Sie gehören zur Selbstwahrnehmung und zum Selbstbild eines Menschen in Beziehung zu Anderen, zu einer jeweiligen Gruppe sowie in der Beziehung zu Gott.

Ehre, Herrschaft und Kontrolle sind in der römischen Kaiserzeit zentrale Ausdrucksformen des Mannseins. Der männliche Körper galt als ehrenvoll nach außen gerichtet, stark und kontrolliert. Für menschliche Personen, die dem Ideal dominanter Männlichkeit nicht genügten, hat Sean D. Burke daher in seiner Dissertation die Kategorie „unman" geprägt. Burke schreibt: „The category ‚unmen' could include women, foreigners, slaves, children, all of whom were defined as passive, submissive, violable, penetrable, sexually receptive and ruled by emotions."[12]

Haartracht ist oft mit Scham und Ehre verbunden, weil sie Befinden, Innenleben und Werte öffentlich sichtbar machen kann. Haare sind ein archetypischer Ausdruck für das mensch-

---

[12] S. D. Burke, Queering the Ethiopian Eunuch. Strategies of ambiguity in Acts, Minneapolis 2013, 71.

liche Selbst. In der Bibel hatten Nasiräer charismatische Kraft, weil sie ihr Haupthaar nicht schnitten. Griechische Götter und Heroen, Zeus, Hektor, Achilles, Poseidon tragen im antiken Bildprogramm langes Haar, und für Krieger wie etwa die Spartiaten war langes Haar Zeichen ihrer Freiheit. Anders im Alltagsleben in der griechisch-römischen Kaiserzeit: Zur Zeit des frühen Christentums trugen Männer in der Umwelt des Paulus das Haar kurz, bei Frauen war langes Haar Zeichen von Gesundheit, Reichtum und sexueller Anziehungskraft. Wie von Martin Ebner[13] wurde in den vergangenen Jahrzehnten häufiger die Auffassung vertreten, in Korinth hätten Frauen in den Versammlungen bei ihrem prophetischen Reden ihr Haar unpassend getragen. Es sei also nicht um Kopfbedeckungen und Verhüllen des Kopfes gegangen, sondern um das hairstyling. Richtet sich Paulus also gegen bestimmte Formen, die Haare im öffentlichen Gottesdienst zu tragen?

In den Versen 4 und 5 werden jedoch die Haare noch nicht erwähnt, wohl aber eine Kopfbedeckung.[14] Beide Verse greifen das Stichwort κεφαλή aus Vers 3 auf und verwenden es jetzt im Unterschied zu Vers 3 in der wörtlichen Bedeutung. In der Mitte seines Abschnitts steht aber eine Reflexion über die Schöpfungsüberlieferung in der Tora: 11,7–10. Auch wenn seine Argumente befremden – Paulus begründet damit die gesellschaftliche Konvention.

In den ersten Versen argumentiert Paulus mit schöpfungstheologischen Genderordnungen aus der Tora, die wir bereits gesehen haben. Paulus spricht hier von den hierarchischen Geschlechterbeziehungen, die sich aus der Septuagintaübersetzung des Buches Genesis ergeben. Die Menschheit ist in Gen 1,26ff. und dann in 2,7 zuerst als Mann nach dem Ebenbild Gottes geschaffen, so ist die Frau danach nach dem Bild und Abbild des

---

13 Ebner, Wenn alle ‚ein einziger' sein sollen.

14 Eine ausführliche Diskussion über die Bedeutung von ἀκατακαλύπτῳ τῇ κεφαλῇ in 11,5 findet sich bei Loader, New Testament on Sexuality, 372–374. Die Formulierung ist der in Num 5,18 über eine des Ehebruchs verdächtigte Frau nahe, wo Philo und Josephus beide voraussetzen, dass die Frau hier unbedeckten Hauptes vor den Hohepriester tritt.

Mannes geschaffen. Paulus Argumentation lässt sich vor dem Hintergrund der patriarchalen Verschiebungen der Geschlechterordnung in der griechischen Übersetzung der Tora erklären. Seine Zeilen begründen diese Geschlechterordnung nicht mehr, sondern setzen sie einfach voraus. Sein eigentliches Anliegen ist ein anderes. In den Versen 7 und 10 verbindet er sein theologisches Argument über das griechische Wort für „Kopf", κεφαλή, mit dem gesamten Abschnitt. Neunmal verwendet Paulus das Wort in 1 Kor 11,2–16 und in unterschiedlichen Bedeutungen:

1. In Vers 3 steht κεφαλή dreimal und bezeichnet im übertragenen Sinn eine theologisch, ethisch und sozial übergeordnete Autorität. Gott ist als die höchste Autorität, der alle anderen – Christus, Mann und Frau – untergeordnet sind, wie in Vers 11 als letztes genannt.
2. In den Versen 4 und 5 steht κεφαλή jeweils zweimal; in beiden Versen ist damit wörtlich der Kopf gemeint. Diese Stilmittel, bei dem ein Wort kurz hintereinander in unterschiedlichen, aber miteinander zusammenhängenden Bedeutungen verwendet wird, nennt sich in der antiken Rhetorik *traductio*. Paulus hat sie oft verwendet.
3. In den Versen 7 und 10 verwendet Paulus κεφαλή weiter in der wörtlichen Bedeutung „Kopf". Im Unterschied zum Mann in Vers 7 soll die Frau in Vers 10 ihren Kopf bedecken. Die Kopfbedeckung erhält aber einen eigenartigen Namen: ἐξουσία – „eine Macht" soll die Frau über ihrem Kopf haben wegen der Engel.

Die Gemeinde hat sich in ihren gottesdienstlichen Versammlungen wie etwa auch die Qumrangemeinschaft mit den Engeln um Gottes Thron vereint.[15] Engel konnten mit ihrem sexuellen Begehren von Frauen angezogen sein. Eine solche Vorstellung heute zu verbreiten, würde Befremden hervorrufen. Schon, dass ein Gottesdienst in der Gemeinschaft mit Engeln geschieht, entspricht für viele Christinnen und Christen in Europa nicht mehr dem liturgischen Erleben einer gottesdienstlichen Gemeinschaft. Erst recht lässt es sich nicht nachvollziehen, dass Frauen Engel sexuell

---

[15] Vgl. Gielen, Beten und Prophezeien, 182–184.

anziehen könnten. Für Paulus und die ersten christlichen Gemeinden war dies durch den Mythos von den Gottessöhnen in Gen 6,1–4 und den Wächterengeln im Henochbuch eine wirklichkeitsnahe Erfahrung. Deshalb nennt Paulus die Kopfbedeckung von Frauen eine „Vollmacht" (ἐξουσία). Sie sollte die Frau vor den sexuellen Wünschen der Engel schützen. Gemeint war damit die Vollmacht (ἐξουσία) eines Mannes über die Frau, denn dieser war für die Frau Ausdruck ihrer Unterordnung aber gleichzeitig auch ein Schutz in der Öffentlichkeit. Die Zuordnung zu einem Mann bewahrte eine Frau davor, dass sie von anderen Männern oder Mächten in eine ihr fremde Unterordnung gezwungen wird.

Haare galten als ein Zeichen der Weiblichkeit und auch der sexuellen Anziehung von Frauen, deshalb sollten sie im Gottesdienst bedeckt bleiben. Wenn eine Frau offenes Haar trug, setzte sie sich sexuellen Wünschen aus und gab damit in dem damaligen patriarchalen Verhaltenscodex ein Zeichen, anderen zur Verfügung zu stehen. Nach den patriarchalen Geschlechtsrollen gehörte die Sexualität einer Frau aber ihrem Ehemann. Deshalb durfte sie Fremden nicht dargeboten werden: Mit der Entfernung der Kopfbedeckung lehnte eine Frau nach außen sichtbar die Autorität – die ἐξουσία – des Mannes, in der sie stand, ab. Ein Schleier auf dem Kopf einer Frau, ein Tuch oder ein Turban, waren wahrnehmbare Ausdrucksformen des patriarchalen Schutzes einer Frau durch die ἐξουσία ihres Mannes, was auch heute in einigen Kulturkreisen noch die Bedeutung der Kopfbedeckung von Frauen ist.[16]

---

[16] Luise Schottroff nennt ein philologisches Problem der oben stehenden Erklärung: Die Formulierung ἐξουσίαν ἔχειν in 11,10 nennt die Frau als Subjekt der Macht, und nicht als ihr untergebenes Objekt (Schottroff, Erster Korintherbrief, 208, mit Anm. 561). Deshalb vermutet sie, Paulus meine hier, dass Frauen in Korinth die Macht haben sollen „über ihren Kopf zu verfügen – und eine Kopfbedeckung zu tragen, die sie als ehrbare Matrone erkennbar macht" (aaO., 208). Männer hingegen müssten ihr Haupt entblößen, und auf „jede Nachahmung der männlichen Priesterwürde als Elitemänner verzichten" (aaO., 207). Die Kopfbedeckung würde in der Versammlung also für eine Egalisierung sozialer Geschlechter-Unterschiede sorgen.

Warum aber verlangt Paulus dann nicht auch vom Mann, dass er sein Haupt bedeckt? Auch der Mann ist ja „Ebenbild und Glanz" nur nachgeordnet zu Gott, so wie die Frau der Glanz des Mannes ist. William Loader sieht den Grund im monotheistischen Bekenntnis zu einem Gott. Gott ist einer, und der Mann hat in dem einen Gott nur eine Macht und Autorität über sich. Frauen haben immer eine Mehrzahl von Männern als Gegenüber, und diese Männer können in Konkurrenz zueinander treten. Deshalb ergeben sich unterschiedliche Erfordernisse für Frau und Mann. Der Mann benötigt kein weiteres Zeichen seiner Beziehung zu Gott. Für Frauen, verheiratet oder unverheiratet, ist der Schleier aber sowohl Schutz wie auch das Zeichen, dass sie zu einem bestimmten Mann gehört und mit ihm in einer vertrauten Beziehung steht.[17]

Auch in Genesis 3 geht es bereits um Nacktheit, Entblößung und Scham. Als Adam und Eva entdecken, dass sie nackt sind, beginnen sie, ihre Geschlechtsteile zu bedecken – voreinander, aber vor allem auch vor Gott. Paulus hat mit seinem Blick auf die schöpfungstheologischen Erzählungen aus der Tora möglicherweise auch befürchtet: Wenn das Haar aufgedeckt wird, geschieht eine Form von Entblößung, die im heiligen Raum der Messiasgemeinschaft nichts zu suchen hat. Nach den Reinheitsvorstellungen für heilige Räume gehört auch schon entblößtes Kopfhaar zur Nacktheit, die im kultischen und rituellen Rahmen bedeckt sein muss. Nacktheit war – und ist – im kultischen Rahmen eines Gottesdienstes und in liturgischen Räumen zu vermeiden. Dieses Empfinden gilt vielfach auch heute noch, wie etwa die Bekleidungsvorschriften für gottesdienstliche Räume in den drei abrahamitischen Religionen belegen.

Allerdings hat sich das Empfinden bei der Kopfbedeckung im westlichen Kulturraum in den vergangenen 75 Jahren von Grund

---

[17] Loader, New Testament on Sexuality, 378: „The difference (…), that men stand in relation to God who is one without competition, but women in relation to man, of whom there are many, helps makes sense of the different requirement. For women, married or unmarried, had to be protected and their covering served both as protection, but also as an indication of belonging to a man in the created order of being".

auf verändert. Offenes, langes Haar wird bei Frauen nur noch in Randgruppen als ungebührliche Entblößung wahrgenommen. Erst recht eignen sich die patriarchalen Vorstellungen, die Paulus im Hintergrund der Bekleidungsvorschrift bewegt haben, im Rahmen gleicher Rechte für Frauen und Männer in fast allen westlichen demokratischen Staaten nicht mehr für die Begründung gender-ethischer Werte.

Paulus versteht die Zusammengehörigkeit von Frauen und Männern in der Gemeinde nach der Schöpfungsüberlieferung als hierarchisch geordnet wie in der Septuaginta-Tora. Diese stellt er nicht infrage. Aber beide, Mann und Frau, gehören mit ihren prophetischen Charismen in die gottesdienstliche Versammlung. Er bestätigt ihr Rederecht und ihre Zugehörigkeit zur Versammlung der Messiasgemeinschaft. Es gibt für ihn nicht nur den Mann und alles andere ist „Nicht-Mann", „unman", wie es hegemonialer Männlichkeit und den Vorstellungen von Ehre und Scham in der kaiserzeitlichen Gesellschaft entsprach. Frauen haben wie Männer mit ihrem prophetischen Reden einen legitimen Ort in der Versammlung.

In Paulus' Briefen findet sich aber eine Freiheitsdynamik, die nach meinem Eindruck tiefer geht als die Geschlechter-Rollen, die Paulus hier in Korinth für die Gemeindeversammlung voraussetzt, und auch als seine Äußerungen zu Homosexualität. Auf diese Dynamik geht das folgende Kapitel ein. Setzt man bei Paulus' expliziten Aussagen zu Geschlechter-Rollen und Sexualität an, lässt sich maximal konstatieren, dass sie situativ und historisch bedingt sind. Aber daraus allein ergibt sich noch kein Beitrag dazu, wie Geschlechtersolidarität heute gelebt werden kann. Man könnte Paulus dann einfach als historischen Autor wieder beiseitelegen. Schon die Apostelgeschichte hat Paulus aber wenige Jahre nach seinen Briefen als Gottes auserwähltes Gefäß (Apg 9,15: σκεῦος ἐκλογῆς) gesehen, mit dem Gott seinen Namen zu den Völkern tragen wollte, die wie Israel unter den Hegemonialitätsansprüchen Roms stehen. Gott wollte also, dass sein Name und seine Gegenwart, die einst Israels Auszug aus dem Sklavenhaus Ägypten begründet haben (Ex 3,12–14), Menschen weltweit Freiheit und Würde verleihen. In dieser Sendung hat sich bereits Paulus selbst verstanden. Seine Sendung zeigt daher eine Grundlage auf, die über die Jahrhunderte ein Gespräch mit Paulus ermöglicht, das die Gemeinden zu seiner Lebzeit noch direkt mit ihm geführt haben.

„Zur Freiheit hat uns der Messias befreit" (Gal 5,1)

In Paulus kultureller Welt der römischen Kaiserzeit[1] war Männlichkeit mit hegemonialen Werten verbunden, mit Mut, Stärke, Kampfesbereitschaft. Die Dominanz-Eigenschaften, die von einem *vir* erwartet waren, sind heute in dem Bedeutungsspektrum des Wortes „Virilität" umfasst. Der Mann galt als autosuffizient; philosophische Konzepte vertraten unbeeindruckt vom Beitrag von Frauen für Öffentlichkeit und Politik, dass Männlichkeit Aktivität bedeutete, Weiblichkeit hingegen Passivität. Politische Verantwortung, Entschiedenheit und Überzeugungskraft kamen daher Männern zu. Die Öffentlichkeit in Versammlungen, auf der Agora, in Lehrsälen, bei Festen im Tempelbereich, war der Kampfplatz, an dem Männer miteinander konkurrierten. Frauen war dagegen der häusliche Bereich zugeordnet. Plutarchs Überlegungen über den liminalen Prozess des Altwerdens gibt ein Zeugnis von diesen Rollenzuschreibungen an den Mann – und entsprechend an die Frau. Männer in fortgeschrittenem Alter mussten sich der Gefahr erwehren, unmännlich zu werden: „Von allen Übeln entehren keine einen alten Mann mehr als Müßiggang (ἀπραξία), Feigheit (δειλία) und Weichheit (μαλακία), wenn er aus den öffentlichen Ämtern (ἐκ πολιτικῶν ἀρχείων) hinabgeht in den Haushalt der Frauen (εἰς οἰκουρίαν γυναικῶν)."[2]

Paulus ist mit diesen Rollenerwartungen an Männer offensichtlich in einen Konflikt geraten, was sich vor allem in seiner Korrespondenz mit der Gemeinde in Korinth zeigt. William Loader hat diesen Konflikt nachgezeichnet.[3] Korinth war in der Zeit von Paulus' missionarischer Tätigkeit dort eine römische Kolonie;

[1] Loader, New Testament on Sexuality, 397–401; vgl. außerdem Mayordomo-Marin, Konstruktionen von Männlichkeit, 106–109.

[2] Plutarch, An seni res publica gerenda sit, 784a, Übersetzung und Kommentar bei Mayordomo-Marin, Konstruktionen von Männlichkeit, 105.

[3] Loader, New Testament on Sexuality, 398.

deshalb dürften die Werte der römischen *virtus* das Identitätsgefühl dort besonders stark geprägt haben. Im zweiten Korintherbrief referiert Paulus die Vorwürfe der Gemeinde, die ihm aus Korinth gemacht werden. Er sei überzeugungsschwach in der öffentlichen Präsenz, aus der Distanz würde er aber dann mit seinen Briefen Stärke demonstrieren wollen (2 Kor 10,1 und 10 und 1,17). Den Korinthern schreibt Paulus von einem „Stachel" in seinem Fleisch (2 Kor 12,7: σκόλοψ τῇ σάρκι). Dieser Stachel war keine sexuelle Versuchung[4], sondern offensichtlich eine dauerhafte wahrnehmbare körperliche Krankheit oder Behinderung. Paulus musste mit ihr leben und die Gemeinde wusste davon. Es lässt sich aber nicht mehr genau ausmachen, worin die Beeinträchtigung bestand. Im Galaterbrief schreibt er wohl von der gleichen körperlichen Einschränkung und erinnert die Gemeinden daran, dass sie ihn nicht verachtet haben: Sie hätten nicht vor ihm ausgespuckt (Gal 4,14). Vermutlich meint er diese sichtbare körperliche Einschränkung auch, wenn er am Ende des Galaterbriefes von den „Zeichen Jesu" (στίγματα τοῦ Ἰησοῦ) spricht; sie gehört zu seiner Lehre und seinem Auftreten in der Gemeinde dazu (Gal 6,17).

Paulus' körperliche Gebrechlichkeit und seine mangelnde rhetorische Brillianz haben dazu geführt, dass seine Autorität als Missionar und Apostel des Evangeliums Christi angefochten wurde. Er sah sich gezwungen, seine Integrität und seine Berufung zum Gesandten der Völker zu verteidigen (2 Kor 11,16–12,13; Gal 1,10–2,10).[5]

Am Tiefpunkt seiner Beziehung zu den Korinthern parodiert er den rhetorischen Wettbewerb seiner Zeit (2 Kor 11,21–12,13). Er trägt lauter Argumente vor, die ihm in seiner Sicht bei seinen Adressaten Bewunderung eintragen könnten. Er legt dar, angesichts welcher Widerwärtigkeiten er sich unter „Hebräern" (ἑβραῖοι), „Israeliten" (Ἰσραηλῖται), als „Diener des Messias" (διάκονοι Χριστοῦ) aus der „Nachkommenschaft Abrahams" (σπέρμα Ἀβραάμ) hat bewähren müssen (11,22–30). Und in seine

[4] Dies legt allerdings die Übersetzung der Vulgata mit *stimulus carnis* nahe. Vgl. dazu Schmeller, Zweiter Korintherbrief, 305 f.

[5] Vgl. außerdem: 2 Kor 12,15–18; 3,1; 10,12. 18.

Apologie schließt Paulus die *vir-tutes* ein, die für ihn zählen: Tapferkeit, Ausdauer und ekstatische spirituelle Erfahrungen.

An der rhetorischen Climax bricht seine Apologie aber zusammen. Er erklärt, dass seine Bedeutung sich nicht an moralischen, religiösen oder spirituellen Tugendbeweisen misst, sondern dass ihm der Stachel in das Fleisch gestoßen worden ist, damit er sich nicht überhebe. Im Angesicht seiner Schwäche sucht er die Rettung in Gottes Gnade. Genau am Zielpunkt seiner Rede erhält Paulus' Apologie damit eine Spitze gegen hegemoniale Männlichkeitsmuster: „Viel lieber werde ich mich also meiner Schwachheiten rühmen, damit die Kraft des Messias auf mir wohnt (ἐπισκηνώσῃ)" (2 Kor 12,9).[6] Paulus sieht in der Schwäche das eigentliche Zeichen seiner Männlichkeit. In seinen Ohnmachtserfahrungen erkennt Paulus eine Solidarität mit dem Leid Christi.[7]

William Loader schließt daraus, dass Paulus das Muster seiner Identifikation als Mann aus der Mitte seiner Sendung gewonnen hat. Auch der Messias Jesus hätte den korinthischen Kriterien an ein mannhaftes Auftreten nicht genügt: „Nichts konnte konfrontativer für das römische Ideal von Männlichkeit sein, und in einem weiteren Sinn auch für das Ideal einer Person von Status und Bedeutung, gleich ob Mann oder Frau, als ein gekreuzigter Mensch."[8] Paulus' rhetorisches Programm stetzt Gottes Torheit und Schwäche der Weisheit und Macht der Welt entgegen:

---

[6] Könnte es sein, dass Paulus in 2 Kor 12,9 auf das Zeltheiligtum (σκήνη) auf dem Sinai anspielt, das Israel beim Zug durch die Wüste begleitet hat? Damit blendet er Israels Befreiung aus der Tora in die Verteidigung seiner missionarischen Sendung ein. Dies tut er nicht nur an dieser Stelle, sondern auch im folgenden Abschnitt im Brief. In 2 Kor 12,12 spricht Paulus von ἐν σημείοις καὶ τέρασιν καὶ δυνάμεσιν und verwendet damit ebenfalls charakteristische Exodus-Terminologie (Ex 7,3.9; 11,9.10; Dtn 4,34; 6,22 u. ö.), vgl. die Kombination der drei Wörter bei Paulus noch in Röm 15,19 (vgl. auch Hebr 2,4).

[7] Vgl. 2 Kor 1,5–7; 4,7–17; Röm 8,17–18.

[8] Loader, New Testament on Sexuality, 399: „Nothing could be more affronting fo the Roman model of masculinity and in a broader sense, the model of what it means to be a person of stature and worth, male or female, than a crucified man."

> (22) Denn Juden erwarten Zeichen und Griechen suchen Weisheit, (23) doch wir verkünden den gekreuzigten Messias, den Juden ein Ärgernis und den Völkern eine Dummheit, (24) den (von Gott) Gerufenen aber, Juden wie Griechen, ist der Messias Gottes Kraft und Gottes Weisheit. (25) Denn das Dumme Gottes ist weiser als die Menschen und das Schwache Gottes ist stärker als die Menschen. (1 Kor 1,22–25)

Vermutlich lässt sich mit Loaders Annahme noch weitergehen. Paulus' Vorstellungen von Männlichkeit sind wohl seiner Berufung erwachsen. In dem Brief an die Gemeinden in Galatien erinnert Paulus angesichts der Kritik aus den Gemeinden an seine Berufung zum Apostel. Im Unterschied zu den drei erzählerisch gestalteten Darstellungen von Paulus' Berufung in der Apostelgeschichte (Apg 9, 22 und 26) lässt sich im Galaterbrief Paulus' eigenes Zeugnis erkennen. Darin schreibt er auch über seine religiösen Überzeugungen und Verhaltensweisen vor seiner Berufung:

> (13) Ihr habt doch gehört, wie ich früher mein Judesein praktiziert habe (τὴν ἐμὴν ἀναστροφήν ποτε ἐν τῷ Ἰουδαϊσμῷ) – wie ich die Gemeinde Gottes über die Maßen verfolgt und einen Vernichtungsfeldzug (ἐπόρθουν) gegen sie geführt habe, (14) und wie ich mich im Jüdisch-Sein unter vielen Gleichaltrigen in meinem Volk (ἐν τῷ Ἰουδαϊσμῷ ὑπὲρ πολλοὺς συνηλικιώτας ἐν τῷ γένει μου) hervortat, ein unschlagbarer Eiferer (περισσοτέρως ζηλωτὴς) für die überlieferten Satzungen meiner Vorfahren. (Gal 1,13–14)

Paulus hat sich mit seiner jüdischen Lebensweise vor seiner Berufung in den Bahnen kompetitiver Männlichkeit bewegt, wie sie analog auch für griechisch-römische Männlichkeitsmuster existierten. Davina Lopez sprach von der „upward mobility"[9] seiner früheren Ambitionen: an die Spitze seiner Altersgenossen und allen anderen überlegen. Dazu gehört auch, dass er seine Gegner nicht nur verfolgt (διώκω), sondern auch versucht hat, sie zu vernichten (πορθέω). Die beiden Verben stehen nicht nur in Paulus' Selbstzeugnis über seinen Kampfzug gegen die Messiasglaubenden vor seiner Berufung in 1,13, sondern auch in der Reaktion der Verfolgten selbst, der „Gemeinden in Judäa" (1,22 f.). Mit dem

---

[9] Lopez, Apostle to the Conquered, 129.

zweiten Verb πορθέω beschreiben nach der Apostelgeschichte (9,21) auch die Verfolgten in Damaskus ihr Erstaunen darüber, wie Paulus, der sie einst vernichten wollte, jetzt zum Verkünder des Evangeliums geworden ist.

Das Verb πορθέω drückt gewöhnlich in einem militärischen Konflikt die völlige Vernichtung einer kollektiven Einheit aus, etwa einer Stadt oder eines Landes. An anderen Stellen ist das Verb πορθέω in den Schriften des biblischen Kanons allerdings nicht belegt. Es findet sich allerdings im Vierten Makkabäerbuch in heutigen Ausgaben der Septuaginta und bezeichnet dort das tyrannische Verhalten, mit dem Antiochus Epiphanes das Judentum feindlich überzogen hat:

> (23) Und als er sie in einem Vernichtungsfeldzug geschlagen hatte (ἐπόρθησεν), gab er einen Erlass heraus, wenn jemand von ihnen in der Öffentlichkeit der väterlichen Tora folge, dass er sterben solle. (24) Als er aber in keiner Weise die Toratreue des Volkes durch Erlasse brechen konnte, sondern sah, dass alle seine Drohungen und Strafen gebrochen wurden, (25) so dass sogar Frauen, weil sie ihre Kinderlein beschneiden ließen, mit ihren Säuglingen in den Tod gestürzt wurden, obwohl sie diese Folgen vorher wussten. (26) Weil nun seine Dekrete vom Volk (τοῦ λαοῦ) verachtet wurden, versuchte er selbst einen jeden aus dem Volk (ἕνα ἕκαστον τοῦ ἔθνους) durch Foltermethoden zu zwingen, durch Blut verunreinigte Speisen zu essen und der jüdischen Lebenspraxis (τὸν Ιουδαϊσμόν) abzuschwören.

Der Abschnitt zeigt, welche Form von Gewalt mit dem Verbum πορθέω verbunden waren, nicht nur als Gewalt im Militär, sondern bis in den familiären Bereich hinein.

Von den jüdischen Schriftstellern Philo und Flavius Josephus wird das Verbum πορθέω oft mit den Römern als Subjekt verwendet. Flavius Josephus nennt den Kaiser Titus, der auf dem Titusbogen mit den Sakralgegenständen des Tempels als Eroberer Jerusalems gefeiert wird, den „Zerstörer Kaiser Titus“ (Jos. B.J. I, 10: ὁ πορθήσας Καῖσαρ Τίτος); Juden und speziell Jerusalem werden von ihm in aller Regel als Opfer der Zerstörung genannt.[10]

Der oben zitierte Auszug aus dem Vierten Makkabäerbuch belegt auch, welches Bedeutungsfenster Paulus eröffnet, wenn er

[10] Lopez, Apostle to the Conquered, 130.

das Verb πορθέω für seine frühere Verfolgung der Messiasglaubenden verwendet: Es meint nicht nur religiöse Verfolgung, sondern schließt ein breites Spektrum von Gewalt ein, das mit Krieg und Eroberung verbunden ist, auch sexuelle Gewalt. Frauen waren wie auch in dem zitierten Abschnitt aus 4 Makk Opfer dieser Gewalt. Das heißt nicht, dass Paulus selber diese Formen von Gewalt auch so verbrochen hätte – Paulus markiert mit dem Ausdruck vielmehr eine bestimmte Form männlichen Selbstbewusstseins und Verhaltens. Paulus spricht selbstkritisch davon, dass er seine jüdische religiöse Bildung und Praxis vor der Bekehrung in den Mustern überlegener und erobernder Männlichkeit verstanden hat. Ähnlich selbstkritisch beschreibt er seine Haltung vor der Berufung in Phil 3,4b–6:

> (4b) Wenn jemand anderes meint, sich auf Fleisch (ἐν σαρκί) verlassen zu können, dann könnte ich es umso mehr. (5) Ich bin nämlich am achten Tag beschnitten (περιτομῇ ὀκταήμερος), stamme aus dem Volk Israel (ἐκ γένους Ἰσραήλ), aus dem Stamm Benjamin (φυλῆς Βενιαμίν), ein Hebräer aus Hebräern (Ἑβραῖος ἐξ Ἑβραίων), der Tora(schule) nach Pharisäer (κατὰ νόμον Φαρισαῖος). (6) Im Eifer verfolgte ich die Gemeinde, war untadelig in der Gerechtigkeit aus der Tora.

Paulus beschreibt seine jüdische Herkunft androzentrisch; diese ist noch deutlicher, wenn bei „Fleisch“ möglicherweise noch eine Anspielung auf die männlichen Genitalien mitschwingt. Paulus ist vor allem Mann: Er trägt das männliche Zugehörigkeitszeichen zu Israel, und die weiteren Zuordnungen zu seinem Volk tragen auch alle männliche Merkmale (der Stamm des Jakobssohns Benjamin, Hebräer, Pharisäer). Lukas legt ihm daher authentisch in den Mund (Apg 23,6): „Ich bin ein Pharisäer und Sohn von Pharisäern.“

Paulus’ jüdisches Verständnis vor seiner Berufung lässt sich dem semiotischen Quadrat angleichen, mit dem oben in Anlehnung an Davina Lopez und Brigitte Kahl hegemoniale römische Männlichkeit dargestellt war. Die beiden oberen Positionen A und B stehen für Paulus’ jüdische Selbstpositionierung (A) und das entsprechende religiöse Superioritätsbewusstsein (B), die das soziale Innen und Oben beschreiben. Die beiden unteren Positionen – (nicht B) und (nicht A) – stehen für die abgelehnten religiös inferioren Haltungen im sozialen Außen (nicht B) und für die Fremden im Gegenüber zur elitär verstandenen eigenen jüdischen Identität (nicht A), die von den jüdischen Altersgenossen, der Gemeinschaft der Messiasglaubenden bis zu den Vertretern der Völker reichen.

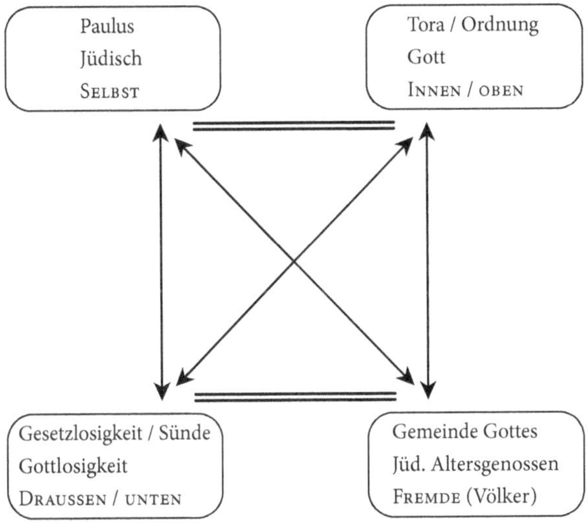

Auch die Erzählung Apostelgeschichte 9,1–2 stellt Paulus vor seiner Begegnung mit dem erhöhten Christus entsprechend dar: „Er schnaubte Drohung und Mord“ und verlangte vom Hohenpriester Briefe, um in Damaskus in die Synagogenversammlungen einzudringen und dort die aufzuspüren, die dem Weg des Messias Jesus folgten. Brigitte Kahl bezeichnete das semiotische Quadrat, das das von Paulus abgelegte jüdische Selbstverständnis beschreibt, zu Recht als ein „battlefield“[11]; Saulus ist darin der männliche „héros de la persécution“ (Marguerat[12]). Im Unterschied zum

[11] Kahl, Reading Galatians, 29.

[12] D. Marguerat, Les Actes des Apôtres (1–12), Commentaire du Nouveau Testament Va, Genf 2007, 326. Eine narratologische Untersuchung der drei Darstellungen von Paulus' Berufung in der Apostelgeschichte bietet: P. Irankunda, Paul, le persécuteur appelé à témoigner. Étude narratologique des

mannhaften Helden Paulus sind die Messiasglaubenden eine Gemeinschaft von „Männern und Frauen“ (ἄνδρας τε καὶ γυναίκας). Paulus unterscheidet sich hier nicht vom Selbstverständnis hegemonialer römischer Männlichkeit: Er versteht sich selbst als Jude im Gegenüber zu Heiden (ἐθνικοί), wie sich Griechen und Römer gegenüber Barbaren βάρβαροι verstehen. Er sieht sich „Selbst“ als der Hüter von Gesetz und Ordnung gegen die große Gruppe der „Anderen“, die er als feindlich gegenüber Gesetz und Ordnung wahrnimmt.[13] In Römer 1,14 zitiert er noch das griechisch-römische Selbstverständnis, das aber bereits ein Relikt aus der Zeit vor seiner Berufung ist. Paulus dient bereits beiden, Griechen wie Fremdvölkern, Weisen wie Kulturlosen: „Griechen und Barbaren (Ἕλλησίν τε καὶ βαρβάροις), Gebildeten und Ungebildeten (σοφοῖς τε καὶ ἀνοήτοις) bin ich verpflichtet.“

In seiner eigenen Darstellung im Galaterbrief ist die Berufung einer neuen Geburt vergleichbar.[14] Paulus wurde grundlegend verändert durch das, was er zu sehen bekam, und was ihm nach der Darstellung der Apostelgeschichte (9,8b) eine zeitlang jegliche Fähigkeit zu sehen genommen hat:

> (15) Als es der Ratschluss Gottes war, der mich schon *von Mutterleib an* (ἐκ κοιλίας μητρός μου) auserwählt, und der mich durch seine Gnade gerufen hatte, (16) seinen Sohn in mir zu offenbaren, damit ich ihn unter den Völkern (ἐν τοῖς ἔθνεσιν) als Evangelium verkünde (εὐαγγελίζωμαι). (Gal 1,15–16)

Paulus versteht seine Berufung nach dem Vorbild der biblischen Propheten Israels: Jeremia wurde schon im Mutterleib ausgesondert und zum Propheten für die Völker (προφήτην εἰς ἔθνη) geformt (vgl. Jer 1,5 LXX); der Prophet, der in Deutero-Jesaja spricht, ist von Gott schon im Mutterleib mit seinem Namen gerufen worden, um Gottes Wort an die Inseln (νῆσοι) und an die Völker (ἔθνη) in der Ferne zu richten (vgl. Jes 49,1 LXX). So hat Gott auch Paulus erkennen lassen, wozu er ihn berufen hat. Er, der im Eifer für die Überlieferungen der Väter gelebt hat, ist als

---

récits de vocation de Paul dans les Actes des Apôtres (Ac 9; 22 et 26), Berlin 2019.

13 Vgl. Kahl, Reading Galatians,

14 Vgl. zum Folgenden Lopez, Apostle to the Conquered, 133 f.

Gesandter zu den Völkern gewissermaßen vaterlos geworden[15]: Wie Israels Propheten ist er als Kind von Gott im Mutterschoß berufen worden.

Der Wandel, den Paulus in seiner Berufung erfahren hat, bedeutet nicht nur, dass er durch Gottes Offenbarung seines Sohnes an den Messias glaubt; dieses neue Vertrauen[16] hat auch seine Selbst- und Fremdwahrnehmung grundlegend verändert. Er hat die früheren Überlegenheitsstellungen verlassen und begibt sich mitten unter die Unterlegenen. Nach der Völkertafel in Genesis 10 gehören die Völker, zu denen er sich jetzt gesandt sieht, ursprünglich zu Israel. Paulus richtet auch seine Reisestrategie nach dieser Völkertafel aus. Zunächst wendet er sich an die in Genesis 10 zuerst genannten Kinder Jafets: in Richtung Zypern, Kleinasien und Griechenland. Von Jerusalem durchquert er in konzentrischen Kreisen alle Gebiete im römischen Osten, bis er dann nach Spanien will. Zu diesen Völkern, die unter der *pax romana* stehen, sieht er sich selbst als einer gesandt, der selbst aus einem der von Rom „befriedeten“ Völker stammt. Seine Wandlung lässt sich daher im semiotischen Quadrat als ein Wechsel von der dominanten Position A in seiner Selbstwahrnehmung vor der Berufung zur untergeordneten Position nicht-A beschreiben:

Paulus’ Wechsel mit dem gekreuzigten Messias in die inferiore Position an die Seite der Rom unterlegenen Völker wird an mehreren Stellen im Galaterbrief deutlich.[17] Wenn Paulus schreibt, dass Gott seinen Sohn „in ihm“ offenbart hat, heißt das: Der Gekreuzigte wohnt in Paulus’ Leib (2,19); er hat den Galatern den gekreuzigten Messias vor ihren Augen öffentlich zur Schau gestellt (3,1). Als am Holzpfahl Gehängter ist Christus für sie zum Fluch geworden (3,13). Seinen geschwächten körperlichen Eindruck, den er beim Besuch der Gemeinden in Galatien hinterlassen hat, vergleicht er mit dem gemarterten Körper Christi (4,12–

[15] Lopez, Apostle to the Conquered, 134: „Paul, who mentioned the fathers as those for whose traditions he was previously zealous, is now somewhat fatherless.“ Sie bezeichnet Paulus’ Berufung als „bodily alteration“ (ebd.).

[16] Norbert Baumert, Der Weg des Trauens. Übersetzung und Auslegung des Briefes an die Galater und des Briefes an die Philipper, Paulus neu gelesen, Würzburg 2009, 27.

[17] Vgl. Lopez, Apostle to the Conquered, 135.

14). Das Kreuz des Herrn Jesus Christus ist das einzige, worauf er noch seinen Stolz setzt (6,14), und er trägt die Zeichen des Messias an seinem eigenen Leib (6,17).

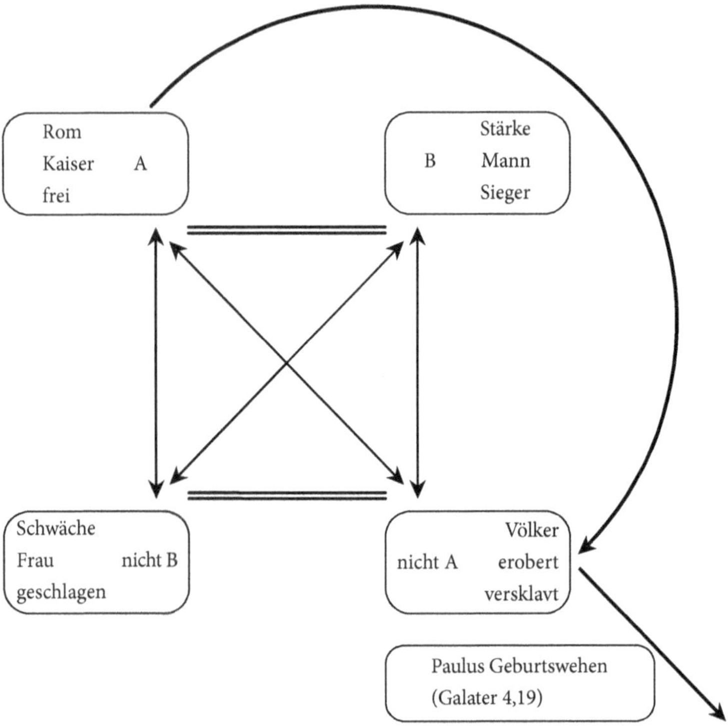

Paulus als Mutter seiner Kinder

Bei der Auseinandersetzung um seine umstrittene Autorität in den Gemeinden in Galatien greift Paulus deshalb zu einer ähnlichen Strategie wie im Zweiten Korintherbrief. Er erinnert die Galater daran, wie er in der Position der Schwäche zu ihnen kam. Dabei eignet er sich in einer Metapher die Rolle einer gebärenden Frau an (Gal 4,19):

> Meine Kinder (τέκνα μου),
> mit denen ich wieder Geburtswehen erleide (ὠδίνω),
> bis Christus in euch Gestalt bekommen hat.

Die Aufforderung an die Galater, so zu werden wie er (4,12), wirkt hier noch nach. Paulus und seine Kinder erleben, wie sie von Gott verwandelt werden. Die Schwäche und Gebrochenheit, mit denen sich Paulus ein paar Verse vorher beschrieben hat, erfahren durch die Wehen der Schwangerschaft eine Uminterpretation als neue Schöpfung. Diese Schöpfung geschieht nicht auf dem gewöhnlichen Weg als Zeugung durch den Mann, sondern: „Es ist eine Schöpfung aus dem Nichts, von unten, durch eine scheinbar unterlegene Frau."[18]

Gal 4,19 ist nicht die einzige Stelle, an denen Paulus von sich in der Geschlechtsrolle einer Frau spricht. Im Ersten Thessalonicherbrief reflektiert er – wohl hier gemeinsam mit den anderen Absendern Silvanus und Timotheus – über sein Auftreten in der Gemeinde und verbindet zwei verschiedene Metaphern in einer überraschenden Mixtur (2,7).[19] Die Missionare[20] sind nicht mit männlicher Autorität und rhetorischer Überzeugungsgewalt aufgetreten, sondern waren in der Gemeinde „kleine Kinder" (2,7: νήπιοι). Der unmittelbar folgende Satz vergleicht die Missionare mit einer Mutter, die ihren Kindern Nahrung gibt: „wie eine Stillende, die ihre eigenen Kinder nährt" (ὡς ἐὰν τροφὸς θάλπῃ τὰ ἑαυτῆς τέκνα). Die Lesart νήπιοι („kleine Kinder") ist alt und besser bezeugt; daneben existiert auch die alternative Lesart ἤπιοι (= „milde", „freundlich"), an die sich die Übersetzungen oft halten, weil die beiden Metaphern – wie kleine Kinder und wie eine stillende Mutter – eine Spannung ergeben.[21] Christine Gerber schlug vor, νήπιοι als Anrede zu verstehen, aber auch das birgt

---

[18] Lopez, Apostle to the Conquered, 142.

[19] Vgl. Daniel Marguerat, Imitating the Apostle, Father and Mother of the Community (1 Thess 2:1–12), in: Ders., Paul in Acts, 220–243.

[20] Das „Wir" meint die Gruppe der Missionare, so auch Marguerat, Imitating the Apostle, 221–223.

[21] C. Gerber, Paulus und seine ‚Kinder'. Studien zur Beziehungsmetaphorik der paulinischen Briefe, BZNW 136, Berlin, New York 2005, 276.

Probleme.[22] Es ist aber gut möglich, dass sich die Metapher hier auf die vorangehenden Verse bezieht, die davon sprechen, dass die Missionare sich für ihr Auskommen und für ihre Autorität auf Gottes Zuwendung verlassen haben. Dieses Gottvertrauen wird auch schon in den Psalmen im Bild von νήπιοι zum Ausdruck gebracht[23], signifikant etwa in Psalm 115,6 (114,6 LXX): „Der Herr beschützt die kleinen Kinder, ich war erniedrigt und er hat mich gerettet (φυλάσσων τὰ νήπια ὁ κύριος ἐταπεινώθην καὶ ἔσωσέν με)." Ulrich Schmidt hat die Metapher deshalb als gemischte Metapher *(„mixed metaphor")* verstanden: „Einer, der aus der Zuwendung Gottes heraus lebt" – wie ein kleines Kind – „wird zu jemandem, der Zuwendung schenkt"[24], mit dem liebenden Gefühl einer Mutter für die Kinder ihrer eigenen Familie, nicht nur wie eine Amme, für die das Stillen Arbeit ist. Die Metapher war in ihrer Kombination zwischen dem kindlichen und weiblichen Bild für damalige Ohren „höchst irritierend"[25]. Sie gibt auch dem wenig später folgenden Vers 2,11 noch eine zusätzliche Tönung. Dort vergleicht Paulus die Verkündigung des Evangeliums durch die Verkündigung der Missionare mit der Unterweisung eines Vaters in der Familie. Die Verantwortung des Vaters für die Erziehung in der religiösen Überlieferung entspricht der Rollenverteilung in der jüdischen Familie. In 4 Makk 18,10 ff. erinnert die Mutter ihre sieben Söhne vor ihrem Martyrium daran, wie ihr Vater sie Tora und Bibelkunde gelehrt hat.[26] Das Miteinander von Mutter und

---

22 Gerber, Paulus und seine Kinder, 288–291, ebd., 290: Als „Anrede gilt sie nicht nur der ‚erzählten Zeit' des Gründungsbesuchs, sondern gerade der Zeit der Korrespondenz. Sie setzt also voraus, dass der Absender es immer noch für angemessen hält, die AdresatInnen seine ‚kleinen Kinder' zu nennen, neben der sonst ‚gleichberechtigteren' Bezeichnung als ἀδελφοί." Auch sonst steht νήπιος bei Paulus metaphorisch für die Anfangszeit des Glaubens, bzw. des religiösen Lebens (vgl. Röm 2,20; 1 Kor 3,1; Gal 4,3; ebenso Eph 4,14, und außerhalb von Paulus und seiner Schule: Hebr 5,13; im NT in Lk 10,21par.).

23 Vgl. U. Schmidt, 1 Thess 2,7b.c: „Kleinkinder, die wie eine Amme Kinder versorgen", NTS 55 (2009) (116–120) 119, und Gerber, Paulus und seine Kinder, 289.

24 Schmidt, 1 Thess 2,7b.c, 119.

25 Schmidt, 1 Thess 2,7b.c, 120.

26 Vgl. Gerber, Paulus und seine ‚Kinder', 302, dort weitere Beispiele.

Vater in 1 Thess 2,7 und 11 entspricht dem damaligen Familien-Modell. Paulus zieht aber nicht nur die naheliegende Vaterrolle als Vorbild für das öffentliche Wirken der Missionare in der Gemeinde heran. Diese wird vielmehr durch das emotional zugewandte Bild einer stillenden Mutter verstanden, und diese Zuwendung konnten die Missionare weitergeben, weil sie selbst wie νήπιοι Gottes Zuwendung erfahren hatten.

Paulus als Gebärende in Wehen

Im Galaterbrief vergleicht sich Paulus allerdings nicht mit einer Mutter, die bereits geboren hat, sondern mit einer schwangeren Frau in Wehen, deren Geburt noch bevorsteht. Das Verbum μορφωθῇ drückt das Wachsen des Embryos im Mutterleib der Frau aus. Damit lässt er Assoziationen an (1) biblische und an (2) griechisch-römische Bildwelten anklingen.

(1) In den biblischen Propheten wird das bedrängte Jerusalem mit seiner Mitte dem Zionsberg als Frau in Geburtswehen personifiziert. In Jeremia hört der Prophet die Tochter Zion, die Gott verlassen hat, wie sie in schweren Wehen schreit und stöhnt wie eine Frau vor der Erstgeburt (Jer 4,31). Micha sagt mit dem Bild der Wehen das Exil voraus, das Zion bevorsteht (Micha 4,10): „Winde dich in Wehen und stöhne, Tochter Zion, wie eine Gebärende! Denn jetzt musst du zur Stadt hinaus und auf freiem Feld wohnen und kommst bis nach Babel." Auch andere Städte und Völker werden als militärisch-politische Unterlegene mit den Wehen einer Schwangeren verglichen.[27] Nicht immer wird die Metapher dabei durch die erlösende Geburt bestimmt, sondern oft durch die Schmerzen, die das gesamte körperliche und emotionale Empfinden der Frau bewegen.

Interessant ist für Paulus' Metapher in Gal 4,12 das Bild der Frau in Wehen in der Septuagintafassung von Jesaja 26,17f. Der Vers gehört zu einem längeren Lied, mit dem sich die Geretteten

---

[27] Vgl. etwa Edom in Jer 49,22; Damaskus in Jer 49,24.

in Juda und Jerusalem an das vergangene Schicksal ihrer Bedrängnis erinnern. Die Septuaginta weicht in ihren Formulierungen und Ergänzungen an einigen Stellen vom hebräischen Text ab, die Ergänzungen sind im Folgenden kursiv gesetzt:

> (17) Wie eine Frau in Wehen (ἡ ὠδίνουσα) kurz vor dem Gebären (τεκεῖν) in ihrer Wehe (τῇ ὠδῖνι) schreit, so sind wir geworden *für deinen Geliebten* (τῷ ἀγαπητῷ σου), aus *Furcht vor* (διὰ τὸν φόβον) dir, Herr. (18) Wir haben im Bauch empfangen, und lagen in Wehen *und* haben geboren, (den) Geist deiner Rettung (πνεῦμα σωτηρίας σου) haben wir auf die Erde gebracht.

Die Erinnerung der Geretteten berührt sich in der Septuagintafassung mit Gal 4,12, da sie den schmerzvollen Prozess des Geformtwerdens des Embryos entfaltet von der Empfängnis bis zur Geburt. Dass die Wir-Gruppe hier die Schmerzen für Gottes Geliebten erleidet, wird gewöhnlich für eine spätere christliche Ergänzung zum jüdischen Grundtext gehalten, da dies für einen späteren Ausdruck für den Messias verstanden wird.[28] Die christlichen Gemeinden konnten sich in der Situation der Verfolgung so mit dem leidenden Messias identifizieren. Allerdings findet sich ἀγάπητος möglicherweise auch schon in der griechischen Übersetzung des Psalters als Titel für den Messias.

Die Geburt der Schwangeren bringt in jedem Fall im griechischen Text nicht wie im hebräischen Text nur einen „Wind" (רוּחַ) hervor, sondern Gottes rettender Geist verschafft sich durch ihre Wehen Raum im Land; auch dies ist aber wohl eine spätere christliche Neudeutung der hebräischen Fassung und noch nicht der griechische Text, den Paulus kannte. Die wohl nachpaulinische christliche Deutung des Jesaja-Textes zeigt aber, dass die späteren christlichen Gemeinden sich in der Metapher der Geburtswehen der schwangeren Frau wiederfinden konnten, ähnlich wie Paulus dies in Gal 4,12 tut. Sie haben ihre Situation von Verfolgung und Unterdrückung ähnlich wie Paulus als Solidarität mit dem Messias verstanden.

---

[28] Zur Textgeschichte vgl. R. Gryson, ‚Enfanter un esprit de salut': Histoire du texte de Isaïe 26,17.18, in: RTL, 27 (1996) 25–46, und Ders., ‚Enfanter un esprit de salut': l'interprétation de Isaïe 26,17.18 chez les Pères grecs, RTL, 32 (2001) 189–217.

(2) Die biblischen Darstellungen der bedrängten Tochter Zion als einer von Schmerzen niedergedrückten Frau konnten sich für Paulus mit einem politischen Bildprogramm der Kaiserzeit verbinden, das mit ähnlichen Geschlechtsrollen von Frauen arbeitete. Die römische Bildpropaganda zeichnete auf den *simulacra gentium* die Rom unterlegenen Völker als schmerzgezeichnete und klagende Frauenfiguren, die durch Tracht, Kopfbedeckung oder andere charakteristische Attribute des jeweiligen Volkes als dessen weibliche Personifikation erkennbar waren. Eines der vertrautesten Beispiele in der Umwelt des Neuen Testaments ist dafür die Judaea-Capta-Münze[29], die nach Titus' Einnahme Jerusalems unter Vespasian geprägt worden ist; sie stellt in der Mitte einen Olivenbaum dar, zu dessen linker Seite ein römischer Soldat in Rüstung steht und an dessen rechter Seite angelehnt eine Frau in Klagestellung hockt. Ein anderes Beispiel ist das erst kürzlich wieder entdeckte Sebasteion im kleinasiatischen Aphrodisias, einer Kultstätte für den Kaiserkult. In den Skulpturen[30] stehen unterschiedliche kaiserliche Imperatoren mit heroisch-muskulösen und gottheit-gleichen nackten Körpern und zwingen mit ihren bewaffneten Armen niedergekauerte Frauenfiguren auf den Boden mit entblößten Brüsten als Personifikationen der von ihnen jeweils eroberten Nationen.

Paulus' Metapher einer unter Wehen gebärenden Mutter lässt sich als Gegenbild zu den Fruchtbarkeitsvorstellungen der kaiserzeitlichen Propaganda verstehen. Bereits auf dem Brustpanzer des Augustus von Primaporta ist oberhalb der Genitalien des Kaisers Tellus als Mutter Erde dargestellt. Mit ihren entblößten Brüsten nährt sie zwei Säuglinge, dem römischen Soldaten über ihr hält sie ein überfließendes Füllhorn entgegen. Das Motiv der Tellus ist abgewandelt aufgegriffen auf dem Sardonyx-Relief des sogenannten „Großen Kameo von Frankreich"[31] – in der Frauenfigur, die in der Mitte der untersten Bildebene sitzt.

---

[29] Lopez, Apostle to the Conquered, 35–38.

[30] Lopez, Apostle to the Conquered, 2–6; 42–45.

[31] Vgl. In der folgenden Beschreibung des Kameo folge ich der Dissertation von Christine Elisabeth Heinlein (Dies., Kaiser und Kosmokrator. Der Große

Abb. 3: *Großer Kameo von Frankreich. Fünfschichtiges Sardonyx-Cameo, römisches Kunstwerk, zweites Viertel des 1. Jahrhunderts n. Chr., Cabinet des Médailles, Nationalbibliothek, Paris*

Kameo von Frankreich als astrale Allegorie, Tübingen 2011, im Internet veröffentlicht: https://publikationen.uni-tuebingen.de/xmlui/handle/10900/46916, Zugriff: 05. 03. 2020).

Abb. 4: *Nachzeichnung © Christine Elisabeth Heinlein, Leipheim*

Der Kameo entstand in der ersten Hälfte des 1. Jhdt.s, in der Regierungszeit von Augustus' Nachfolger Tiberius. Auf der Ebene sind unter der „Standlinie" an den Darstellungen bedrückter Barbaren mit gesenkten Köpfen Figuren aus besiegten Völkern zu erkennen, mit orientalischen Gewändern und phrygischen Mützen aus dem Osten Roms, und aus dem Norden mit struppigem Haar und Vollbart. Besiegt sitzen sie zwischen ihren abgelegten Waffen. In ihrer Mitte drückt eine Mutter mit offenem Haar ihr kleines Kind schützend an sich, zu ihrer Rechten hockt eine weitere Person. Die Mutter bringt ihre Nachkommen für die gesellschaftliche Ebene darüber dar. Wie Tellus auf dem Brustpanzer des Augustus garantiert sie die Fruchtbarkeit der kaiserlichen Herrschaft. Diese thront als kaiserliche Familie oberhalb der Völkerebene: die Augustus-Gattin Livia neben ihrem Sohn Tiberius in der Mitte des Reliefs. Auf der obersten Ebene blickt links der vergöttlichte Augustus auf sie herab, mit einem Pegasus auf der anderen Seite, der von einem Cupido gezogen wird. Durch ihr Schweben sind die Figuren des obersten Bereichs als Verstorbene von den aufrecht stehenden lebenden Figuren der mittleren Ebene unterschieden; in der unteren Ebene sind alle Figuren niedrig sitzend oder sogar gebückt. Die orientalische Mutter am unteren Bildrand hockt etwas rechts von der Bildmitte, unter der direkten Fortsetzung der senkrechten Linie des aufrecht gehaltenen Speeres des Kaisers Tiberius. Über ihr thront dessen Mutter Livia, neben ihrem Thron hockt ein orientalisches Kind in sich versunken mit gesenktem Haupt und phrygischer Mütze. Die Kinder der unterworfenen Völker dienen der kaiserlichen Familie als Sklaven und sekundieren so der prunkvollen Präsentation ihrer Macht.

Auch wenn derartige Bildpropaganda durch die imperiale Kunstproduktion weit verbreitet war, lässt sich nicht mit einem direkten Bezug des Paulus auf dieses Motiv rechnen. Dennoch illustriert die Mutter, die sich auf dem Boden des Kameos unter den unterworfenen Völkern um ihr Kind sorgt, Paulus' Sicht seiner missionarischen Arbeit: Mitten unter den Völkern ist er wie eine Mutter in ihren Schmerzen darum bemüht, dass der Messias in einer Gemeinschaft internationaler Solidarität Gestalt gewinnt.

Nach Paulus' metaphorischer Umschreibung in Gal 4,19 hat seine Arbeit als Gesandter des Evangeliums zum Ziel, dass der Messias in den Gemeinden Galatiens Gestalt (μορφή) bekommt. Damit ist die gesamte „Sinnlinie des Briefes"[32] beschrieben; die griechische Übersetzung des jüdischen Messiastitels Χριστός steht für das „schlechthin neue Leben der Glaubenden"[33], d.h. für die neue Schöpfung, über die Paulus am Ende des Briefes schreibt (Gal 6,15): „Denn nicht Beschneidung (περιτομή) zählt etwas und auch nicht Vorhaut (ἀκροβυστία), sondern neue Schöpfung (καινὴ κτίσις)".

In Gal 4,19 bezieht sich Χριστός wohl auf die kurz vorher erwähnte Tauftheologie in Gal 3,26–29. Die körperlichen, sozialen

[32] Gerber, Paulus und seine Kinder, 481.

[33] Gerber, Paulus und seine Kinder, 482.

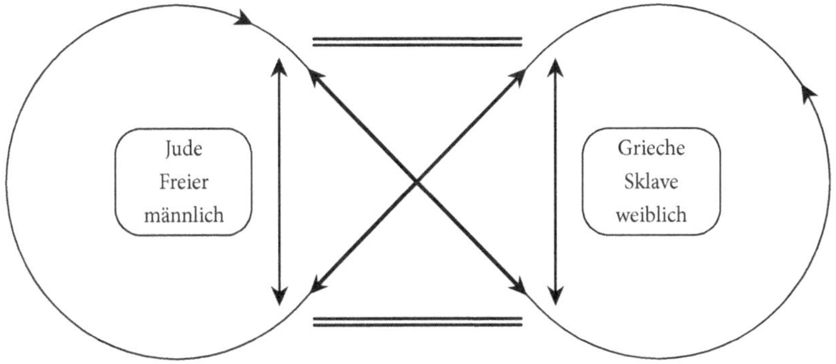

und ethnischen Merkmale, die Menschen untereinander unterscheiden und in ihren verschiedenen gesellschaftlichen Stellungen resultieren, werden durch das Gewand des Messias bedeckt, das die Glaubenden mit der Taufe angelegt haben. Auch wenn die Formulierung „Christus als Gewand anlegen" (Χριστὸν ἐνεδύσασθε) in Gal 3,27 metaphorisch gemeint ist, schwingt mit, dass die Unterschiede ihre gesellschaftsprägende Kraft verloren haben.

Die Kategorien in Gal 3,28 lassen sich nicht nur den vertikalen Positionen des semiotischen Quadrats zuordnen, welches das Narrativ römisch-hegemonialer Männlichkeit beschreibt, sie sind auch körperliche sichtbare Merkmale („visible markers"[34]) der Völker unter der römischen Herrschaft: „Jude" (Ἰουδαῖος) und „Grieche" (Ἕλλην), „Sklave" (δοῦλος) und „Freier" (ἐλεύθερος), „männlich" (ἄρσεν) und „weiblich" (θῆλυ) sind Untergebene römischer imperialer Macht; alle gehören sie zur Herrschaft des Kaisers in Rom. Im Kolosserbrief sind die Kategorien um ein weiteres Paar ergänzt. Die Erweiterung der Liste dort lässt noch deutlicher erkennen, dass sie Gruppen des Kaiserreichs anspricht, die von Rom beherrscht waren: „Grieche (Ἕλλην) und Jude (Ἰουδαῖος), Beschneidung (περιτομή) und Vorhaut (ἀκροβυστία), Barbar (βάρβαρος) und Skythe (Σκύθης), Sklave (δοῦλος) und Freier (ἐλεύθερος)" (Kol 3,11). Die paulinische Tauftheologie entsprach seinem neuen Verständnis jüdischer Identität, das er aus seiner Berufung zum jüdischen Propheten der Völker gewonnen hat:

[34] Lopez, Apostle to the Conquered, 150, vgl. dort auch zum Folgenden.

Sie zeichnet den Beginn einer internationalen solidarischen Gemeinschaft der Völker unter der römischen Kaiserherrschaft.

Im Unterschied zum semiotischen Battlefield-Quadrat sieht Brigitte Kahl die Qualität der Beziehungen in den neuen Christus-Gemeinden im „One-an(d)-other“: Paulus ist mit seinem Selbst bei seiner Berufung ein Anderer geworden. Er versteht sein jüdisches Selbst nicht mehr in Abgrenzung zum Anderen. In Gottes Offenbarung seines Sohnes ist ihm gezeigt worden: Es reicht nicht, selbst ein Jude unter den Völkern zu sein, sondern er soll beide, Juden wie die Völker, zusammen an dem Einen Tisch zusammenbringen, der die Einen und die Anderen zu einem An-Ein-Ander wandelt: am Tisch der neuen Schöpfung.[35] Paulus sieht sich selbst in Geburtswehen, damit unter „seinen Kindern“[36] das völkerübergreifende An-Ein-Ander wachsen kann. Diese Gemeinschaft kristallisiert sich beim gemeinsamen Mahl, setzt sich aber fort im alltäglichen Leben unter der römischen Herrschaft. Unter den Christusglaubenden wird erfahrbar, dass das weltweite Leiden, die Schikanierung und die Gewalt überwunden werden.

Die Reihe der Paare, die nach Gal 3,28 im neuen An-Ein-Ander zusammenkommen, hört aber nicht mit Jude und Grieche auf. Sie kann – so scheint es – verschiedenen Situationen angepasst werden, sie ist ergänzbar oder kann fokussiert werden. Nach Gal 3,29 sind alle „Nachkommen“ (σπέρμα) Abrahams und „Erben“ (κληρόνομοι) entsprechend der Verheißung. Alle sind einander verbunden als Kinder und Erben der neuen Schöpfung, weil sie dem Messias Jesus verbunden sind.

Zusammenfassend ...

... kann daher unterstrichen werden: In keinem Fall dürfen Paulus’ Briefe heute noch herangezogen werden, um als biblische

[35] Kahl, Reading Galatians, 41: „After Paul had become Other himself at Damascus he was shown (...) that it was not enough to be a Jew among the Gentiles (...), but that he had to bring Jews and Gentiles together at the One table that transforms One and Other into One-an(d)-Other: the table of the new creation.“ Das obenstehende Diagramm ebd., 39 und Lopez, Apostel to the Conquered, 151.

[36] Gerber, Paulus und seine Kinder.

Beweistexte für misogyne oder homophobe Positionierungen zu dienen. Dies widerspricht klar der Befreiungsdynamik seiner Sendung.[37]

Im Zweiten Vatikanischen Konzil hat die Tauftheologie aus Gal 3,28 in der Kirchenkonstitution Lumen Gentium einen prominenten Platz erhalten.[38] Bereits ihr Titel „Licht der Völker" nimmt die Sendung des Paulus nach Apg 13,47 auf und bezieht sie auf die Kirche. In Nr. 32 der Konstitution heißt es:

> Es ist also in Christus und in der Kirche keine Ungleichheit aufgrund von Rasse und Volkszugehörigkeit, sozialer Stellung oder Geschlecht, denn es gilt nicht mehr Jude und Grieche, nicht Sklave und Freier, nicht Mann und Frau; denn alle seid ihr einer in Christus Jesus" (Gal 3,28 griech.; vgl. Kol 3,11). Wenn also in der Kirche nicht alle denselben Weg gehen, so sind doch alle zur Heiligkeit berufen und haben den gleichen Glauben erlangt in Gottes Gerechtigkeit (vgl. 2 Petr 1,1).

Die drei Paare Juden/Griechen, Sklaven/Freie, männlich/weiblich im neuen „An-Ein-Ander" der Christinnen und Christen waren wohl nicht fest, sondern wurden offenbar bereits von Paulus selbst und in der Paulusschule an die jeweilige Situation angepasst.

Sollte daraus nicht folgen, dass eine Kirche, die sich in der Nachfolge der Sendung des Paulus versteht, heute auch Menschen mit unterschiedlichen personalen Identitäten, die sich an geschlechtlichen Orientierungen festmachen, mit vollem gleichen Recht in ihrer Gemeinschaft anerkennt? Paulus traut dieser neuen Gemeinschaft sogar zu, dass sie auch das sexuelle Miteinander in gerechten Beziehungen so prägt, dass die Heiligkeit der Tora ethnisch-religiöse und soziale Grenzen überwindet (1 Kor 7,13–14): „Und wenn eine Frau einen ungläubigen Mann hat, und er damit einverstanden ist, mit ihr zu wohnen, soll sie den Mann nicht

---

[37] Ebenso gilt: „Keinesfalls darf, wie das Röm 1,26f. insinuiert, einer bestimmten anthropologischen Sicht der Geschlechterzuordnung eine das Gottesverhältnis tangierende Relevanz (Stichwort: ‚Sünde') zugesprochen werden" (Theobald, Paulus und die Gleichgeschlechtlichkeit, 87).

[38] Vgl. Theobald, Paulus und die Gleichgeschlechtlichkeit, 86f. mit Fußnote 73.

verlassen. Der ungläubige Mann wird durch seine Frau heilig, und die ungläubige Frau wird durch den Bruder heilig. Eure Kinder, die unrein sind, sind jetzt auch heilig."

Lehramtliche Aussagen im Spiegel der Briefe des Paulus

Als Gesandter des Evangeliums hat Paulus die Würde und die Achtung von Frauen in den Gemeinden bekräftigt. Frauen gehörten zu seinen engen Mitarbeiterinnen und Vertrauten: Dazu zählte Phoebe aus dem südöstlichen der beiden Häfen in Korinth (Röm 16,1), Priska zusammen mit ihrem Ehemann Aquila, die unter dem Edikt des Kaisers Claudius Rom verlassen mussten (Röm 16,3 und Apg 18,26), Tryphaina und Tryphosa (Röm 16,12; Phil 4,2–3 und Kol 4,14). Das Ehepaar Andronikus und Junia zählt Paulus sogar zum Kreis der Apostolinnen und Apostel (Röm 16,7).[1] Die beiden waren „Judenchristen der ersten Stunde"[2]. Vermutlich waren sie auf einer Missionsreise zusammen mit Paulus in Gefangenschaft geraten. „Der Junia ist es aus naheliegenden Gründen bis in die neueste Exegese hinein schlecht ergangen."[3] In vielen Übersetzungen und Textausgaben ist ihr Name zu einem Männernamen geändert worden: Junias als Kurzform von Junianus, der allerdings als Männername in der Antike außer in dieser Textkorrektur nicht belegt ist. Eine Frau als Apostolin stand in Spannung zur späteren Entwicklung kirchlicher Amtstheologie. Christine Gerber hat Junia in einem fiktiven Dialog eine Stimme gegeben, mit der sie die Situation von Frauen in den paulinischen Gemeinden nach den heutigen geschichtlichen Rekonstruktionen zuverlässig wiedergibt. Junia sagt dort:

> „Nach unserer Taufe, im Geist, da machten alle das, was sie konnten, egal ob Frau oder Mann oder Sklave: Lehren, Beten, Taufen. Aber inzwischen sind die Sklavinnen bei Gemeindeversammlungen oft in der Rolle der Bedienenden, es sei denn, sie verstehen sich als Pro-

---

[1] Vgl. dazu weiter unten.

[2] H.-J. Klauck, Vom Reden und Schweigen der Frauen in der Urkirche, in: Ders., Gemeinde – Amt – Sakrament: neutestamentliche Perspektiven, Würzburg 1989 (232–245), 236.

[3] Klauck, Reden und Schweigen, 236 f.

> phetin, sie reden in Korinth auch im Gottesdienst. Aber das gibt auch Ärger. Phoebe hingegen steht als Diakon einer Gemeinde vor, weil sie als Witwe ihren Haushalt in Kenchreae leitet und aus einer vermögenden Familie kommt. Die ist einfach etwas anderes als eine Sklavin."[4]

Um die Stellung von Frauen im öffentlichen Gottesdienst wurde in den Gemeinden gerungen. Dieses Ringen zeigt auch ein kurzer Passus in 1 Kor 14,33b–36, etwas später im Korintherbrief als der vorher behandelte Abschnitt in 1 Kor 11:

> (33b) Wie in allen Gemeindeversammlungen der Heiligen (34) sollen Frauen in den Gemeindeversammlungen schweigen. Denn es ist ihnen nicht erlaubt zu reden, sie sollen sich vielmehr unterordnen, wie es auch die Tora sagt. (35) Wenn sie etwas lernen wollen, sollen sie zu Hause die eigenen Männer fragen. Denn es ist für eine Frau entehrend, in der Gemeindeversammlung zu reden.

Paulus spricht hier ganz anders als noch in 1 Kor 11. William Loader hat beide Aussagen, die in scheinbar unvereinbarer Spannung stehen, allerdings aus dem jüdischen Umfeld erklärt, aus dem Paulus stammt[5]: Jüdische Synagogenversammlungen erkannten zur Zeit des Paulus Frauen das Recht an, Leitungsaufgaben wahrzunehmen und als Prophetinnen aufzutreten.[6] Aber entsprechend der Tora, die nach der Septuaginta von Gen 3,16

---

[4] C. Gerber, Apostelamt und Gender. Zwei soziale Konstrukte und ihre Wechselwirkung, in: M. Eckholt, U. Link-Wieczorek, D. Sattler, A. Strübind (Hg.), Frauen in kirchlichen Ämtern. Reformbewegungen in der Ökumene, Freiburg 2018 (107–121), 115.

[5] Loader, New Testament on Sexuality, 383–389, zum Folgenden vor allem 387 f.

[6] Zu Frauen als Synagogenvorsteherinnen, vgl. B. J. Brooten, Women leaders in the Ancient Synaogue: Inscpritional Evidence and Background Issues, Chico, CA 1982, außerdem C. Claußen, Versammlung, Gemeinde, Synagoge. Das hellenistisch-jüdische Umfeld der frühchristlichen Gemeinden, StUNT 27, Göttingen 2002, 258 f. Prophet oder Prophetin war kein Amt in antiken jüdischen Synagogen. Als Beispiele für Frauen als Prophetinnen ließen sich allerdings die Therapeutinnen nennen, über die Philo berichtet, und die nach dem Vorbild der Schwester des Mose, der „Prophetin" Miriam, im Gottesdienst der Gemeinde auftraten (vgl. Philo, De vita contemplativa 87–88; Brooten, Women Leaders, 87–88).

von Frauen erwartete, dass sie sich ihren Männern unterordneten (vgl. auch oben zu 1 Kor 11,6), sollten sich Frauen in der Versammlung niemals so verhalten, dass es ihrem Mann öffentliche Unehre eintrug. Dies wäre aber der Fall, wenn sie sich in Gegenwart von Männern aktiv vor einem öffentlichen Forum im Gottesdienst engagieren. Beides, Frauen als prophetische Leiterinnen der Versammlung und Frauen als schweigende Zuhörerinnen, gab es in den jüdischen Synagogen, die Paulus vertraut waren.

In der Exegese werden diese Verse oft für eine spätere Interpolation gehalten.[7] Eine ganz ähnlich lautende Stelle wie in 1 Kor 14,33b–36 findet sich etwa aus der Paulusschule in den Pastoralbriefen (1 Tim 2,11 f.). Die Verse in 1 Kor 14 könnten also von einer Redaktion eingefügt worden sein, die den 1 Kor zusammen mit den Pastoralbriefen als Paulus-Briefsammlung herausgegeben hat. Aber auch wenn es sich um eine spätere Interpolation handelt, ist offensichtlich, dass die Stellung von Frauen in den Gemeinden umstritten war und jeweils unterschiedlich ausgehandelt wurde.

Paulus' Sendung und das Zusammenleben der Gemeinden waren aber nicht nur in den Gemeinden selbst Gegenstand von Verhandlungen, sondern auch im Gespräch mit anderen Autoritäten: mit Kephas, Simon Petrus, dem Leiter des Zwölferkreises, den er mit seinem aramäischen Namen nennt (Gal 1,18), mit den drei „Säulen" Jakobus, Kephas und Johannes (Gal 2,1–10) und mit anderen Vertretern der Jerusalemer Gemeinde (Apg 21,18–26). Paulus reist nach Jerusalem, um dort für die Armen zu sorgen. Dieser Solidaritätspakt war die Vereinbarung für die Freiheit seiner Missionsarbeit (vgl. Gal 2,10), er reist aber auch nach Jerusalem, um seine missionarische Verkündigung mit der Gemeinde dort abzustimmen (Apg 21,18–26). Dabei ging es nach dem Zeugnis der Apostelgeschichte auch um Fragen der Sexualethik, denn die Zurückweisung „torawidriger geschlechtlicher Beziehungen" (so die BigS treffend für πορνεία an der Stelle) ist dort Teil der

[7] So mit guten Gründen Klauck, Vom Reden und Schweigen, 240; Schottroff, Erster Korintherbrief, 279–285 mit einer überzeugenden anderen Texteinteilung 14,34–38; außerdem Körner, Sexualität und Geschlecht, 256, mit Anm. 640 (dort weitere Literatur).

Jerusalemer Vereinbarung sowie des Briefes der Apostel und Ältesten an die Gemeinden in Antiochien, Syrien und Kilikien (Apg 15,20 und 29 und wieder 21,25).

Wenn in theologischer Wissenschaft über die paulinischen Aussagen zu Sexualität, Geschlechterrollen und Geschlechtlichkeit diskutiert wird, geht es darum, ihre Bedeutung für eine heutige Ethik und Ekklesiologie zu verstehen. Dabei handelt es sich also erneut um die Frage, wie sich Paulus' Sendung für ein völkerübergreifendes Evangelium von Gottes Gnade in ganz unterschiedlichen Kontexten und Kulturräumen verwirklichen lässt. Für katholische Theologie sind dabei die lehramtlichen Äußerungen ein verbindlicher Referenzpunkt. Sie sollen im Folgenden mit den paulinischen Aussagen gespiegelt werden.

Homosexualität und Gender

Das katholische Lehramt versteht Sexualität wie Paulus auf der Grundlage der biblischen Schöpfungsüberlieferungen im Buch Genesis. Im Unterschied zu Paulus differenzieren die lehramtlichen Dokumente der katholischen Kirche in ihrer Beurteilung von Homosexualität allerdings zwischen gleichgeschlechtlichen sexuellen Handlungen und homosexueller Orientierung. Paulus lässt eine solche Differenzierung weder in Röm 1,26–27 noch in 1 Kor 6,9 erkennen, auch die Paulussschule (1 Tim 1,10) bleibt in diesem Punkt der Terminologie und Vorstellung des Paulus verhaftet. Der Katechismus der katholischen Kirche, der unter dem Pontifikat Johannes Pauls II. dazu bestimmt war, die Lehre der katholischen Kirche weltweit zu normieren, bezieht „homosexuell" aber sogar genauer eher mittelbar auf homosexuelle Frauen oder Männer und zunächst unmittelbar auf deren Beziehungen: „Homosexuell sind Beziehungen von Männern oder Frauen, die sich in geschlechtlicher Hinsicht ausschließlich oder vorwiegend zu Menschen gleichen Geschlechtes hingezogen fühlen" (KKK 2357).

Auch wenn der Katechismus solche Beziehungen als „objektiv ungeordnet" bezeichnet, bemüht er sich darum, Personen mit gleichgeschlechtlicher Orientierung Achtung und Respekt zukommen zu lassen. Allerdings klingen seine Formulierungen dabei etwas unbeholfen: „Ihnen (gleichgeschlechtlich Liebenden) ist mit Achtung, Mitgefühl und Takt zu begegnen. Man hüte sich, sie in irgendeiner Weise ungerecht zurückzusetzen" (KKK 2358). Klar bleibt der Katechismus allerdings in der Verurteilung gleichgeschlechtlicher sexueller Aktivität. Mit der Erklärung der Glaubenskongregation *Persona Humana* hält er fest, dass „die homosexuellen Handlungen in sich nicht in Ordnung sind" und schließt: „Sie sind in keinem Fall zu billigen" (KKK 2357). Deshalb erwartet der Katechismus von homosexuellen Menschen einen keuschen Umgang mit ihrer sexuellen Veranlagung und billigt ein Leben nach ihrer Orientierung bestenfalls in „einer selbstlosen Freundschaft" zu (KKK 2359).

Die Unterscheidung zwischen gleichgeschlechtlicher Orientierung und gleichgeschlechtlichen Handlungen wird heute von vielen homosexuellen Frauen und Männern als diskriminierend empfunden. Sie trennt eine homosexuelle Identität von ihr entsprechenden Handlungen und hindert Menschen mit gleichgeschlechtlicher Orientierung somit daran, in vollem Umfang ihr Person-Sein zu entfalten. Dennoch kann die Unterscheidung zwischen Handlung und Person manchmal eine erste Hilfe sein, ein negatives Urteil über homosexuelle Frauen und Männern abzubauen.[8]

Der Katechismus begründet seine Verurteilung gleichgeschlechtlicher Handlungen damit, dass bei diesen Handlungen im Geschlechtsakt die Weitergabe des Lebens ausgeschlossen sei (vgl. KKK 2357).[9] Mit dieser Begründung kann sich die Position des Katechismus nicht auf Paulus stützen, denn bei Paulus ist die Zeugung von Nachkommenschaft nicht erst als Rechtfertigung für sexuelle Lust erkennbar.[10] Paulus rät vielmehr dazu – aller-

[8] Farley, Just love, 406, Anm. 84.

[9] Papst Franziskus hält daran in Amoris laetitia fest (vgl. Am. Laet. 52): „Keine widerrufliche oder der Weitergabe des Lebens verschlossene Vereinigung sichert uns die Zukunft der Gesellschaft." (Vgl. außerdem ebd., 251).

[10] Die Zeugung von Nachkommenschaft ist allenfalls in Paulus' schwieriger Ehemetapher in Röm 7,4 f. bei den Formulierungen „Fruchtbringen für Gott" (7,4: καρποφορήσωμεν τῷ θεῷ) und „Fruchtbringen für den Tod" (7,5:

dings in ehelichen Beziehungen zwischen Frau und Mann –, dass die Partner sich nur in gegenwärtigem Einverständnis einander entziehen (1 Kor 7,5). Ein generell negatives Urteil über sexuelle Lust lässt sich dem nicht entnehmen. Auch der Rat des Katechismus an gleichgeschlechtlich Liebende zur Keuschheit kann sich nicht auf Paulus berufen. Paulus wünscht zwar, dass alle so leben wie er (1 Kor 7,6): „Ich möchte (θέλω), dass alle Menschen so sind wie auch ich selbst." Er meint damit seine ehelose Lebensweise in der Zeit seiner Arbeit als Gesandter des Evangeliums. Paulus weiß aber auch, dass diese Lebensweise nur für die sinnvoll ist, bei denen sie auf einem Charisma Gottes beruht; er hält eine eheliche Beziehung mit ihrem intimen Zusammenkommen nicht minder für ein Charisma als sein zölibatäres Leben (1 Kor 7,6): „doch (jede und) jeder (ἕκαστος) hat ein eigenes Charisma von Gott, die eine (ὁ μέν) so, der andere (ὁ δέ) so."[11]

Wenn das katholische Lehramt sich von Paulus entfernt, indem es die moderne Vorstellung sexueller Orientierungen in die ethische Reflexion über gleichgeschlechtlich Liebende einbezieht, lässt sich doch allerdings berechtigterweise auch fragen: Warum erkennt es dann nicht an, dass Paulus' ausdrückliche Aussagen über gleichgeschlechtlich Liebende so eindeutig zeitgebunden sind[12], dass sie sich nicht mehr für eine heutige Begründung ethischer Normen hetero- wie homosexueller Aktivität eignen?

Die lehramtlichen Stellungnahmen zu Homosexualität, auf die der Katechismus und jüngere Positionierungen zurückgehen, sind weit über 30 Jahre alt. Die maßgebliche Erklärung der Glaubenskongregation *Persona humana* stammt on 1975.[13] Die folgende

---

καρποφορήσωμεν τῷ θανάτῷ) vorausgesetzt. Dann wäre aber zu fragen, ob Paulus bei der Sinnspitze seiner Metapher die Messiasglaubenden nicht gerade von diesen androzentrischen Zielen einer Ehe befreit sieht.

11 Vgl. Baumert, Frau und Mann, 46–50.

12 So auch Loader, New Testament on Sexuality, 293: „Little would Paul have realised how momentous his decision would be to make same-sex intercourse his chosen example of human depravity in Romans 1. He might have chosen drunkenness or wild revelry instead. But he did not so."

13 Vgl. zu der gesamten römischen Lehrentwicklung S. Goertz, „Zwischen ‚himmelschreiender Sünde' und ‚Geschenk der Liebe'. Konzepte und Bewertungen von Homosexualität in der Moraltheologie und im römischen Lehr-

Stellungnahme zur Seelsorge für homosexuelle Frauen und Männer mit dem „sprechenden Titel“[14] *Homosexualitatis problema* stammt aus 1986. Sie sind in einer Zeit entstanden, in der auch gesamtgesellschaftlich anders über Homosexualität gedacht wurde. Ist hier nicht inzwischen eine aktualisierte Positionierung des kirchlichen Lehramtes allfällig?

Offenere Formulierungen geben in dem nachsynodalen Schreiben *Amoris laetitia*[15] dazu schon vorsichtig die Richtung an. Papst Franziskus spricht darin davon, dass gleichgeschlechtlich Liebende „respektvolle Begleitung“ erfahren, damit sie „die notwendigen Hilfen bekommen können, um den Willen Gottes in ihrem Leben zu begreifen und ganz zu erfüllen“ (Am. laet. 250). Dies lässt vieles offen und ist zusammen mit der Selbstbegrenzung des Schreibens zu verstehen: „Es ist nur möglich, eine neue Ermutigung auszudrücken zu einer verantwortungsvollen persönlichen und pastoralen Unterscheidung der *je spezifischen Fälle*. Und da „der Grad der Verantwortung (…) nicht in allen Fällen gleich (ist)“, müsste diese Unterscheidung anerkennen, dass die Konsequenzen oder Wirkungen einer Norm nicht notwendig immer dieselben sein müssen“ (Am. laet. 300). Paulus' ausdrückliche Aussagen über Homosexualität beziehen sich im Unterschied zu dem Fall von πορνεία in 1 Kor 5,1 oder zu den Beziehungen zu einer Prostituierten in 1 Kor 6,15–17 nicht auf „je spezifische Fälle“, die er persönlich anspricht.[16] Sie sind vielmehr stereotype Argumentationsmuster, die er sich aus der zeitgenössischen weisheitlichen Toraauslegung angeeignet hat (1 Kor 6,9) oder mit denen er sogar römische Gelehrtenbeamte des Selbstwiderspruchs zu ihren eigenen Werten (Röm 1,26–27) überführt.

Heutige Werturteile über gleichgeschlechtlich Liebende müssen sich, wollen sie Paulus' ausdrückliche Aussagen nicht einfach fundamentalistisch-wörtlich wiederholen, auf andere theologi-

---

amt, in: Ders., Wer bin ich (175–236), 204–209, vgl. dort auch zu den Aussagen des Katechismus der Katholischen Kirche S. 227–232.

[14] Goertz, Zwischen himmelschreiender Sünde, 219.

[15] Im Folgenden zitiert nach: Papst Franziskus, Die Freude der Liebe. Das Apostolische Schreiben *Amoris Laetitia* über die Liebe in der Familie. Themenschlüssel. Einführung von J. Erbacher, Ostfildern 2016.

[16] So auch Theobald, Paulus und die Gleichgeschlechtlichkeit, 62–82.

sche Impulse bei Paulus berufen als auf seine ausdrücklichen Aussagen zu homosexuellem Handeln.

2019 hat die römische Bildungskongregation unter dem Titel „,Male and female he created them' Towards a Path of Dialogue on the Question of Gender Theory in Education"[17] ein Schreiben herausgegeben, das einen aktuellen Dialog des Lehramts mit der Gender-Theorie anstoßen soll. Das Dokument stellt verschiedene Gesichtspunkte früherer lehramtlicher Veröffentlichungen über die Gender-Theorie zusammen. Es hebt durchaus Punkte der Gender-Theorie hervor, die aus römischer Sicht zu würdigen sind, etwa ihre Kritik an „a sort of *masculinist mentality*, veiled to a greater or lesser degree by religious motives"[18], und dass sie die Achtung vor jeder menschlichen Person fördere „in their particularity and difference"[19]. Der Hauptkritikpunkt dieses Schreibens an den aktuellen Gender-Modellen ist aber, dass die Trennung zwischen *sexus* und *gender* die Gestaltung personaler Identität in die Beliebigkeit der einzelnen menschlichen Person stelle. Dies bezieht das Dokument auch auf sexuelle Orientierungen: „Die Trennung (zwischen *sexus* und *gender*) steht an der Wurzel der Unterscheidungen, die zwischen verschiedenen ‚sexuellen Orientierungen' überlegt werden, die nicht länger durch den sexuellen Unterschied zwischen männlich und weiblich bestimmt werden, und dann an-

---

[17] Congregation for Catholic Education (for Educational Institutions), „Male and female he created them" Towards a Path of Dialogue on the Question of Gender Theory in Education, Vatikan-Stadt 2019.

[18] Male and Female, Nr. 15.

[19] Male and Female, Nr. 16. Allerdings ist zweifelhaft, ob die Geschlechtsrollen, die das Dokument dann zusammen mit Johannes Paul II. für Frauen festhält, tatsächlich geeignet sind, Frauen in ihrem Selbstverständnis und in ihren gesellschaftlichen Verantwortungen heute gerecht zu werden (Male and Female, Nr. 18, Hervorhebung im Original!): „Women have a unique understandig of reality. They posses a capacity to endure adversity and ‚to keep life going even in extreme situations' und hold on ‚tenaciously to the future.' (…) we can note that women are ever ready and willing to give themselves generously to others, especially in serving the weakest and most defenceless. In this work they exhibit a kind of *affective, cultural and spiritual motherhood* which has inestimable value for the development of individuals and the future society."

dere Formen annehmen können, die nur durch das Individuum entschieden werden, das als radikal autonom betrachtet wird."[20] Wenn das Dokument damit die Norm sozialer Gerechtigkeit für ein verantwortliches sexuelles Verhalten einfordern will, lässt sich dieses sicherlich mit Paulus begründen. Soziale Gerechtigkeit ist für Paulus die Grundnorm für die Freiheit, die den Messiasglaubenden geschenkt ist.[21] Menschen mit unterschiedlichen sexuellen Orientierungen sind heute gleichermaßen verpflichtet, ihr sexuelles Verhalten verantwortungsbewusst nach dem Wert sozialer Gerechtigkeit zu gestalten.

In seiner positiven Darstellung christlicher Anthropologie bezieht sich das Schreiben der Bildungskongregation auf Aussagen von Johannes Paul II. in *Veritatis Splendor*: „Daher muss die menschliche Natur auf der Grundlage der Einheit von *Körper und Seele* verstanden werden, weit entfernt von irgendeiner Form von Physikalismus oder Naturalismus, also ‚in der Einheit ihrer sowohl geistigen wie biologischen Neigungen und aller anderen spezifischen Merkmale, die für die Erreichung ihres Endzieles notwendig sind'".[22]

Paulus kennt noch keine psychosomatisch-duale Anthropologie, aber er sieht das Leben der Messiasglaubenden als pneumatisch-somatische Einheit: Der Mensch ist für ihn Geist und Körper; verantwortungsbewusster Umgang mit der Sexualität berücksichtigt die innere Bezogenheit beider Aspekte (1 Kor 6,15–17). Die körperlich-geistige Einheit des Menschen gehört für ihn

---

[20] Male and Female, Nr. 11: „This separation (of sex from gender) is at the root of the distinctions proposed between various ‚sexual orientations' which are no longer defined by the sexual difference between male and female, and can then assume other forms, determined solely by the individual, who is seen as radically autonomous."

[21] S. Gal 5,13–15. Sicherlich sind darüber hinaus weitere Normen für eine verantwortliche Gestaltung sexuellen Lebens zu berücksichtigen wie Gegenseitigkeit, Einvernehmlichkeit, Gleichheit, Verbindlichkeit, Fruchtbarkeit und körperlich-seelische Integrität (Vgl. Farley, Just love, 238–256).

[22] Male and Female, Nr. 32: „Thus, *human nature* must be understood on the basis of the *unity of body and soul,* far removed from any sort of physicalism and naturalism, since ‚in the unity of his spiritual and biological inclinations and of all the other specific characteristics necessary for the pursuit of his end'." Vgl. Veritatis Splendor, Nr. 50.

zur geschaffenen Natur des Menschen. Und wie das Schreiben der Bildungskongreation sieht auch Paulus die menschliche Natur in den biblischen Schöpfungsüberlieferungen grundgelegt: „Christliche Anthropologie hat ihre Wurzeln in der Erzählung der menschlichen Ursprünge, die im Buch Genesis erscheint, wo wir lesen, dass ‚Gott den Menschen zu seinem eigenen Bild geschaffen hat (...), männlich und weiblich schuf er sie.'"[23]

In Gen 1–2 konkretisiert sich die Ebenbildlichkeit Gottes aber in jedem einzelnen Menschen. Vor dem Fruchtbarkeitssegen und „bevor irgendeine Genealogie existiert (Gen 2,4a) (...) (ist) jeder einzelne Mensch durch sein von *Elohim* erschaffenes Menschsein Abbild und Ebenbild" Gottes; „der Mensch ist es, der *Elohim* in der erschaffenen Realität präsent macht. Das gilt unabhängig davon, ob er/sie Hebräer/Hebräerin ist oder einer anderen Ethnie angehört, ob er oder sie Mann oder Frau ist oder welche Züge er oder sie auch immer tragen mag."[24]

Wenn christliche Anthropologie die biblische Grundlage dann aber im Sinne heterosexueller Normativität exklusiv versteht, muss sie sich dann nicht auch im Sinne von *Veritatis splendor* den Vorwurf eines Naturalismus gefallen lassen? Ist nicht, wenn der Mensch als Einheit von Körper und Seele Gottes Ebenbild ist, auf der biblischen Grundlage vielmehr zu bedenken: Es mag ja sein, dass eine Beziehung gleichgeschlechtlich Liebender nicht „*der* Natur" (im Sinne eines normativen Verständnisses, wenn man dies zugrunde legen will) entspricht. Aber ihre Beziehung entspricht doch *ihrer* Natur[25], mit der gleichgeschlechtlich Liebende als menschliche Person Ebenbild Gottes sind! Ich halte es für gut möglich, dass Paulus eine solche Natur andeutet, wenn er in Röm 2,14–15 schreibt:[26] „(14) Wenn also die Völker (τὰ ἔθνη),

---

[23] „Male and female", Nr 31: „Christian anthropology has its roots in the narrative of human origins that appears in the Book of Genesis, where we read that ‚God created man in his own image (...) male and female he created them.'" Das Dokument behält im Englischen durchgängig die androzentrische Sprechweise vom Menschen als „man" bei.

[24] Puerto, Abbild und Ebenbild Gottes, 200.

[25] So ein mehrfach mündlich geäußerter Gedanke des Religionsphilosophen Jörg Splett.

[26] Allerdings ist die Bedeutung dieses Abschnittes stark umstritten, auch

die die Tora[27] (νόμον) nicht haben, von Natur (φύσει) her der Tora entsprechend handeln (τὰ τοῦ νόμου ποιῶσιν), so sind diese, die das Gesetz (νόμον) nicht kennen, sich selbst Gesetz (νόμος). (15) Sie zeigen damit, dass das Tun des Gesetzes (τὸ ἔργον τοῦ νόμου) in ihre Herzen eingeschrieben ist, das ihre eigene Urteilskraft mitbezeugt, wenn ihre Gedanken sich untereinander anklagen oder auch verteidigen."

Frauen und Ämter

Problematisch ist es auch, Paulus' Sicht von Geschlechtsrollen und Aufgaben in der Gemeinde ohne eine kritische Reflexion für eine heutige Ordnung der Weiheämter heranzuziehen. Ein dreigestuftes Amt von Diakon, Presbyter und Episkopos gerät erst in der Paulusschule, in den Pastoralbriefen, allmählich in den Blick und findet sich erstmals nachpaulinisch bei Ignatius von Antiochien. Der sozialgeschichtliche Hintergrund dieses Amtes ist so verschieden von dessen heutiger Gestalt, dass eine strukturelle Kontinuität zum heutigen kirchlichen Amt ein theologisches Postulat bleibt.

Das Gegenüber zur Gemeinde ist allerdings in einer langen spirituellen Tradition und Symbolwelt in den christlichen Kirchen oft männlich codiert, während die Gemeinde (das Volk Gottes oder auch die Kirche) traditionell in weiblichen Rollen erscheint. Der Priester, der Christus als Mann im Gegenüber zur Gemeinde vertritt, muss daher – so die kirchliche Lehre – ebenfalls ein Mann sein. Diese Geschlechterzuordnung findet sich auch bei

---

zwischen den Konfessionen, vgl. die Auslegungen bei Joseph Fitzmyer (Ders., Romans, AnBib 33, New York 1993, 309–311, und bei Michael Wolter (Ders., Römerbrief, 184–187).

[27] Paulus spielt hier mit einer mehrfachen Bedeutung des griechischen Wortes νόμος, deshalb wechsle ich hier in der Übersetzung zwischen „Gesetz" und „Tora". In der griechisch-römischen Umwelt steht es für das innere moralische Gesetz der Weisen, aber für Paulus als Juden ist es selbstverständlich die Tora, die Weisung Gottes im Pentateuch bzw. sogar in der gesamten Schrift.

Paulus, wenn er davon spricht, dass er die Gemeinde mit „einem Mann“ verlobt habe, d. h. dass er sie als „reine Jungfrau“ Christus vorstellen will (2 Kor 11,2). Damit greift Paulus auf prophetische Texte zurück, welche die Geschichte zwischen Gott und seinem Volk als Ehebund beschreiben (etwa Jes 54,5; Ez 16; Hos 1–3). „Die (...) Verwendung des Bilds (...) versetzt die korinthische Gemeinde in die Rolle der Braut, die durch die Vermittlung des Paulus mit Christus verlobt wurde.“[28] Es ist nachvollziehbar, dass Paulus als Mann in seiner Beziehung zu den Christus-Glaubenden auch männliche Metaphern verwendet. So sieht er sich als der eine Vater, der durch seine Verkündigung Leute für den Glauben gewonnen hat (1 Kor 4,15)[29], aber er spricht von sich auch metaphorisch als die hochschwangere Gebärende, die mit den Glaubenden in Geburtswehen liegt, damit Christus unter den Galatern Gestalt gewinnt (Gal 4,19).

Die Grußliste in Römer 16 zeigt, dass es in den paulinischen Gemeinden offenbar eine konfliktfreie und fruchtbare Mit- und Zusammenarbeit von einzelnen Frauen, einzelnen Männern und Ehepaaren gab. Unter den 27 dort erwähnten Einzelpersonen sind 10 Frauen, von denen einzelne auch noch besonders ausgezeichnet genannt sind.[30] Phoebe hat den Römerbrief vermutlich überbracht. Paulus empfiehlt sie seinen römischen Adressaten und nennt sie „unsere Schwester“, was belegt, dass sich die Messiasglaubenden untereinander als Geschwister verstanden haben. Phoebe ist διάκονος in der Gemeinde in Kenchreä (Röm 16,1); Priska nennt Paulus in 16,3 abweichend von der üblichen Reihenfolge zuerst vor ihrem Ehemann Aquila, womit er wohl ihre Bedeutung in der missionarischen Arbeit würdigt. Er nennt beide „Mitarbeiter“ (συνεργοί), die für Paulus ihr Leben riskiert haben.[31] Vier erwähnte Frauen – Maria, Tryphaina, Tryphosa und Persis – haben wohl ebenfalls missionarische Aufgaben gehabt

---

[28] Schmeller, Zweiter Korintherbrief, 200.

[29] Zu der Familienmetaphorik bei Paulus: Gerber, Paulus und seine Kinder, 249–495.

[30] Vgl. Körner, Sexualität und Geschlecht, 278. Zum Gesamten auch: M. Gielen, Stellung und Funktionen von Frauen in paulinischen Gemeinden, in: Dies., Paulus im Gespräch, (187–209), zu Röm 16: ebd., 189–193.

[31] Vgl. Apg 18,26,

bzw. sogar charismatische Leitungsfunktionen.[32] Auch Andronikus und Junia waren ein missionarisch tätiges Ehepaar; die beiden nennt Paulus „herausragend unter den Apostolinnen und Aposteln" (16,7: ἐπίσημοι ἐν τοῖς ἀποστόλοις[33]). Allerdings ist nicht genau erkennbar, welche Tätigkeiten Diakoninnen und Apostolinnen hatten. Phoebe dürfte Gastgeberin der Filialgemeinde von Korinth im Hafen von Kenchreä gewesen sein.[34] Vielleicht hatte sie damit wichtigere Aufgaben, als sie heute zum durch das Zweite Vatikanische Konzil erneuerten Amt des ständigen Diakons in der katholischen Kirche gehören. Andronikus und Junia waren wohl reisende Missionare, ähnlich wie Paulus selbst. Diakon, Apostel, Episkopos, Presbyteros und Didaskalos waren offensichtlich in den paulinischen Gemeinden noch keine Amtsbezeichnungen, denen ein klar umrissener Aufgabenbereich entsprach.

Die Argumentation des kirchlichen Lehramtes begründet den Ausschluss von Frauen aus Weiheämtern damit, dass Christus nur Männer zu Aposteln berufen habe.[35] Dies trifft auf die Namensliste des Zwölferkreises zu, den Jesus nach Markus und in den von ihm abhängigen Evangelien Matthäus und Lukas zu Aposteln beruft.[36] Der Apostelbegriff ist aber im Neuen Testament nicht einheitlich, Matthäus verwendet ihn nur in 10,2 und dort abhängig von Markus. Bei Johannes ist Jesus der eigentliche ἀπόστολος (Joh 13,16), sonst verwendet er den Ausdruck gar nicht. Paulus und Barnabas gehören nicht zum Zwölferkreis, sind aber Apostel der Gemeinde in Antiochien (Apg 14,4 und 14), und Paulus nennt auch das Ehepaar Junia und Andronikus Apostel. Dabei setzt er wohl voraus, dass sie schon vor ihm, möglicherweise schon zu Lebzeiten Jesu, dem Messias gefolgt sind (Röm 16,7c).

---

[32] Dies ist aber nicht sicher. Zur Diskussion des Verbums κοπιάω bei Körner, Sexualität und Geschlecht, 282 f.

[33] Ein schönes Beispiel dafür, dass der männliche Titel ἀπόστολος für beide Geschlechter, Frauen wie Männer, gebraucht werden kann.

[34] H.-J. Klauck, Hausgemeinde und Hauskirche im frühen Christentum, SBS 103, Stuttgart 1981, 31.

[35] Vgl. Ordinatio Sacerdotalis, Nr. 1.

[36] Mk 3,3–19; Mt 10,1–4 und Lk 6,12–16.

Kardinal Luis Ladaria hat als Präfekt der Glaubenskongregation 2018 in einem Schreiben an die Aussagen von *Ordinatio sacerdotalis* erinnert, mit dem Papst Johannes Paul II. die Diskussion um die Weihe von Frauen für beendet erklären wollte. In seinem Schreiben beruft sich Kardinal Ladaria aber auch auf das gemeinsame öffentliche Wirken von Frau und Mann in der gottesdienstlichen Versammlung in Korinth: „Gerade die Treue zum Plan Christi mit dem Priestertum des Dienstes erlaubt es deshalb, die spezifische Rolle der Frau in der Kirche immer mehr zu vertiefen und zu fördern, denn „im Herrn gibt es weder die Frau ohne den Mann noch den Mann ohne die Frau" (1 Kor 11,11). So kann auch ein Licht auf unsere Kultur fallen, die Mühe hat, die Bedeutung und Schönheit der Verschiedenheit von Mann und Frau zu verstehen, welche auch ihre sich gegenseitig ergänzende Sendung in der Gesellschaft betrifft."[37] Das gegenseitige Miteinander von Frauen und Männern in 1 Kor 11,11 gleicht die vorangegangene hierarchisierende Aussage aus, dass der Mann der Abglanz Gottes, die Frau aber der Abglanz des Mannes sei (1 Kor 11,7 f.), die Paulus aus Gen 2,22 f. gefolgert hatte.

Aus 1 Kor 11,11 geschlechtsspezifisch unterschiedliche Aufgaben für Frauen und Männer zu abuleiten, ist allerdings problematisch. In Paulus griechisch-römischer Umwelt waren verschiedene religiöse Charismen mitunter durchaus mit Geschlechterrollen verbunden. Frauen etwa waren nicht nur in Korinth in öffentlichen religiösen Versammlungen aktiv. An paganen Tempeln traten Frauen in der religiösen Umwelt des frühen Christentums als Prophetinnen auf.[38] Frauen galten dabei verbreitet als Sprachrohr göttlicher Inspiration. Das berühmteste Beispiel dafür ist das Orakel in Delphi mit der Seherin Pythia und ihren Nachfolgerinnen, die dort prophetische Aussprüche übermittel-

[37] Kardinal Luis Ladaria, Zu einigen Zweifeln über den definitiven Charakter der Lehre von Ordinatio sacerdotalis, Text zitiert nach: Eckholt, Link-Wieczorek, Sattler, Strübind, Frauen in kirchlichen Ämtern. Reformbewegungen in der Ökumene, Freiburg i. Brsg., Göttingen 2018 (479–483), 481.

[38] Vgl. J. E. Marshall, Paul, Plutarch and the Gender Dynamics of Prophecy, NTS 2019, 207–222. Den Hinweis auf den Artikel verdanke ich Ingmar Vazquez.

ten. Die Orakelstätte hatte ihre Hochzeit im klassischen Athen, bestand aber bis 391 n. Chr., als der Kaiser Theodosius durch ein Edikt den Kult an allen Orakelstätten beendet hat.

Über die Prophezeiungen in Delphi sind wir durch Schriften informiert, die von Plutarch stammen, der seine öffentliche Wirksamkeit etwa 50 Jahre später als Paulus' Brief nach Korinth hatte. In seinen philosophischen Schriften war er von Plato geprägt und lässt sich dem Mittelplatonismus zuordnen. Gleichzeitig war er Priester am Orakelort in Delphi und hat in den delphischen Dialogen über die dortigen prophetischen Orakel geschrieben. Die göttliche Inspiration, die Frauen beim prophetischen Sprechen erfahren, nennt er ἐνθουσιασμός. Darin steckt das griechische Wort für Gott θεός, „Vereingottung" ließe sich übersetzen, und nach der philosophischen Anthropologie wohnt die Gottheit beim prophetischen Sprechen einer Frau in ihrem Körper ein.[39] Frauen galten deshalb als prädestiniert dafür, dass die Gottheit mit ihrem Geist im Körper der Frauen einwohnen konnte. Die göttliche Eingebung hat sexuellen Charakter, deshalb erwartet Plutarch von der Frau auch sexuelle Abstinenz. Nach philosophischen und medizinischen Vorstellungen galt der Körper von Frauen als durchlässiger und empfänglicher für äußere Einflüsse.

Vergleichbare Verbindungen zwischen Charismen von Frauen und ihrer sozialen und familiären Stellung gehörten zum kulturellen Bewusstsein der Welt, in der Paulus gelebt hat. Sie wirken vermutlich sogar heute noch nach, wenn Frauen als Beraterinnen, theologischen Referentinnen oder geschätzten Mitarbeiterinnen in der Seelsorge ein Platz gegeben wird, das sakrale, hierarchisch strukturierte Weiheamt aber Männern als Priestern vorbehalten bleibt. Diese Vorstellungen haben auf Paulus aber keinen nachweisbaren Einfluss gehabt. In 1 Kor 11 sieht Paulus Frauen wie Männer gleichermaßen empfänglich für religiöse Erfahrungen. Beiden traut er zu, öffentlich zu beten in der Messiasgemeinschaft und prophetische Deutungen zu geben. Zum prophetischen Reden von Frauen und Männern gehört offenbar ein intuitives

---

[39] Vgl. Plutarch, Delf. Orac. 483c.d

Wahrnehmen psychologischer, sozialer und religiöser Wirklichkeiten, das aber nicht an das Geschlecht gebunden ist.

Paulus zählt die Erkenntnisfähigkeiten für prophetisches Sprechen in den Kapiteln 12–14 zu den Charismen, die der Geist unterschiedlichen Personen in der Gemeinde verleiht. Ein χάρισμα ist nicht für alle Zeit verliehen, sondern ist eine „Gabe" (wörtlich: eine „Wohltat" oder ein „Geschenk"), das bestimmten Personen für einen bestimmten Zeitraum gegeben ist.[40] Die Charismen der Lehre und Leitung, der prophetischen Rede oder der Heilung sind nicht an bestimmte Geschlechtsvoraussetzungen gebunden (Vgl. 1 Kor 12,4–11 und 28–30). Es ist auch nicht erkennbar, dass Paulus von Frauen und Männern für den Empfang dieser Gabe sexuelle Abstinenz erwartet hätte. Gelegentlich wird zwar die Auffassung vertreten, mit den prophetischen Frauen und Männern und 1 Kor 11 seien Zölibatäre gemeint. Der Text selbst gibt dies aber nicht her.

---

[40] Baumert, Sorgen des Seelsorgers, 187f., 192; Ders., Charisma – Taufe – Geisttaufe, Bd. 1: Entflechtung einer semantischen Verwirrung, Würzburg 2001.

An Stelle eines Fazits: Der Tag von Antiochien

Im Galaterbrief schreibt Paulus den Gemeinden als Gesandter der Freiheit des Messias (5,1). Zur solidarischen Freiheit der völkerübergreifenden Gemeinschaft gehört, dass sie „einander durch die Liebe als Sklaven dienen" (5,13), ihr sichtbares Erkennungszeichen ist „Glaube, der durch die Liebe wirksam ist" (Gal 5,6). Das paulinische Freiheitsverständnis bewegt sich weniger als bei den stoischen Philosophen wie Seneca oder Epiktet auf der Ebene des persönlichen Individuums, sondern ist eine Freiheit, die in den gemeinschaftlichen Beziehungen erfahrbar ist. Sie kann daher auch nicht durch innere Einstellungen und Selbstregulierungen erworben, sondern nur in der Erfahrung der Gemeinschaft geschenkt werden.

Diese Freiheit in Solidarität unter den Völkern, die Paulus sich zu verkünden gesandt sah, musste aber auch erstritten werden. Zu allererst für ihn selber: Sie stand in Spannung zu den jüdisch-patriarchalen Deutungs- und Lebensmustern der Tora, die von der griechischen Septuaginta noch einmal auf das hellenistische Judentum hin fokussiert worden war. In diesen jüdischen Diaspora-Traditionen ist Paulus aufgewachsen und ausgebildet worden, in ihnen hat er auch nach seiner Berufung weitergelebt. Seine Briefe dokumentieren sein lebenslanges Ringen damit.

Die Freiheit musste auch den Gemeinden gegenüber erstritten und im gemeinsamen Gespräch neu ausgehandelt werden. Die Korrespondenzen mit den Gemeinden in Korinth und in Galatien belegen dies. In seinem Kapitel über die Freiheit an die Galater hat er auch eine Merkliste von Verstößen gegen die Tora aufgenommen; diese werden als Verhaltensweisen des Fleisches, das heißt hier wohl: der ungerechten Strukturen der herrschenden Weltordnung, gebrandmarkt. Unter den 15 aufgezählten Verstößen gegen die Tora[1] betreffen mehr als die Hälfte Verhaltensweisen, die den sozialen Frieden in der Gemeinschaft bedrohen.

Die Freiheit musste aber auch in der Auseinandersetzung mit anderen Missionaren und den übrigen Aposteln erstritten und ausgehandelt werden. Die Vereinbarungen über die Mission des Paulus in Jerusalem (Gal 2,6–10 und Apg 15) sind ein Beispiel dafür, aber ebenso Paulus' spätere Auseinandersetzung mit Petrus, als dieser die Gemeinschaft von Juden und Griechen an dem einen Tisch beim Eintreffen anderer Missionare, der „Leute des Jakobus", aufgekündigt hatte (Gal 2,11–14). Max Weber hat diesem „Tag von Antiochien" weltgeschichtliche Bedeutung zuerkannt, weil er in der Mahlgesellchaft das erstemal in der europäischen Geschichte eine internationale geschwisterliche Gemeinschaft sah, in der die religiösen Grenzen überwunden waren.[2] Tatsächlich hat es eine solche Tischgemeinschaft in Antiochien wohl gegeben, sie war aber so fragil geblieben, dass Tabuschranken später schon bald wieder errichtet werden konnten. Der Tag von Antiochien war also keine weltgeschichtliche Wende, sondern eher ein kurzes Morgenrot einer grenzübergreifenden Solidarität, dem bald wieder dunklere Stunden folgten.

Der „Tag von Antiochien" ist aber auch deshalb so bedeutsam, weil Paulus Petrus die Stirn bietet und mit ihm um ein gemeinsames Verstehen der Freiheit ringt. Die Freiheit neu auszuhandeln, ist Aufgabe von christlichen Gemeinden und des theologischen Diskurses auch heute. Dies muss heute auch im Ringen um Paulus' eigene Aussagen geschehen, die sich vernünftigerweise nicht einfach wörtlich in die Lebenswirklichkeiten von Christinnen und Christen übertragen lassen. Es braucht daher auch heute den Geist des Tages von Antiochien. Es braucht Menschen, die

---

[1] Vgl. den Bezug auf die Tora in Gal 5,18 und 23.

[2] Dazu: T. Schmeller, Das paulinische Christentum und die Sozialstruktur der antiken Stadt. Überlegungen zu Webers „Tag von Antiochien", in: Ders., Kreuz und Kraft I. Untersuchungen zur Jesusüberlieferung und zu frühchristlichen Gemeinden, SBAB 62, Stuttgart 2016, 201–216. Zu dieser Tischgemeinschaft beim „Herrenmahl" in den paulinischen Gemeinden: Weidemann, Sexualität der Heiligen, 87 f.

zum Zusammenhalt der Gemeinschaft über Grenzen hinweggehen, und es braucht Menschen, die im Ringen um die Freiheit dieser Gemeinschaft mit Freimut auftreten.

Schriftstellenverzeichnis

Altes Testament

Neues Testament

Apostelgeschichte

Römer

1 Korinther

2 Korinther

Galater

Epheser

Literaturverzeichnis

Baumert, N., Charisma – Taufe – Geisttaufe, Bd. 1: Entflechtung einer semantischen Verwirrung, Würzburg 2001.

Baumert, N., Frau und Mann bei Paulus. Überwindung eines Mißverständnisses, Würzburg 1992.

Baumert, N., Sorgen des Seelsorgers. Übersetzung und Auslegung des ersten Korintherbriefes, Paulus neu gelesen, Würzburg 2007.

Börstinghaus, J., Homosexualität. Zur biblischen Hermeneutik einer biblischen Beurteilung homosexueller Praxis, in: P. Pilhofer, Neues aus der Welt der frühen Christen, BzWANT 195, Stuttgart 2011, 137–185.

Bornkamm, G., Sünde, Gesetz und Tod (Röm 7), in: Ders., Das Ende des Gesetzes. Paulusstudien; Gesammelte Aufsätze Bd. 1, München [2]1952, 51–69.

Boswell, J., Christianity, Social Tolerance, and Homosexuality: Gay People in Western Europe from the Beginning of the Christian Era to the Fourteenth Century, Chicago 1980.

Boyarin, D., Are There Any Jews in ‚The History of Sexuality'?, Journal of the History of Sexuality 5 (1995) (333–335).

Boyarin, D., A Radical Jew. Paul and the Politics of Identity, Berkeley, Los Angeles, London, 1994.

Breitsameter, C., Goertz, S. (Hg.), Bibel und Moral. Ethische und exegetische Zugänge, (JMTh 2), Freiburg 2018.

Brinkschröder, M., Sodom als Symptom. Gleichgeschlechtliche Sexualität im christlichen Imaginären – eine religionsgeschichtliche Anamnese, Religionsgeschichtliche Versuche und Vorarbeiten 55, Berlin, New York 2006.

Brooten, B. J., Love Between Women. Early Christian Responses to Female Homoeroticism, Chicago, London 1996.

Brooten, B. J., Women leaders in the Ancient Synaogue: Inscpritional Evidence and Background Issues, Chico, CA 1982.

Brüggemann, W., Genesis: Interpretation. A Bible Commentary for Teaching and Preaching, Atlanta, GA 1982.

Burke, S. D., Queering the Ethiopian Eunuch. Strategies of ambiguity in Acts, Minneapolis 2013.

Butler, J., Das Unbehagen der Geschlechter, übersetzt von Katharina Menke, Frankfurt[16] 2012.

Claußen, C., Versammlung, Gemeinde, Synagoge. Das hellenistisch-jüdische Umfeld der frühchristlichen Gemeinden, StUNT 27, Göttingen 2002.

Dafni, E. G.,אשה כי מאיש – ΓΥΝΗ ΟΤΙ ΕΚ ΤΟΥ ΑΝΔΡΟΣ ΑΥΤΗΣ (Gen 2,23). Zur Anthropologie von Genesis 1 – 11, in: A. Wénin (Hg.), Studies in the

Book of Genesis. Literature, Redaction and History, BEThL 155, Leuven 2001, 569–584.

Dafni, E. G., Genesis, Plato und Euripides, drei Studien zum Austausch von griechischem und hebräischem Sprach- und Gedankengut in der Klassik und im Hellenismus, BThS 108, Neukirchen-Vluyn 2010.

Dalferth, I. U., Die Kunst des Verstehens, Grundzüge einer Hermeneutik der Kommunikation durch Texte, Tübingen 2018.

Dannecker, M., Pädosexualität, in: D. Bange, W. Körner (Hg.), Handwörterbuch Sexueller Missbrauch, Göttingen, Bern, Toronto, Seattle 2002, 390–394.

Drewermann, E., Strukturen des Bösen, Teil 1: Die jahwistische Urgeschichte in exegetischer Sicht, München, Paderborn, Wien 1977.

Dunn, J. D. G., Romans 1–8, World Biblical Commentary, Waco, TEX, 1988.

Ebner, M., Wenn alle ‚ein einziger' sein sollen … Von schönen theologischen Konzepten und ihren praktischen Problemen: Gal 3,28 und 1 Kor 11,2–16, in: Ders., Inkarnation der Botschaft. Kultureller Horizont und theologischer Anspruch neutestamentlicher Texte, SBAB 61, Stuttgart 2015, 337–363.

Ebner, M., Verbietet das NT ‚Homosexualität'? Neutestamentliche Grundlagen zu einer aktuellen Streitfrage, Lebendige Seelsorge 70 (2019) 55–60.

Egger, W., Wick, P., Methodenlehre zum Neuen Testament, 6., völlig neu bearbeitete Auflage, Freiburg 2011.

Engel, H., Das Buch der Weisheit, NStK AT 16 –, Stuttgart 1998.

Engel, H., Sophia Salomonos / Sapientia Salomonis / Die Weisheit Salomos, in: M. Karrer, W. Kraus, Septuaginta Deutsch. Erläuterungen und Kommentare zum griechischen Alten Testament, Band II, Stuttgart 2011, 2127–2157.

Farley, M., Verdammter Sex. Für eine neue christliche Sexualmoral, Darmstadt[2] 2014.

Fischer, I., Gleichwertig, andersartig – und daher nicht gleichberechtigt. Zur Problematik des traditionell-katholischen Menschenbildes in Geschlechterdemokratien – und was man dafür aus der Bibel und deren Auslegung lernen könnte, in: J. Rahner, T. Söding (Hg.), Kirche und Welt – ein notwendiger Dialog. Stimmen katholischer Theologie, QD 300, Freiburg 2019.

Fischer, I., Poplutz, U., Sexualität, JBTh 33 (2018), Göttingen 2020.

Fisk, B. N., ΠΟΡΝΕΥΕΙΝ as Body Violation: The Unique Nature of Sexual Sin in 1 Corinthians 6.18, NTS 42 (1996) 540–558.

Fitzmyer, J., Romans, AncB 33, New York 1993.

Foucault, M., Der Wille zum Wissen, Sexualität und Wahrheit, Bd. 1, Frankfurt 1977.

Foucault, M., Die Geständnisse des Fleisches. Sexualität und Wahrheit Bd. 4, Frankfurt 2019.

Foucault, M., Die Sorge um Sich. Sexualität und Wahrheit, Bd. 3, Frankfurt 1986.

Gerber, C., Apostelamt und Gender. Zwei soziale Konstrukte und ihre Wechselwirkung, in: M. Eckholt, U. Link-Wieczorek, D. Sattler, A. Strübind (Hg.), Frauen in kirchlichen Ämtern. Reformbewegungen in der Ökumene, Freiburg 2018, 107–121.

Gerber, C., Krieg und Hochzeit in Korinth. Das metaphorische Werben des Paulus um die Gemeinde in 2 Kor 10,1–6 und 11,1–4, ZNW 96 (2005) 99–125.

Gerber, C., Paulus und seine ‚Kinder'. Studien zur Beziehungsmetaphorik der paulinischen Briefe, BZNW 136, Berlin, New York 2005.

Gielen, M., Beten und Prophezeien mit unverhülltem Kopf? Die Kontroverse zwischen Paulus und der korinthischen Gemeinde um die Wahrung der Geschlechtsrollensymbolik in 1 Kor 11,2–16, in: Dies., Paulus im Gespräch – Themen paulinischer Theologie, BzWANT 186, Stuttgart 2009, 159–186.

Gielen, M., Stellung und Funktionen von Frauen in paulinischen Gemeinden, in: Dies., Paulus im Gespräch – Themen paulinischer Theologie, BzWANT 186, Stuttgart 2009, 187–209.

Girard, R., Das Ende der Gewalt. Analyse des Menschheitsverhängnisses, Freiburg, Basel, Wien 1983.

Girard, R., Das Ende der Gewalt. Analyse des Menschheitsverhängnisses. Erkundungen zu Mimesis und Gewalt mit Jean-Michel Oughourlian und Guy Lefort, Freiburg, Basel, Wien 2009

Goertz, S. (Hg.), „Wer bin ich, ihn zu verurteilen?" Homosexualität und katholische Kirche, Katholizismus im Umbruch 3, Freiburg 2015.

Goertz, S., Zwischen ‚himmelschreiender Sünde' und ‚Geschenk der Liebe'. Konzepte und Bewertungen von Homosexualität in der Moraltheologie und im römischen Lehramt, in: Ders., „Wer bin ich, ihn zu verurteilen?" Homosexualität und katholische Kirche, Katholizismus im Umbruch 3, Freiburg 2015, 175–236.

Greenblatt, S., Die Geschichte von Adam und Eva. Der mächtigste Mythos der Menschheit, München 2019 (englische Originalausgabe: The rise and fall of Adam and Eve – the story that created us, London 2018).

Gryson, R., ‚Enfanter un esprit de salut': Histoire du texte de Isaïe 26,17.18, RthL 27 (1996) 25–46.

Gryson, R., ‚Enfanter un esprit de salut': l'interprétation de Isaïe 26,17.18 chez les Pères grecs, RthL 32 (2001) 189–217.

Gundry, R. H., The Moral Frustration of Paul before His Conversion. Sexual Lusts in Romans 7:7–25, in: Ders., The Old is better: New Testament essays in support of Traditional Interpretations, WUNT 178, Tübingen 2005, 252–271.

Haacker, K., Exegetische Gesichtspunkte zum Thema Homosexualität, TBei 25 (1994), (173–180).

Hagen, J., Rezension zu: T. K. Hubbard (Hg.), A Companion to Greek and Roman Sexualities. Blackwell Companions to the Ancient World, Malden

2014. in: H-Soz-Kult, 02.06.2014, ⟨www.hsozkult.de/publication review/id/reb-20656⟩

Halperin, D. M., One Hundred Years of Homosexuality: And Other Essays on Greek Love. New Ancient World, New York 1990.

Hasitschka, M., Homosexualität – eine Frage der Schöpfungsordnung, ZNT 2 (1998) 54–60.

Hauck, M., „Wer wird mich dem Tode entreißen?" Zur semantischen Anschlussfähigkeit der paulinischen Formulierung ῥύομαι (+ Akk.) ἐκ (+ Gen.) (Röm 7,24b) an den (profan-)griechischen Sprachgebrauch, in: S. Krauter (Hg.), Perspektiven auf Römer 7, BThS 159, Neukirchen-Vluyn 2016, 83–111.

Heininger, B., Die „mystische" Eva. Zur Rezeption des Sündenfalls in 1 Tim 2,8–15 und in der Apokalypsis Mosis, in: BZ.NF 46 (2002) 205–221.

Heinlein, C. E., Kaiser und Kosmokrator. Der Große Kameo von Frankreich als astrale Allegorie, Tübingen 2011, in: https://publikationen.uni-tuebingen.de/xmlui/handle/10900/46916, [Zugriff: 05.03.2020].

Hengel, M., Schwemer, A. M., Paulus zwischen Damaskus und Antiochien. Die unbekannten Jahre des Apostels, WUNT 108, Tübingen 2000.

Hieke, T., Levitikus II, HThKAT, Freiburg 2014.

Hieke, T., Kennt und verurteilt das Alte Testament Homosexualität?, in: St. Goertz, „Wer bin ich, ihn zu verurteilen?" Homosexualität und katholische Kirche, Katholizismus im Umbruch 3, Freiburg 2015, 19–52.

Horn, F. W., Nicht wie die Heiden! Sexualethische Tabuzonen und ihre Bewertungen durch Paulus, in: M. Konradt / E. Schläpfer (Hg.), Anthropologie und Ethik im Frühjudentum und im Neuen Testament – Wechselseitige Wahrnehmungen, WUNT 322, Tübingen 2014, 283–307.

Hubbard, T. K. (Hg.), A Companion to Greek and Roman Sexualities, Blackwell Companions to the Ancient World 100, Malden, MA; Oxford; Chichester 2014.

Irankunda, P., Paul, le persécuteur appelé à témoigner. Étude narratologique des récits de vocation de Paul dans les Actes des Apôtres (Ac 9; 22 et 26), Berlin 2019.

Janssen, C., Anders ist die Schönheit der Körper. Paulus und die Auferstehung in 1 Kor 15, Gütersloh 2005.

Janssen, C., „Ich schreibe das nicht, um euch zu beschämen" (1 Kor 4,14), in: A. Grund-Wittenberg., R. Poser (Hg.), Die verborgene Macht der Scham. Ehre, Scham und Schuld im alten Israel und in der gegenwärtigen Lebenswelt, BThS 172, Göttingen 2018, 159–182.

Kahl, B., Galatians Re-Imagined. Reading with the Eyes of the Vanquished, Minneapolis, MN 2010.

Kahl, B., Reading Galatians and Empire at the Great Altar of Pergamon. In Memory of Dieter Georgi 1929–2005, USQR 59 (2005) 21–43.

Kappus, F. X., Briefe an einen jungen Dichter [Rom, am 14. Mai 1904], Leipzig 1929.

Kerstner, E., Haslbeck, B., Buschmann, A., Damit der Boden wieder trägt. Seelsorge nach sexuellem Missbrauch, Ostfildern 2016.

Kirchhoff, R., Die Sünde gegen den eigenen Leib. Studien zu πόρνη und πορνεία in 1 Kor 6,12–20 und dem sozio-kulturellen Kontext der paulinischen Adressaten, StUNT 18, Göttingen 1994.

Klauck, H.-J., Hausgemeinde und Hauskirche im frühen Christentum, SBS 103, Stuttgart 1981.

Klauck, H.-J., Vom Reden und Schweigen der Frauen in der Urkirche, in: Ders., Gemeinde – Amt – Sakrament: neutestamentliche Perspektiven, Würzburg 1989, 232–245.

Klauck, H.-J., 1. Korintherbrief, NEB, Würzburg 1984.

Konradt, M., „Fliehet die Unzucht" (TestRub 5,5). Sexualethische Perspektiven in den Testamenten der zwölf Patriarchen, in: Ders. / E. Schläpfer (Hg.), Anthropologie und Ethik im Frühjudentum und im Neuen Testament – Wechselseitige Wahrnehmungen, WUNT 322, Tübingen 2014, 249–281.

Körner, J., Sexualität und Geschlecht bei Paulus, Die Spannung zwischen „Inklusivität" und „Exklusivität" des paulinischen Ehtos am Beispiel der Sexual- und Geschlechterrollenethik, WUNT II, 512, Tübingen 2020.

Krauter, S., Eva in Röm 7, ZNW 99 (2008) 1–17.

Krauter, S. (Hg.), Perspektiven auf Römer 7, BThS 159, Neukirchen-Vluyn 2016.

Krauter, S. Röm 7: Adam oder Eva?, ZNW 101 (2010) 145–147.

Kümmel, W. G., Römer 7 und die Bekehrung des Paulus, in: Untersuchungen zum Neuen Testament 17, Leipzig 1929.

Ladaria, L., Zu einigen Zweifeln über den definitiven Charakter der Lehre von Ordinatio sacerdotalis, Text zitiert nach: M. Eckholt, U. Link-Wieczorek, D. Sattler, A. Strübind, Frauen in kirchlichen Ämtern. Reformbewegungen in der Ökumene, Freiburg i. Br., Göttingen 2018, 479–483.

Laqueur, T., Auf den Leib geschrieben. Die Inszenierung der Geschlechter von der Antike bis Freud, München 1996.

Lear, A., Ancient Pederasty: An Introduction, in: T. K. Hubbard (Hg.), A Companion to Greek and Roman Sexualities, Blackwell Companions to the Ancient World 100, Malden, MA; Oxford; Chichester 2014, 102–127.

Lehnert, C., Korinthische Brocken. Ein Essay über Paulus, Berlin 2013.

Lichtenberger, H., Das Ich Adams und das Ich der Menschheit. Studien zum Menschenbild in Römer 7, WUNT 164, Tübingen 2004.

Loader, W., Enoch, Levi and Jubiless on Sexuality. Attitudes towards Sexuality in the Early Enoch Literature, the Aramaic Levi Document, and the Book of Jubilees, Grand Rapids, MI 2007.

Loader, W., Making Sense of Sex, Attitudes towards Sexuality in Early Jewish and Christian Literature, Grand Rapids, MI 2013.

Loader, W., Philo, Josephus and the Testaments on Sexuality. Attitudes towards Sexuality in the Writings of Philo and Josephus and in the Testaments of the Twelve Patriachs, Grand Rapids, MI 2011.

Loader, W., The Dead Sea Scrolls on Sexuality. Attitudes towards Sexuality in Sectarian and Related Literature at Qumran, Grand Rapids, MI 2009.

Loader, W., The New Testament on Sexuality, Grand Rapids, MI 2012.

Loader, W., The Pseudepigrapha on Sexuality. Attitudes towards Sexuality in Apocalypses, Testaments, Legends, Wisdom, and Related Literature, Grand Rapids, MI 2011.

Loader, W., The Septuagint, Sexuality, and the New Testament. Case Studies on the Impact of the LXX in Philo and the New Testament, Grand Rapids, MI, 2004.

Lopez, D., Apostle to the Conquered. Reimagining Paul's Mission, Minneapolis, MN 2010.

Lutterbach, H., Gotteskindschaft. Kultur- und Sozialgeschichte eines christlichen Ideals, Freiburg, Basel, Wien 2003.

Lyonnet, S., L'histoire du salut selon le chapitre VII de l'épître aux Romains, in: Ders., Études sur l'Épître aux Romains, AnBib 120, Rom 1989, 203–230.

Marguerat, D., Imitating the Apostle, Father and Mother of the Community (1 Thess 2:1–12), in: Ders. (Hg.), Paul in Acts and Paul in His Letters, WUNT 310, Tübingen 2013, 220–243.

Marguerat, D., Les Actes des Apôtres (1–12), Commentaire du Nouveau Testament Va, Genève 2007.

Marguerat, D., Paul in Acts and Paul in His Letters, WUNT 310, Tübingen 2013.

Markschies, C., Gottes Körper: Jüdische, christliche und pagane Gottesvorstellungen in der Antike, München 2016.

Marshall, J. E., Paul, Plutarch and the Gender Dynamics of Prophecy, NTS 43 (2019) 207–222.

Masterson, M., Studies of Ancient Masculinity, in: T. K. Hubbard (Hg.), A Companion to Greek and Roman Sexualities, Blackwell Companions to the Ancient World 100, Malden, MA; Oxford; Chichester 2014, 17–30.

Mayorodomo-Marin, M., Argumentiert Paulus logisch? Eine Analyse vor dem Hintergrund antiker Logik, WUNT 188, Tübingen 2005.

Mayordomo-Marin, M., Konstruktionen von Männlichkeit in der Antike und in der paulinischen Korintherkorrespondenz, EvTh 68 (2008) 99–115.

Müllner, I., Erzählen gegen das Schweigen. Narrative Darstellungen sexueller Gewalt im Alten Testament, in: M. Jacobs (Hg.), Missbrauchte Nähe. Sexuelle Übergriffe in Kirche und Schule, Freiburg, CH 2011, 31–91.

Müllner, I., Reese-Schnitker, A., Spiering-Schomborg, N., Schweigen überwinden. Lehren und Lernen in der Spur biblischer Darstellungen sexualisierter Gewalt, in: M. Meyer, K. Ziepprecht, J. Mayer (Hg.), Lehrerausbildung in vernetzten Lernumgebungen, Münster, New York 2018, 163–178.

Navarro Puerto, M., Abbild und Ebenbild Gottes: Frau und Mann in Gen 1–3 als offenes System im Kontext von Gen 1–11, in: I. Fischer, M. Navarro Puerto, A. Taschl-Erber (Hg.), Tora, Die Bibel und die Frauen, Bd. 1.1, Stuttgart 2010, 186–237.

Osten-Sacken v. d., P., Der Brief an die Galater, THKzNT, Bd. 9, Stuttgart 2019.

Rösel, M., Übersetzung als Vollendung der Auslegung. Studien zur Genesis-Septuaginta, BZAW 223, Berlin, New York 1994.

Rosenblum, J. D., Rabbinic Drinking: What Beverages Teach Us about Rabbinic Literature, Berkeley, CA 2020.

Rosner, B. S., Temple Prostitution in 1 Corinthians 6,12–20, NovT 40 (1998) 336–351.

Schmeller, T., Das paulinische Christentum und die Sozialstruktur der antiken Stadt. Überlegungen zu Webers „Tag von Antiochien", in: Ders. (Hg.), Kreuz und Kraft I. Untersuchungen zur Jesusüberlieferung und zu frühchristlichen Gemeinden, SBAB 62, Stuttgart 2016, 201–216.

Schmeller, T., Der zweite Brief an die Korinther, EKK VIII/2, Neukirchen-Vluyn, Ostfildern 2015.

Schmeller, T., Ungetrennt und unvermischt? Die Frage nach Kompilationen und Interpolationen in den echten Paulusbriefen, in: J. Schröter, S. Butticaz, A. Dettwiler (Hg.), Receptions of Paul in Early Christianity. The Person of Paul and His Writings Through the Eyes of His Early Interpreters, BZNW 234, Berlin, Boston 2018, 751–777.

Schmidt, U., 1 Thess 2,7b.c: „Kleinkinder, die wie eine Amme Kinder versorgen", NTS 55 (2009) 116–120.

Schockenhoff, E., Der lange Schatten des Augustinus – oder: Was heißt menschenwürdige Sexualität?, Communio 41 (2012) 197–212.

Schottroff, L., Der erste Brief an die Gemeinde in Korinth, ThKzNT 7, Stuttgart 2013.

Schottroff, L., Die Schreckensherrschaft der Sünde und die Befreiung durch Christus nach dem Römerbrief des Paulus, in: Dies., Befreiungserfahrungen. Studien zur Sozialgeschichte des Neuen Testaments, Theologische Bücherei 82, München 1990, 57–72.

Schottroff, L., Lydias ungeduldige Schwestern. Feministische Sozialgeschichte des frühen Christentums, Gütersloh 1994.

Schrage, W., Der erste Brief an die Korinther, EKK VII/1, Neukirchen-Vluyn, Ostfildern[2] 2008.

Schrage, W., Der erste Brief an die Korinther, EKK VII/2, Solothurn/Düsseldorf, Neukirchen-Vluyn 1995.

Schroer, S., Staubli, T., Die Körpersymbolik der Bibel, Darmstadt 1998.

Skinner, M., Feminist Theory, in: T. K. Hubbard (Hg.), A Companion to Greek and Roman Sexualities, Blackwell Companions to the Ancient World 100, Malden, MA; Oxford; Chichester 2014, 1–16.

Spaeth, J., Das „Ich“ in Röm 7,7–25, in: S. Krauter (Hg.), Perspektiven auf Römer 7, BThS 159, Neukirchen-Vluyn 2016, 161–204.
Swancutt, D. M., „The Disease of Effemination“: The Charge of Effeminacy and the Verdict of God (Romans 1:18–2:16), in: S. D. Moore, J. Capel Anders (Hg.), New Testament Masculinities, SBL Semeia-Studies 45, Atlanta, GA, 2003, 193–233.
Swancutt, D. M., Sexy Stoics and the Reading of Romans 1.18–2.16, in: A.-J. Levine, M. Blickenstaff (Hg.), A Feminist Companion to Paul, London 2004, 42–73.
Theobald, M., Paulus und die Gleichgeschlechtlichkeit. Plädoyer für einen vernünftigen Umgang mit der Schrift, in: S. Goertz (Hg.), „Wer bin ich, ihn zu verurteilen?“ Homosexualität und katholische Kirche, Katholizismus im Umbruch 3, Freiburg 2015.
Theobald, M., Röm 1,26f.: Eine paulinische Weisung zur Homosexualität? Plädoyer für einen vernünftigen Umgang mit der Heiligen Schrift, in: Ders., Studien zum Römerbrief, WUNT 136, Tübingen 2001, 511–518.
Tiedemann, H., Die Erfahrung des Fleisches. Paulus und die Last der Lust, Stuttgart 1998.
Timmins, W. N., Romans 7 and Christian Identity, Cambridge 2017.
Weeber, K.-W., Alltag im Alten Rom. Ein Lexikon, Düsseldorf, Zürich 1998.
Watson, F., Agape, Eros, Gender: Toward a Pauline Sexual Ethic, Cambridge 2000.
Weidemann, H.-U. (Hg.), Ascetism and Exegesis in Early Christianity. The Reception of New Testament Texts in Ancient Ascetic Discourses. With an Introduction by Elizabeth A. Clark, NTOA 101, Göttingen 2013.
Weidemann, H.-U., Heilig an Leib und Geist. Sexualparänese und Anthropologie im Corpus Paulinum, JBTh 33 (2018) 107–141.
Weidemann, H.-U., Die Sexualität der Heiligen. Zur Frage von Universalität oder Partikularität der Moral in paulinischen Gemeinden, in: C. Breitsameter, S. Goetz (Hg.), Bibel und Moral. Ethische und exegetische Zugänge, (JMTh 2), Freiburg 2018, 85–122.
Wengst, K., Paulus und die Homosexualität. Überlegungen zu Römer 1,26f., ZevEth 31 (1987) 72–81.
Westermann, C., Genesis, 1. Teilband: Gen 1–11, BK I/1, Neukirchen-Vluyn 1974.
Wolter, M., Der Brief an die Römer (1–8), EKK VI/1, Neukirchen-Vluyn, Ostfildern 2014.
Wolter, M., Der Brief des sogenannten Unzuchtsünders, in: M. Gielen, J. Kügler (Hg.), Liebe, Macht und Religion. Interdisziplinäre Studien zu Grunddimensionen menschlicher Existenz. Gedenkschrift für Helmut Merklein, Stuttgart 2003, 323–337.
Wolter, M., Paulus: Ein Grundriss seiner Theologie, Neukirchen-Vluyn 2011.
Zanker, P., Augustus und die Macht der Bilder, Leipzig 1987.
Zeller, D., Der Brief an die Römer, RNT, Regensburg 1985.

Zeller, D., Der erste Brief an die Korinther, KEK, Bd. 5, Göttingen 2010.

Zimmermann, M., Zimmermann, R., Freundschaftsethik im Johannesevangelium: Zur öffentlichen und politischen Reichweite eines ethischen Konzepts, in: R. Zimmermann, S. Joubert (Hg.), Biblical Ethics and Application IX, WUNT 384, Tübingen 2017, 163–183.

Zimmermann, R., Die Logik der Liebe. Die ‚implizite Ethik' der Paulusbriefe am Beispiel des 1. Korintherbriefs, BThS 162, Neukirchen-Vluyn 2016, 180–186.